200

French Verbs

compiled by
LEXUS
with
William J Dickson

BARNES
&NOBLE
B O O K S
NEW YORK

Copyright ©1993 by Barnes & Noble, Inc.
All rights reserved.

This edition published by Barnes & Noble. Inc.,
by arrangement with Lexus Ltd.

1993 Barnes & Noble Books

ISBN 1-56619-203-X

Printed and bound in the United States of America

M 9 8 7 6 5 4 3 2 1

CONTENTS

PREFACE

<u>200 French Verbs</u> presents over 200 fully conjugated French verbs arranged in alphabetical order and numbered for quick and easy reference.

The 35-page introduction provides a clear guide to basic grammatical points, explains the use of tenses and moods, and is illustrated with numerous useful examples. The introduction also covers the use of:

- The passive
- The subjunctive
- Reflexives
- Participles
- The Infinitive
- Negatives

Other valuable features include:

- An index of parallel structures for over 2,000 verbs
- Important information on meanings, structures and grammatical points
- Useful phrases and idioms for 25 key verbs

This handy guide to French verbs and grammatical forms is the ideal reference source for any student or traveler.

INTRODUCTION

A USE OF TENSES IN THE INDICATIVE

1 FORMS OF THE VERB IN ENGLISH AND FRENCH

Note that French has only one form for each tense which may correspond to several forms in English:

je vous demande	I ask you, I am asking you, I do ask you
je vous demandais	I asked you, I was asking you, I used to ask you, I did ask you
je vous ai demandé	I asked you, I have asked you, I have been asking you, I did ask you

English continuous tenses (*be* + *-ing*) are translated by the simple form in French and only occasionally by **être en train de (faire)** *to be doing*.

2 PRESENT

The present tense is used for:

a A simple action:

que fait-il en ce moment? il travaille
what is he doing now? he is working

b A repeated action:

l'autobus passe tous les matins à 7h30
the bus comes every morning at 7.30

c A description:

il fait beau, les arbres sont en fleur et il y a une légère brise
the weather is beautiful, the trees are in flower and there is a slight breeze

d An action which began in the past, the consequences of which are still felt at the time of speaking:

ça fait deux jours que je suis enrhumé
I have had a cold for two days

e Oral narration of past events, with an indication of when the events took place. As such, it may replace the *passé composé* in conversation:

hier soir, je le vois et je lui dis ...
I saw him yesterday evening and said to him ...

f A recent past, especially with verbs which imply rapid actions and events:

il arrive, il sonne, personne ne répond ...
he arrived, rang the bell, no one answered ...

There is often an adverbial indication that the action has just taken place:

il sort à l'instant
he has just gone out

g The immediate future, which is often indicated by an adverb such as **tout de suite, dans une semaine** etc:

tu es là demain?
will you be here tomorrow?

h General truths and proverbs:

mieux vaut tard que jamais
better late than never

3 IMPERFECT

The imperfect is normally used for:

a Description:

elle avait les yeux bleu clair
she had light blue eyes

b Habitual or repeated actions when there is no specific time limit:

toutes les semaines, il retournait voir sa mère
every week, he used to (would) go back and see his mother

c The moment when a specific action interrupts an ongoing action, with the possibility that the ongoing action remains incomplete:

je lisais quand le téléphone a sonné
I was reading when the telephone rang

d A close future seen from a point in the past:

il allait partir, quand elle a téléphoné
he was about to leave when she called

e Reported speech, when the present tense is used in direct speech:

"je fais assez pour ma famille" – il déclara qu'il faisait assez pour sa famille
"I do enough for my family" – he said he did enough for his family

f Stylistic effect by certain authors, instead of the *passé simple* or the *passé composé*, to make events more vivid:

à ce moment-là, un assassin tirait sur le président
at that very moment, an assassin shot the president

4 PASSÉ COMPOSÉ

The *passé composé* is made up of the present tense of **avoir** or **être** and the past participle of the main verb. It is used as the past tense in spoken French and expresses the idea of:

a A simple action in the past with no sense of duration:

ils sont rentrés à 7 heures du soir
they got home at 7 p.m.

b An action completed over a period of time:

hier, j'ai étudié pendant cinq heures
yesterday, I studied for five hours

c A repeated action which is seen as complete within a specific time scale:

j'ai fait le trajet à mon travail tous les jours pendant trois ans
I traveled to work every day for three years

5 PASSÉ SIMPLE

The *passé simple* is used in the same way in literature as the *passé composé* is used in conversation or modern written French. It is the normal narrative tense in literature. It is not used in conversation but may be used in formal lectures and speeches.

a Action:

Molière naquit en 1622 à Paris et mourut en 1673
Molière was born in Paris in 1622 and died in 1673

b A completed action which lasted a certain length of time:

pendant un quart de siècle, il joua dans de nombreuses pièces
for a quarter of a century, he acted in many plays

c A repeated action which is considered complete:

il écrivit trois versions de sa pièce *Tartuffe*
he wrote three versions of his play *Tartuffe*

However, although the *passé composé* is normally used in journalism, the *passé simple* is often used in obituaries and in sports reports, for example, on soccer matches:

l'ailier faillit marquer un but mais le gardien put bloquer le ballon
the winger almost scored a goal but the goalkeeper managed to block the ball

6 FUTURE

a The future is used to express an action which someone will do or which will take place:

vous prendrez le train après-demain
you will take the train the day after tomorrow

b **aller** is often used to express the near future:

nous allons essayer de gagner cet après-midi
we will try to win this afternoon
we're going to try to win this afternoon

c In adverbial clauses of time, after conjunctions such as **quand**, an English present is replaced by the future in French when future time is implied (see p. xiv, section 5):

je serai là quand tu reviendras
I'll be there when you return

d The future may also be used in orders instead of an imperative:

vous ferez attention en rentrant
be careful (drive carefully) on your way home

e It indicates probability:

on sonne, ce sera le médecin
there's the doorbell, it'll be the doctor

7 FUTURE PERFECT

a The future perfect is used to express an action which someone will have done or which will have occurred:

elle aura bientôt fini son travail
she will soon have finished her work

b It is used when one future action is seen as prior to another in clauses of time:

je sortirai dès que Jacques sera arrivé
I'll leave as soon as Jacques arrives

c It expresses probability or an assumption:

ma lettre ne sera pas arrivée à temps
my letter won't have arrived in time

elle aura passé une mauvaise nuit
she must have had a bad night

8 PLUPERFECT

a The pluperfect is used to express something which someone had done or which had occurred:

quand ses parents sont rentrés, Pierre avait déjà tout nettoyé
when his parents returned, Pierre had already cleaned everything

b French requires the pluperfect to establish the correct order of events when English may use the simple past:

le patron voulait savoir pourquoi j'avais été absent lundi
my boss wanted to know why I was absent on Monday

c It is used after **si** in past conditional clauses:

si elle avait su, elle ne l'aurait pas épousé
if she had known, she would not have married him

9   PAST ANTERIOR

The past anterior is used to express an event or action which had occurred prior to some point of time in the past which is indicated by the *passé simple*. It is only used after certain conjunctions of time such as **quand** and when the main tense is the *passé simple*. As such, it is found in literary French but not in spoken French:

dès qu'elle eut fait ses bagages, il la conduisit à la gare
as soon as she had packed, he drove her to the station

B   USE OF TENSES IN THE CONDITIONAL

1   PRESENT CONDITIONAL

a The conditional is used to express an action which someone would do or which would take place:

je pourrais venir demain
I could come tomorrow

b The conditional is used for politeness when making requests, ordering etc:

je voudrais une chambre pour deux nuits
I would like a room for two nights

c The conditional is used to express a possibility or hypothesis, often in **si** clauses:

je le ferais si j'avais le temps
I would do it if I had time

d It is also a "future in the past" in reported speech:

il disait qu'il le ferait dans deux ou trois jours
he said he would do it in two or three days

e It is used in the media for unconfirmed reports:

il y aurait une prise d'otages
it is reported that hostages have been taken

2 PAST CONDITIONAL

a The past conditional is used to express an action which someone would have done or which would have occurred. It is often required in clauses expressing time:

je l'aurais fait quand j'aurais eu le temps
I would have done it when I had time

b It is used to express a possibility or hypothesis in a **si** clause:

je l'aurais fait si j'avais su
I would have done it if I had known

c It is used in reported speech as a future in the past:

elle pensait qu'il serait déjà arrivé à la gare
she thought he would already have arrived at the station

d It is used by the media for unconfirmed reports of events which have taken place:

le tremblement de terre aurait fait un millier de morts
the earthquake is reported to have caused about a thousand deaths

C USE OF TENSES WITH EXPRESSIONS OF TIME OR "SI" CLAUSES

1 USE OF TENSES WITH DEPUIS

a **depuis** with the present tense is used for a period of time which runs up to the present. It is often translated in English by the perfect continuous (*have been -ing*):

j'attends depuis deux heures que tu me contactes
I have been waiting since two o'clock for you to contact me

b   **depuis** and the imperfect tense is used for a period of time
which runs up to the point of speaking in the past. It is often
translated by the pluperfect continuous tense (*had been -ing*) in
English:

il m'attendait depuis une demi-heure quand je suis arrivé
he had been waiting for half an hour when I arrived

c   Note that only **depuis** can be used with indications of a specific
time or date:

je suis installé en France depuis 1992
I have been living in France since 1992

d   **depuis** is used with the *passé composé* with verbs such as **finir**,
mourir, **sortir**, **partir**, where the action has obviously been
completed. **Depuis** is interchangeable with **il y a** in this case:

elle est sortie depuis dix minutes
she went out ten minutes ago

e   **depuis** in the negative (*since*) follows English tense usage:

je ne l'ai pas revue depuis notre divorce
I have not seen her since our divorce

il ne l'avait pas revue depuis trois ans
he had not seen her in three years

2   CELA FAIT

cela fait follows the same pattern as **depuis** both with the
present and imperfect tenses and in the negative:

cela faisait une heure que je me gelais au coin de la rue
I had been freezing for an hour at the corner of the street

cela fait un an que je ne l'ai plus revue
it is a year since I last saw her

Note that unlike **depuis**, **cela fait** can be used with the future:

cela fera bientôt un an que je suis au chômage
I will soon have been unemployed for a year

3 IL Y A QUE, VOILA QUE

il y a que ... and **voilà que ...** are similar in usage to **cela fait** and **depuis**. **Il y aura** may be used for future time like **cela fera**:

il y a deux ans que je la fréquente
I have been going out with her for two years

il y aura bientôt cinq ans qu'ils se sont mariés
they will soon have been married for five years

4 DEPUIS QUE

Like **depuis**, **depuis que** may be followed by the present and the imperfect, but the relevant tense may be in either part of the sentence. If the verbs indicate continuity, then they should be in the present or imperfect:

j'ai trop de travail depuis que j'habite à Paris
I have too much work since I have been living in Paris

elle était radieuse depuis qu'il la revoyait
she was radiant since he had been seeing her again

If the action indicates a precise moment, then the *passé composé* should be used:

depuis qu'il a été élu, la situation a empiré
since he was elected, the situation has worsened

If one action indicates continuity and the other a precise point in time, then the present and the *passé composé* are used, or the imperfect and the pluperfect:

je travaille beaucoup depuis que je me suis installé à Paris
I have been working a lot since I settled in Paris

il lisait beaucoup depuis qu'elle était partie
he had been reading a lot since she left

5 TENSE USAGE AFTER CONJUNCTIONS OF TIME

a The following conjunctions are followed by the indicative, but French insists on more precise tense usage than English:

quand	when
lorsque	when
dès que	as soon as
aussitôt que	as soon as
tant que	as long as
pendant que	while
alors que	while
après que	after
une fois que	once
au moment où	when
(au fur et) à mesure que	(at the same time) as

b If the actions are simultaneous, the same tense is used in the time clause as in the principal clause:

je ferai à manger pendant que tu mettras la table
I'll make something to eat while you set the table

quand il fait beau, nous partons à la campagne
when(ever) the weather is fine, we go to the country

c If the actions succeed one another, then the tense in the time clause will be the same tense or a compound version of the tense in the principal clause:

dès que tu seras de retour, nous irons au théâtre (future in both clauses)
as soon as you are back we'll go to the theater

je sortirai dès que ma belle mère sera arrivée (future perfect in time clause)
I'll leave as soon as my mother-in-law arrives

je partirai après que nous aurons tout réglé (future perfect in time clause)
I'll leave when we have settled everything

d If one action is interrupted by another, then the tenses will normally be imperfect for the time clause and *passé composé* or *passé simple* for the principal clause:

on frappa à la porte pendant que je préparais à manger
there was a knock at the door while I was preparing the meal

6 "SI" CLAUSES

a When **si** means *if* the following pattern of tenses applies:

si clause	main clause
present	future
imperfect	conditional
pluperfect	past conditional

s'il vient, nous sortirons
if he comes, we'll go out

s'il téléphonait, nous prendrions rendez-vous
if he phoned, we would arrange to meet

s'il nous l'avait dit, nous ne serions pas venus
if he had told us, we wouldn't have come

Exceptionally, in a literary style, a pluperfect subjunctive may be used to replace either the past conditional or the pluperfect:

s'il l'eût fait, je n'aurais rien dit
had he done it, I would have said nothing

b When **si** means *whether*, the normal tense sequence is as in English:

je me demandais s'il était sérieux
I wondered if he was serious

c **si** is often used to introduce a suggestion:

et si on allait au cinéma ?
what if we were to go to the movie theater?

D THE PASSIVE

1 The passive is formed by taking the corresponding form and tense of **être** (to be) and adding to it the past participle of the main verb (see passive verb table p. xviii). The past participle always agrees with the subject in this case:

la question a été réglée
the matter has been settled

2   THE PASSIVE AND AN INDIRECT OBJECT

A sentence like *I gave her a present* can only be translated into French in the passive as *a present was given to her (by me)*, NOT *she was given a present by me*. An indirect object (*to her*) cannot be the subject of a verb in the passive:

un bouquet a été offert à la reine
a bouquet was presented to the queen
the queen was presented with a bouquet

3   AVOIDANCE OF THE PASSIVE

English passive constructions are often translated as follows:

a   Use of the pronoun **on**:

on a donné un cadeau au président
the president was given a present

b   Use of the reflexive:

cela ne se fait pas en Europe
that is not done in Europe

c   Use of **se faire** or **se voir** (if the subject is a person):

il s'est vu attribuer la garde des enfants
he was awarded custody of the children

il s'est fait voler son portefeuille
he was robbed of his billfold

d   The following are all translations of *the door opened*:

la porte a été ouverte
on a ouvert la porte
la porte s'est ouverte

ETRE ELU to be elected

INDICATIVE

PRESENT	FUTURE	IMPERFECT
je suis élu	je serai élu	j'étais élu
tu es élu	tu seras élu	tu étais élu
il est élu	il sera élu	il était élu
nous sommes élus	nous serons élus	nous étions élus
vous êtes élu(s)	vous serez élu(s)	vous étiez élu(s)
ils sont élus	ils seront élus	ils étaient élus

PASSE SIMPLE	PASSE COMPOSE	PLUPERFECT
je fus élu	j'ai été élu	j'avais été élu
tu fus élu	tu as été élu	tu avais été élu
il fut élu	il a été élu	il avait été élu
nous fûmes élus	nous avons été élus	nous avions été élus
vous fûtes élu(s)	vous avez été élu(s)	vous aviez été élu(s)
ils furent élus	ils ont été élus	ils avaient été élus

PAST ANTERIOR	FUTURE PERFECT
j'eus été élu etc	j'aurai été élu etc
see page 22	see page 22

CONDITIONAL

SUBJUNCTIVE

PRESENT	PRESENT	PRESENT INFINITIVE
je serais élu	je sois élu	être élu
tu serais élu	tu sois élu	
il serait élu	il soit élu	PAST INFINITIVE
nous serions élus	nous soyons élus	avoir été élu
vous seriez élu(s)	vous soyez élu(s)	
ils seraient élus	ils soient élus	

PAST	IMPERFECT	PRESENT PARTICIPLE
j'aurais été élu	je fusse élu	étant élu
tu aurais été élu	tu fusses élu	
il aurait été élu	il fût élu	PAST PARTICIPLE
nous aurions été élus	nous fussions élus	été élu
vous auriez été élu(s)	vous fussiez élu(s)	
ils auraient été élus	ils fussent élus	

PAST

j'aie été élu
tu aies été élu
il ait été élu
nous ayons été élus
vous ayez été élu(s)
ils aient été élus

IMPERATIVE

sois élu
soyons élus
soyez élu(s)

E REFLEXIVES

Reflexive verbs are far commoner in French than in English:

s'en aller	to go away
s'habiller	to get dressed
se raser	to shave (oneself)
se reposer	to take a rest

1 REFLEXIVE PRONOUNS

person	*singular*	*plural*
1st	**me**	**nous**
	myself	ourselves
2nd	**te**	**vous**
	yourself	yourself/yourselves
3rd	**se**	**se**
	him/her/itself	themselves

je m'habille   **ils s'en vont**
I get dressed   they go away

nous nous comprenons
we understand each other

The relexive is often not translated in English:

Paul et Virginie se sont rencontrés
Paul and Virginie met (one another)

ils se sont aimés
they loved one other

ils se sont quittés
they parted

2 POSITION OF REFLEXIVE PRONOUNS

Reflexive pronouns immediately precede the reflexive verb or
the auxiliary verb:

nous nous sommes dépêchés
we hurried

They follow modal verbs:

> **il ne veut pas s'en aller**
> he does not want to leave

3 THE REFLEXIVE VERB IN QUESTIONS

a If **est-ce que** is used, the word order is as in positive statements:

> **est-ce qu'il s'est rasé?**
> has he shaved?

b Where subject are verb are inverted the reflexive pronoun is put in front of the verb:

> **vous êtes-vous lavés**?
> have you washed?

4 THE REFLEXIVE VERB IN THE IMPERATIVE

In the imperative, the reflexive pronoun follows the verb and is linked to it by a hyphen. **Te** becomes **toi**. When the imperative is negative, normal word order applies:

tais-toi	**reposez-vous**
be quiet	take a rest
ne t'inquiète pas	**ne vous effrayez pas**
don't worry	don't be scared

F THE SUBJUNCTIVE

TENSES IN THE SUBJUNCTIVE

The present subjunctive is the tense most widely used. The past (or perfect) subjunctive is used when a past tense is felt to be necessary (eg **il se peut qu'il ait eu raison** - *he may have been right*). The imperfect subjunctive is found mainly in literature and is rarely used in modern French, apart from the forms **qu'il eût** and **qu'il fût**. However, the pluperfect subjunctive does occur, especially in **si** clauses (see p. xvi, section 6).

USE OF THE SUBJUNCTIVE

1a After expressions of emotion and fearing when there is a change of subject in the subordinate clause:

être heureux que	to be happy that
être content que	to be pleased that
être satisfait que	to be satisfied that
être triste que	to be sad that
être désolé que	to be sorry that
être désespéré que	to be in despair/upset that
être fâché que	to be angry that
être surpris que	to be surprised that
être fier que	to be proud that
avoir honte que	to be ashamed that
avoir peur que ... ne	to be afraid that
craindre que ... ne	to fear that
regretter que	to regret that
s'étonner que	to be astonished that

je suis heureux que tu sois d'accord
I'm happy you agree

je suis content que tu viennes avec nous
I am pleased that you are coming with us

In some constructions, such as verbs of fearing, **ne** is found in the subordinate clause, but it has no negative meaning and should not be translated:

ils craignent qu'elle ne parte
they fear that she may leave

b If the subject of both verbs is the same, an infinitive construction is usual:

je suis content de t'accompagner
I am pleased I am coming with you

j'ai peur de partir
I am scared of leaving

2a When there is an element of doubt or possibility, and with verbs of thinking or believing used negatively or interrogatively:

il se peut que	it may be that
douter que	to doubt that
nier que	to deny that
ne pas croire que	not to believe that
concevoir que	to see that

il se peut qu'elle ait raison
she may be right

je ne crois pas que vous arriviez à temps
I do not think you will arrive in time

It may also be used where there is an element of intellectual judgment:

je conçois qu'ils soient fâchés avec toi
I understand them being angry you

b If the subject of both verbs is the same, an infinitive construction is possible:

je ne crois pas avoir tort
I do not think I am wrong

je nie avoir dit cela
I deny having said that

3a After verbs expressing wishes or orders:

vouloir que	to want
désirer que	to wish that
souhaiter que	to wish that
préférer que	to prefer that
se réjouir que	to be pleased that
demander que	to ask that
exiger que	to demand that
ordonner que	to order that
défendre que	to forbid
permettre que	to allow
accepter que	to accept that

je veux que vous relâchiez le prisonnier
I want you to release the prisoner

il exige que la police lui rende ses papiers
he demands that the police give him back his identity papers

il ordonne que l'armée ratisse la campagne
he orders the army to scour the country

b   If the subject of both verbs is the same, then an infinitive construction is used:

je veux interroger le prisonnier
I want to question the prisoner

c   With certain verbs, an infinitive construction is possible, even when the subject of each verb is different:

je vous demande de partir
I am asking you to leave

il m'a défendu de partir
he forbad me to leave

4a After impersonal constructions which convey some idea of judgment or appreciation such as:

il arrive que	it happens that
il convient que	it is fitting that
il faut que	it is necessary that
il importe que	it is important that
il se peut que	it may be that
il semble que	it appears that
il suffit que	it is enough that
il vaut mieux que	it is better that
il est temps que	it is time that
c'est dommage que	it is a pity that
l'idée que	the idea that
ce n'est pas la peine que	it is not worth while that
il n'y a pas de danger que	there is no danger that
il est possible que	it is possible that
il est peu probable que	it is not likely that
il n'est pas clair que	it is not clear that
il est essentiel que	it is essential that
il est normal que	it is normal that

il est rare que	it is rare that
il est logique que	it is logical that
il est bon que	it is good that
il est souhaitable que	it is desirable that
il est juste que	it is just that
il est important que	it is important that
il est étonnant que	it is astonishing that
il est ennuyeux que	it is annoying/boring that
il est impensable que	it is unthinkable that

il se peut qu'il pleuve
it may rain

il est normal qu'il fasse beau
it is normal for the weather to be beautiful

il est souhaitable qu'il la revoie
it is desirable that he should see her

il arrive qu'il y ait des accidents
accidents happen

il est juste qu'elle soit punie
it is just that she should be punished

il est peu probable qu'il réussisse
it is unlikely that he will succeed

b   If the subject of both verbs is the same, an infinitive
construction is possible:

il est possible de faire cet exercice
it is possible to do this exercise

il s'agit de répondre à la question
it is a matter of answering the question

5   In adjective clauses when describing desirable qualities which
one is seeking:

**nous voulons acheter une voiture qui soit fiable et
économique**
we want to buy a car which is reliable and economical

BUT:

> **nous voyions une vallée qui s'étendait loin devant nous**
> we saw a valley which stretched far before us

6a In adjective clauses after superlatives:

> **c'est le plus beau livre que j'aie jamais lu**
> it is the most beautiful book that I have ever read

b In adjective clauses after **le premier, l'unique, le seul, le dernier** etc:

> **ce n'était pas le seul ordinateur qui soit fabriqué en France**
> it wasn't the only computer that was made in France

c It is also used after negatives such as **rien** and **personne**, and after indefinite pronouns such as **quelqu'un** or **quelque chose**, when used to define desirable qualities:

> **je ne connais personne ici qui puisse vous aider**
> I do not know anyone here who can help you

> **connaissez-vous quelqu'un qui puisse me dépanner?**
> do you know anyone who can help me out?

d When **c'est ... qui/que** is used merely to place the superlative noun in a stressed position or introduces a fact, the subjunctive is not used:

> **c'est le plus grand qui est allé chercher le pain**
> the biggest went to fetch the bread

> **c'était la dernière fois que je l'ai vu vivant**
> that was the last time I saw him alive

7 After certain conjunctions:

> **bien que j'aie réussi**
> although I succeeded

> **à moins qu'il ne prenne des précautions**
> unless he takes precautions

> **pourvu qu'elle vienne**
> provided she comes

à condition que nous soyons d'accord
provided we agree

sans que vous vous en rendiez compte
without you realising

pour qu'ils sachent la vérité
so that they know the truth

que (whenever it comes at the beginning of a sentence):

qu'ils aient raison, cela ne me concerne pas
that they may be right does not concern me

non que je l'admire
not that I admire him

loin qu'il veuille bien m'aider
far from him wanting to help me

avant que tu t'en ailles
before you leave

jusqu'à ce qu'il prenne la décision
until he decides

de crainte que nous ne nous retirions
lest we withdraw

de façon à ce que vous réussissiez
so that you succeed

8a The following conjunctions may be followed by the
subjunctive or the indicative:

de sorte que	so that
de manière que	so that
de façon que	so that

When they indicate purpose, all three are followed by the
subjunctive:

il m'a tout expliqué de façon que je puisse me défendre
he explained everything to me so that I would be able to defend
myself (purpose)

But when they indicate result, they are followed by the
indicative:

il m'a tout expliqué de façon que j'ai pu me défendre
he told me everything and so I was able to defend myself
(result)

b With **après que**, modern usage tends towards the subjunctive
by analogy with **avant que** and **jusqu'à ce que**:

il est passé après que nous soyons partis
he called after we left

9 After certain verbs when the subject of the verb in a following
clause is different:

attendre que	to wait for
s'attendre à ce que	to expect that
veiller à ce que	to see to it that
s'opposer à ce que	to be opposed to
tenir à ce que	to insist on
insister pour que	to insist that
consentir à ce que	to consent that

j'attendrai qu'elle revienne
I'll wait for her to come back

je m'oppose à ce qu'il l'épouse
I am against him marrying her

nous tenons à ce qu'ils soient représentés
we insist on them being represented

tu insistes pour que je sois là?
you insist on me being there?

10 After adverbs of quantity which introduce a verb:

**l'accident est trop important pour que la presse n'en parle
pas**
the accident is too important for the press to keep quiet about it

11 In concessive clauses using "whoever, whatever, however" etc:

qui que vous soyez
whoever you may be

quoi que vous fassiez
whatever you (may) do

où que vous alliez
wherever you (may) go

quelque courageux que je sois
however courageous I may be

si grande qu'elle soit
however tall she may be

quelle que soit leur nationalité
whatever their nationality is (may be)

12 The subjunctive is always introduced by **que** except in a few phrases expressing a wish:

vive la République, vive la France
long live the Republic, long live France

G THE IMPERATIVE

1 Object pronouns follow the imperative when positive and are joined to the verb with hyphens:

apporte-les-lui!
take them to her!

They precede when the imperative is negative:

ne me parlez pas!
don't speak to me!

The reflexive pronoun is not omitted. The pronouns **me** and **te** change to **moi** and **toi** when following, if they come in the final position:

tais-toi!	be quiet!
parlez-moi!	speak to me!
parlez-m'en!	speak to me about it!

2 When the **tu** form of **-er** verbs is followed by **y** or **en**, the **-s** is retained for the liaison:

vas-y	go on
parles-en à tes parents	speak about it to your parents

3 If a third person imperative is required, the present subjunctive is used with **que**:

qu'il parte   let him go (tell him to go)
qu'il le fasse   let him do it (tell him to do it)

4 In written instructions, the imperative is normally replaced by the infinitive:

hâcher l'oignon, ajouter l'ail
chop the onion, add the garlic

ne pas fumer
no smoking

5 The future may be used for polite imperatives or instructions:

vous me le direz quand il arrivera
tell me when he arrives

H THE INFINITIVE

1 PRESENT INFINITIVE

a It is used after prepositions such as **à, de, par** (by), **au lieu de** (instead of), **sans** (without), **avant de** (before), **pour** (in order to) etc:

il hésite à sortir
he hesitates to go out

il refuse d'y aller
he refuses to go there

sans s'arrêter
without stopping

avant d'y aller
before going there

il le fait pour se prouver
he's doing it (in order) to test himself

b Some constructions do not require a preposition before an infinitive:

il veut le voir
he wants to see him

voir, c'est croire
seeing is believing

c It is often used in instructions (eg recipes) instead of the imperative:

faire fondre le beurre, ajouter la farine ...
melt the butter, add the flour ...

d French uses the infinitive where English often uses the *-ing* form of the verb, especially after prepositions such as **avant de**, **sans**, **par** etc:

aider les gens, c'est notre devoir
helping people is our duty

avant de passer l'examen
before sitting the examination

sans mot dire
without saying a word

2 PAST INFINITIVE

a The past or perfect infinitive is composed of **avoir** or **être** and the past participle of the verb. In reflexive verbs, the pronoun changes to agree with the subject:

avoir donné	to have given
être parti	to have left
s'être lavé	to have washed

nous sommes partis après nous être habillés
we left after dressing:

b It is used to express an action which occurred prior to the time of the main verb. It is always used after the preposition **après**:

après avoir dormi
after sleeping

elle est revenue sans l'avoir vu
she has come back without seeing him (having seen him)

c It is common after verbs referring to past actions:

je suis désolé d'avoir oublié le livre
I am sorry I forgot the book

je vous remercie de m'avoir aidé
I thank you for helping me

3 INFINITIVE CONSTRUCTIONS

a Normally the infinitive is linked to a preceding verb by **à** or **de**:

se décider à faire quelque chose
to decide to do something

arrêter de faire quelque chose
to stop doing something

Consult a dictionary in order to determine whether a verb takes **à** or **de**.

b In the case of a small number of verbs no preposition is required between a main verb and an infinitive:

verbs of wishing and liking:

vouloir	to want	**souhaiter**	to wish
aimer	to like	**aimer mieux**	to prefer
désirer	to wish	**préférer**	to prefer
adorer	to love	**détester**	to hate
espérer	to hope	**compter**	to expect, to count on

j'aime jouer au tennis
I love to play tennis

j'espère le revoir
I hope to see him again

verbs of motion:

aller	to go	**descendre**	to go down
monter	to go up	**entrer**	to enter, go in
rentrer	to go back	**retourner**	to go back
venir	to come	**sortir**	to go out
partir	to leave	**envoyer**	to send

je suis allé le chercher
I went and fetched him

je suis descendu lui parler
I went down to speak to him

verbs of perception:

voir	to see	écouter	to listen to
entendre	to hear	sentir	to feel
regarder	to watch		

je le regarde jouer
I'm watching him play

elle ne m'a pas entendu revenir
she didn't hear me come back in

modals:

vouloir	to want	falloir	to be necessary
pouvoir	to be able	savoir	to know how to
devoir	to have to	valoir mieux	to be better to

il faut le faire
it has to be done, you have to do it

je ne peux pas mentir
I can't lie

the following verbs:

faillir	to "nearly" do	laisser	to let, to allow
sembler	to seem	oser	to dare
penser	to think	croire	to believe
déclarer	to declare	nier	to deny
prétendre	to assert	reconnaître	to admit

j'ai failli le tuer
I almost killed him

il croit avoir gagné
he thinks he has won

French normally uses the active infinitive whereas English often uses a passive construction:

que faire?
what is to be done?

il n'y avait plus rien à faire
there was nothing more to be done

c **faire** + infinitive:

i) **faire** is followed by the infinitive in constructions such as *to have something done, to make someone do something, to get someone to do something. By someone* is normally expressed by **par** although **à** was formerly used. **A** can be ambiguous, however, and mean *for/to* instead of *by*. In either case, the personal pronoun is always taken to be indirect (**lui, leur**), or to avoid ambiguity **par** (**lui, elle** etc) is kept. In all cases, pronouns are attached to **faire**, not the infinitive:

il a fait faire tout le travail par son ami
he has all the work done by his friend

il s'est fait renvoyer par le patron
he has got himself sacked by the boss

faites-les entrer
have them come in

ii) In the reflexive, although **faire** is conjugated with **être**, the past participle never agrees. If there are two objects, the object of **faire** is always indirect:

il lui a fait couper les cheveux
he had his (someone else's) hair cut

elle s'est fait couper les cheveux
she has had her (own) hair cut

elle se les est fait couper
she has had it (hair) cut

iii) Note the following common expressions with faire:

faire cuire	to cook	**faire bouillir**	to boil
faire penser	to remind	**faire remarquer**	to point out
faire venir	to send for	**faire entrer**	to send in

faire savoir to let it be known
faire comprendre to let it be understood
faire taire to make (someone) be quiet

je ferai cuire la viande
I'll cook the meat

> **il a fait savoir aux journalistes ...**
> he informed the journalists that ...

d **laisser** may be used like **faire** with pronoun objects preceding **laisser**, or the pronoun objects may be positioned each before its own verb:

je les ai laissés sortir ensemble
I let them go out together

nous pourrions les laisser y penser
we could let them think about it

nous l'avons laissé faire
we let him do it

I PARTICIPLES

1 THE PRESENT PARTICIPLE

a The present participle may be used as an adjective and as such agrees with the noun or pronoun to which it refers:

des gens charmants   **la semaine suivante**
charming people   the next week

b When it retains its verbal function, the present participle does not agree:

je l'ai vue sortant de l'école
I saw her coming out of school

c **en** + present participle normally agrees with the subject of the main verb:

je l'ai vue en sortant de l'école
I saw her as I came out of school

d **en** also indicates simultaneity, cause or manner. **Tout en** reinforces simultaneity and may add an element of contradiction:

ne buvez pas en mangeant
don't drink while you are eating

en travaillant trop, vous risquez une crise cardiaque
by working too much, you're running the risk of a heart attack

en travaillant dur, il a réussi
he has succeeded by working hard

e   **en** + *the present participle* is used with verbs of motion to
indicate how something is done:

il a traversé la rivière en nageant
he swam across the river

il a monté les escaliers en courant
he ran upstairs

f   **aller en (croissant, s'aggravant, diminuant** etc) is a common
construction in journalistic writing for *to continue to*:

le déficit du budget ira en empirant
the budget deficit will get worse and worse

2   THE PAST PARTICIPLE

a   The past participle is used mostly as part of the verb in
compound tenses and in the passive. It can also be used as an
adjective. In all cases, care must be taken to apply the rules of
agreement.

b   As an adjective, the past participle agrees with the noun or
pronoun it refers to:

un enfant perdu	a lost child
la semaine passée	last week

c   French uses the past participle for certain attitudes involving
(parts of) the body where English uses the present participle:

accoudé	leaning (on one's elbows)
adossé	leaning back
agenouillé	kneeling
allongé	lying down
appuyé	leaning
assis	sitting
couché	lying
étendu	lying
penché	leaning (over)
(sus)pendu	hanging

la Tour Penchée de Pise
the Leaning Tower of Pisa

j'ai vu la femme couchée par terre
I saw the woman lying on the ground

d Agreement of the past participle with **avoir**

   i) The past participle agrees in number and gender with the
       preceding direct object. It does not agree with the subject:

       je les ai vus
       I saw them

       sa femme? je l'ai entendue
       his wife? I heard her

       les victimes que j'ai vues
       the victims whom I saw

       quels pays avez-vous visités?
       what countries have you visited?

       combien de cartes as-tu achetées?
       how many cards have you bought?

   ii) It does not agree with indirect objects (to him etc) nor with
       direct objects which follow the verb:

       je lui ai donné les fleurs
       I gave her/him the flowers

e With **être**:

   i) The past participle agrees with the subject in verbs which
       are conjugated with **être**:

       Madeleine est revenue
       Madeleine has come back

   ii) In the passive, the past participle always agrees. However,
       the past participle of **être** (**été**) never changes:

       les cadeaux ont été échangés
       the presents were exchanged

iii) Although reflexive verbs are conjugated with **être**, the rule concerning agreement with the preceding direct object applies, and this may not be the same as the subject. In **elle s'est lavée**, (*she washed herself*), **se** is the direct object, and therefore there is agreement as it corresponds to **elle**. In **elle s'est lavé les mains**, (*she washed her hands*), **les mains** is the direct object and **se** is indirect (the French construction literally means: *she washed the hands to herself*). There is therefore no agreement because the direct object follows:

elle s'est coupée (se is direct object)
she cut herself

elle s'est coupé la main (la main is direct object)
she cut her hand

elle s'est coupée à la main (se is direct object)
she cut herself on the hand

iv) Many verbs are followed by a preposition and therefore do not take a direct object. In such cases, there is no agreement with the reflexive pronoun:

ils se sont parlé (parler à)
they spoke to each other

ils se sont rappelé leur amour (amour is direct object)
they remembered their love

ils se sont souvenus de leur amour (se is direct object)
they remembered their love

v) when **on** is used for *we*, French makes the participle agree with the implied plural, although the verb is in the singular:

on est tous partis à cinq heures
we all left at five o'clock

J NEGATIVES

ne ... pas	not
ne ... point	not *(literary use)*
ne ... guère	hardly
ne ... plus	no more, no longer
ne ... jamais	never

ne ... rien	nothing
ne ... personne	no one, nobody
ne ... que	only
ne ... ni ... ni	neither ... nor
ne ... aucun	not any, none
ne ... nul	not any, none
ne ... nulle part	nowhere

a The position of the negative in simple tenses and the imperative

Ne precedes the verb and any object pronouns. The second half of the negative comes immediately after the verb. **Plus** precedes **rien**, **personne** and **que**:

je ne voyais plus rien
I couldn't see anything any longer

je ne rencontrerai personne
I will not meet anyone

je n'ai que dix francs
I have only ten francs

je ne vais nulle part
I am not going anywhere

ne t'en fais pas
don't worry about it

b The position of the negative in compound tenses

In the compound tenses, **ne** precedes the auxiliary and any pronoun objects. However, **pas**, **point**, **guère**, **plus**, **rien** and **jamais** follow the auxiliary whereas **personne**, **que**, **aucun**, **nul** and **nulle part** follow the past participle. **Ni ... ni** may follow or precede the past participle, depending on what it negates. As **ne ... personne** is "neuter", **personne** does not cause agreement of the past participle:

il n'a plus travaillé
he did not work any more

je n'ai plus rien fait
I didn't do any more

elle n'a rencontré personne
she did not meet anyone

elle n'a rencontré que ses parents
she only met met her parents

je n'ai vu ni elle ni ses parents
I did not see either her or her parents

je ne l'ai ni vue ni entendue
I neither saw nor heard her

je ne l'ai vue nulle part
I have not seen her anywhere

c The position of the negative with the infinitive

The negatives which precede the past participle also precede
the infinitive and any pronouns. Those which follow the past
participle enclose the infinitive:

je vous demande de ne pas parler
I ask you not to speak

je suis content de ne plus voir personne
I'm glad I'm not seeing anyone else

d The negative in initial position

When **personne**, **rien**, **aucun** and **ni** start a sentence, **ne** must
be inserted before the verb:

rien ne s'est passé
nothing happened

K AVOIR OR ETRE?

a **avoir** is used to form the compound tenses of the vast majority
of verbs.

être is used to form the compound tenses of reflexive verbs:

elle s'est habillée
she has got dressed

nous nous sommes amusés
we enjoyed ourselves

and of the following verbs, mostly of motion:

aller	to go	**devenir**	to become
arriver	to arrive	**sortir**	to go out
descendre	to go down	**partir**	to leave
monter	to go up	**naître**	to be born
entrer	to enter	**mourir**	to die
rentrer	to return home	**rester**	to remain
venir	to come	**retourner**	to return
revenir	to come back	**tomber**	to fall

The compounds of these verbs are also conjugated with **être** (eg **remonter**, **parvenir**, **intervenir**). The principal exception is **prévenir** (*to warn*) which takes a direct object and is conjugated with **avoir**. Note that **courir** is not conjugated with **être**.

b   Verbs changing from **être** to **avoir**:

Some of the verbs in the above list can take direct objects (ie they can be used transitively); when this occurs, they are conjugated with **avoir**:

il a rentré la valise
he took the case in

elle a monté la rue en courant
she ran up the street

c   **passer** (*to pass*) may be conjugated with either **être** or **avoir**:

elle est passée me voir
she passed by to see me

il m'a passé les photos
he passed the photos to me

GLOSSARY

Active Voice   The active voice of a verb is the form where the *subject* acts, as in "I see it", "I remember him" as opposed to the *passive voice*, "it is seen, he is remembered".

Auxiliary Verbs   Auxiliary verbs are used to to form the *compound tenses* of other verbs, eg "have" in "I have worked" or "had" in "he had gone". The auxiliary verbs in French are **avoir** and **être**.

Compound Tenses   Compound tenses are verb *tenses* in the perfect which consist of "have" in some form and a *past participle* from another verb. In French, the compound tenses of a verb are formed by an *auxiliary verb* (**avoir** or **être**) and the past participle of the main verb: **j'ai donné, il est allé**.

Conditional   This *mood* is used to describe what someone would do, or something that would happen under certain conditions, eg "I would go if I had the money". The conditional is also used in French for reported speech, eg "he said he would do it the next day". As such, it is considered a "future in the past".

Conjugation   The conjugation of a verb is the set of different forms taken in the various *tenses* and *moods* of that verb. There are three conjugations in French, based on *infinitives* ending in -er, -ir, and -re. These *endings* determine the forms.

Direct Object   The direct object is the noun or pronoun which follows a verb and which is not linked to it by a preposition, eg "I did the work", "I gave the present". It is opposed to the indirect object which is governed by a preposition. In "I gave her the present", "her" is the same as "to her" and is an *indirect object*, "the present" is still the direct object.

Endings   The ending of a verb is determined by the *person* (1st, 2nd, 3rd) and *number* (singular, plural) of its subject.

Imperative   The imperative gives orders, eg "stop!", "go!", or makes strong suggestions, eg "let's go!".

Indicative	This is the normal "factual" mood of a verb as in straightforward statements such as "I do, "we used to try", "we are going". If the statement represents a hypothesis, condition, or if the statement is in doubt, French uses the *conditional* or *subjunctive* moods.
Indirect Object	This is the noun or pronoun which follows a verb and is linked to it by a preposition, usually "to", eg "I will give the book to him".
Infinitive	The infinitive is the form of the verb with "to" used in dictionaries, such as "to work", "to put", "to wash". Infinitives in French end in **-er**, **-ir** or **-re**.
Mood	The name usually given to the four main areas within which a verb is conjugated. See *indicative, subjunctive, conditional* and *imperative*.
Number	The number of a noun or pronoun indicates whether it is singular or plural.
Object	See *direct object, indirect object*.
Passive Voice	A verb is in the passive when the *subject* of the verb does not perform the action but is acted upon. In French as in English, the passive is formed with a part of the verb "to be" and the past participle of the main verb, eg "he was taken away" **il était emmené**.
Past Participle	The past participle of a verb is the form which is used in English in the formation of *compound tenses*, eg "I have worked", "he had ordered", "you have done". In French, it may agree with a preceding direct object.
Person	In all tenses, there are three persons in the singular (1st "I", 2nd "you", 3rd "he", "she" or "it") and three in the plural (1st "we", 2nd "you", 3rd "they"). Note that in French, **tu** is informal; it is used between children, by adults to children, or informally between good friends. **Vous** is both singular and plural "you"; it is the formal mode of address between adults.

Present Participle	The present participle is the verbal form which ends in "-ing" in English, eg "giving" and **-ant** in French, eg **donnant**. The present participle in French may either be used as an adjective, in which case it agrees, or retain its verbal sense, in which case there is no agreement.
Reflexive Verbs	Reflexive verbs "reflect" the action back on to the subject, eg "I wash myself". In French, reflexive verbs are always conjugated with **être** in the *compound tenses*, but the *past participle* does not necessarily agree with the subject.
Subject	This is the noun or pronoun in a sentence which carries out the action, eg "she paid for it", "John was driving", "the train was running late".
Subjunctive	Whilst the subjunctive is a verb mood which is rarely used in English (eg "if I were to go"), it is relatively common in French. It may suggest a state of mind indicating doubt or emotion.
Subordinate Clause	This is a group of words with a *subject* and a verb which is dependent on another clause. For example, in "she wondered whether we would come", "whether we would come" is the subordinate clause dependent on "she wondered".
Tenses	The tenses of verbs indicate the time when an action takes place: in the present, the past or the future.
Verb Stem	The stem of a verb is the "basic unit" to which endings are added to form the *tenses* and *moods*. To find the stem of the majority of French verbs, remove the **-er**, **-ir** or **-re** from the infinitive, eg the stem of **parler** is **parl-**, the stem of **finir** is **fin-**, the stem of **vendre** is **vend-**.
Voice	Verbs have two voices, *active* and *passive*.

NOTE ON TENSE NAMES

You may also come across the following alternative names for French tenses:

passé composé: perfect
passé simple: past historic, simple past tense, past definite
past subjunctive: perfect subjunctive

DEFECTIVE VERBS

Defective verbs are verbs that are not conjugated in all tenses and persons.
Defective verbs are rarely used but you are most likely to come across the
forms given below. The following abbreviations are used:

present - PRES

future - FUT

imperfect - IMPERF

passé simple - P SIMPLE

passé composé - P COMPOSE

pluperfect - PLUPERF

past anterior - PAST ANT

future perfect - FUT PERF

present conditional - PRES COND

past conditional - PAST COND

imperative - IMPERAT

present subjunctive - PRES
SUBJ

imperfect subjunctive - IMPERF SUBJ

past subjunctive - PAST SUBJ

present infinitive - PRES INF

past infinitive - PAST INF

present participle - PRES PART

past participle - PAST PART

advenir: *PRES* il advient; *FUT* il adviendra; *IMPERF* il advenait; *P
SIMPLE* il advint; *P COMPOSE* il est advenu, ils sont advenus; *PRES
SUBJ* il advienne, ils adviennent; *PRES INF* advenir; *PRES PART*
advenant; *PAST PART* advenu

choir: *PRES* je chois, tu chois, il choit, ils choient; *FUT* je choirai etc;
P SIMPLE il chut; *PRES COND* je choirais etc; *IMPERF SUBJ* il chût;
PRES INF choir; *PAST INF* être chu; *PAST PART* chu + *compound
tenses*

déchoir: *PRES* je déchois, tu déchois, il déchoit, nous déchoyons, vous
déchoyez, ils déchoient; *FUT* je déchoirai etc; *P SIMPLE* je déchus etc;
PRES COND je déchoirais etc; *PRES SUBJ* je déchoie etc; *IMPERF
SUBJ* je déchusse etc; *PRES INF* déchoir; *PAST INF* avoir *or* être
déchu; *PAST PART* déchu + *compound tenses*

défaillir: *PRES* nous défaillons, vous défaillez, ils défaillent; *FUT* je
défaillirai etc; *IMPERF* je défaillais etc; *P SIMPLE* je défaillis etc;
PRES COND je défaillirais etc; *PRES SUBJ* je défaille etc; *IMPERF
SUBJ* je défaillisse etc; *PRES INF* défaillir *PAST INF* avoir défailli;
PRES PART défaillant; *PAST PART* défailli + *compound tenses*

échoir: *PRES* il échoit, ils échoient; *FUT* il échoira, ils échoiront; *P
SIMPLE* il échut, ils échurent; *P COMPOSE* il est échu, ils sont échus;
PRES INF échoir; *PAST INF* être échu; *PRES PART* échéant; *PAST
PART* échu

éclore: *PRES* il éclot, ils éclosent; *FUT* il éclora, ils écloront; *P COMPOSE* il est éclos, ils sont éclos; *PRES INF* éclore; *PAST INF* être éclos; *PAST PART* éclos

s'ensuivre: *PRES* il s'ensuit, ils s'ensuivent; *FUT* il s'ensuivra, ils s'ensuivront; *IMPERF* il s'ensuivait, ils s'ensuivaient; *P SIMPLE* il s'ensuivit, ils s'ensuivirent; *P COMPOSE* il s'est ensuivi, ils se sont ensuivis; *PRES INF* s'ensuivre; *PAST INF* s'être ensuivi; *PAST PART* ensuivi

faillir: *FUT* je faillirai etc; *P SIMPLE* je faillis etc; *PRES COND* je faillirais etc; *PRES INF* faillir; *PAST INF* avoir failli; *PRES PART* faillant; *PAST PART* failli + *compound tenses*

frire: *PRES* je fris, tu fris, il frit; *IMPERAT* fris; *PRES INF* frire; *PAST INF* avoir fris; *PAST PART* fris + *compound tenses* (all persons)

gésir: *PRES* je gis, tu gis, il gît, nous gisons, vous gisez, ils gisent; *IMPERF* je gisais, tu gisais, il gisait, nous gisions, vous gisiez, ils gisaient; *PRES INF* gésir; *PRES PART* gisant

messeoir: *PRES* il messied, ils messiéent; *FUT* il messiéra, ils messiéront; *IMPERF* il messeyait, ils messeyaient; *PRES COND* il messiérait, ils messiéraient; *PRES SUBJ* il messiée, ils messiéent; *PRES INF* messeoir; *PRES PART* messéant

oindre: *PRES INF* oindre; *PAST PART* oint

ouïr: *PRES INF* ouïr; *PAST PART* ouï

paître: *PRES* je pais, tu pais, il paît, nous paissons, vous paissez, ils paissent; *FUT* je paîtrai etc; *IMPERF* je paissais etc; *PRES COND* je paîtrais etc; *IMPERAT* pais, paissons, paissez; *PRES SUBJ* je paisse etc; *PRES INF* paître; *PRES PART* paissant

poindre: *PRES* il point; *FUT* il poindra; *PRES COND* il poindrait; *PRES INF* poindre

quérir: *PRES INF* quérir

ravoir: *PRES INF* ravoir

repaître: *see* *paître* + *P SIMPLE* je repus etc; *IMPERF SUBJ* je repusse etc; *PAST PART* repu + *compound tenses*

seoir: *PRES* il sied, ils siéent; *FUT* il siéra, ils siéront; *IMPERF* il seyait, ils seyaient; *PRES COND* il siérait, ils siéraient; *PRES SUBJ* il siée, ils siéent; *PRES INF* seoir; *PRES PART* seyant (séant)

IMPERSONAL VERBS

falloir: *PRES* il faut; *FUT* il faudra; *IMPERF* il fallait; *P SIMPLE* il fallut; *P COMPOSE* il a fallu; *PLUPERF* il avait fallu; *PAST ANT* il eut fallu; *FUT PERF* il aura fallu; *PRES COND* il faudrait; *PAST COND* il aurait fallu; *PRES SUBJ* il faille; *IMPERF SUBJ* il fallût; *PAST SUBJ* il ait fallu; *PRES INF* falloir; *PAST PART* fallu

grêler; *PRES* il grêle; *FUT* il grêlera; *IMPERF* il grêlait; *P SIMPLE* il grêla; *P COMPOSE* il a grêlé; *PLUPERF* il avait grêlé; *PAST ANT* il eut grêlé; *FUT PERF* il aura grêlé; *PRES COND* il grêlerait; *PAST COND* il aurait grêlé; *PRES SUBJ* il grêle; *IMPERF SUBJ* il grêlât; *PAST SUBJ* il ait grêlé; *PRES INF* grêler; *PAST INF* avoir grêlé; *PRES PART* grêlant; *PAST PART* grêlé

neiger: *PRES* il neige; *FUT* il neigera; *IMPERF* il neigeait; *P SIMPLE* il neigea; *P COMPOSE* il a neigé; *PLUPERF* il avait neigé; *PAST ANT* il eut neigé; *FUT PERF* il aura neigé; *PRES COND* il neigerait; *PAST COND* il aurait neigé; *PRES SUBJ* il neige; *IMPERF SUBJ* il neigeât; *PAST SUBJ* il ait neigé; *PRES INF* neiger; *PAST INF* avoir neigé; *PRES PART* neigeant; *PAST PART* neigé

pleuvoir: *PRES* il pleut; *FUT* il pleuvra; *IMPERF* il pleuvait; *P SIMPLE* il plut; *P COMPOSE* il a plu; *PLUPERF* il avait plu; *PAST ANT* il eut plu; *FUT PERF* il aura plu; *PRES COND* il pleuvrait; *PAST COND* il aurait plu; *PRES SUBJ* il pleuve; *IMPERF SUBJ* il plût; *PAST SUBJ* il ait plu; *PRES INF* pleuvoir; *PAST INF* avoir plu; *PRES PART* pleuvant; *PAST PART* plu

ACCEPTER to accept

INDICATIVE

PRESENT	FUTURE	IMPERFECT
j'accepte	j'accepterai	j'acceptais
tu acceptes	tu accepteras	tu acceptais
il accepte	il acceptera	il acceptait
nous acceptons	nous accepterons	nous acceptions
vous acceptez	vous accepterez	vous acceptiez
ils acceptent	ils accepteront	ils acceptaient

PASSE SIMPLE	PASSE COMPOSE	PLUPERFECT
j'acceptai	j'ai accepté	j'avais accepté
tu acceptas	tu as accepté	tu avais accepté
il accepta	il a accepté	il avait accepté
nous acceptâmes	nous avons accepté	nous avions accepté
vous acceptâtes	vous avez accepté	vous aviez accepté
ils acceptèrent	ils ont accepté	ils avaient accepté

PAST ANTERIOR	FUTURE PERFECT
j'eus accepté etc	j'aurai accepté etc
see page 22	see page 22

CONDITIONAL

PRESENT	SUBJUNCTIVE PRESENT	PRESENT INFINITIVE
j'accepterais	j'accepte	accepter
tu accepterais	tu acceptes	
il accepterait	il accepte	PAST INFINITIVE
nous accepterions	nous acceptions	avoir accepté
vous accepteriez	vous acceptiez	
ils accepteraient	ils acceptent	

PAST	IMPERFECT	PRESENT PARTICIPLE
j'aurais accepté	j'acceptasse	acceptant
tu aurais accepté	tu acceptasses	
il aurait accepté	il acceptât	PAST PARTICIPLE
nous aurions accepté	nous acceptassions	accepté
vous auriez accepté	vous acceptassiez	
ils auraient accepté	ils acceptassent	

PAST

j'aie accepté
tu aies accepté
il ait accepté
nous ayons accepté
vous ayez accepté
ils aient accepté

IMPERATIVE

accepte
acceptons
acceptez

INDICATIVE

PRESENT	**FUTURE**	**IMPERFECT**
j'achète	j'achèterai	j'achetais
tu achètes	tu achèteras	tu achetais
il achète	il achètera	il achetait
nous achetons	nous achèterons	nous achetions
vous achetez	vous achèterez	vous achetiez
ils achètent	ils achèteront	ils achetaient

PASSE SIMPLE	**PASSE COMPOSE**	**PLUPERFECT**
j'achetai	j'ai acheté	j'avais acheté
tu achetas	tu as acheté	tu avais acheté
il acheta	il a acheté	il avait acheté
nous achetâmes	nous avons acheté	nous avions acheté
vous achetâtes	vous avez acheté	vous aviez acheté
ils achetèrent	ils ont acheté	ils avaient acheté

PAST ANTERIOR	**FUTURE PERFECT**
j'eus acheté etc	j'aurai acheté etc
see page 22	*see page 22*

CONDITIONAL   *SUBJUNCTIVE*

PRESENT	**PRESENT**	**PRESENT INFINITIVE**
j'achèterais	j'achète	acheter
tu achèterais	tu achètes	
il achèterait	il achète	**PAST INFINITIVE**
nous achèterions	nous achetions	avoir acheté
vous achèteriez	vous achetiez	
ils achèteraient	ils achètent	

PAST	**IMPERFECT**	**PRESENT PARTICIPLE**
j'aurais acheté	j'achetasse	achetant
tu aurais acheté	tu achetasses	
il aurait acheté	il achetât	**PAST PARTICIPLE**
nous aurions acheté	nous achetassions	acheté
vous auriez acheté	vous achetassiez	
ils auraient acheté	ils achetassent	

PAST

IMPERATIVE	
	j'aie acheté
	tu aies acheté
achète	il ait acheté
achetons	nous ayons acheté
achetez	vous ayez acheté
	ils aient acheté

INDICATIVE

PRESENT	**FUTURE**	**IMPERFECT**
j'achève	j'achèverai	j'achevais
tu achèves	tu achèveras	tu achevais
il achève	il achèvera	il achevait
nous achevons	nous achèverons	nous achevions
vous achevez	vous achèverez	vous acheviez
ils achèvent	ils achèveront	ils achevaient

PASSE SIMPLE	**PASSE COMPOSE**	**PLUPERFECT**
j'achevai	j'ai achevé	j'avais achevé
tu achevas	tu as achevé	tu avais achevé
il acheva	il a achevé	il avait achevé
nous achevâmes	nous avons achevé	nous avions achevé
vous achevâtes	vous avez achevé	vous aviez achevé
ils achevèrent	ils ont achevé	ils avaient achevé

PAST ANTERIOR	**FUTURE PERFECT**
j'eus achevé etc	j'aurai achevé etc
see page 22	see page 22

CONDITIONAL

PRESENT	*SUBJUNCTIVE* **PRESENT**	*PRESENT INFINITIVE*
j'achèverais	j'achève	achever
tu achèverais	tu achèves	
il achèverait	il achève	*PAST INFINITIVE*
nous achèverions	nous achevions	avoir achevé
vous achèveriez	vous acheviez	
ils achèveraient	ils achèvent	

PAST	**IMPERFECT**	*PRESENT PARTICIPLE*
j'aurais achevé	j'achevasse	achevant
tu aurais achevé	tu achevasses	
il aurait achevé	il achevât	*PAST PARTICIPLE*
nous aurions achevé	nous achevassions	achevé
vous auriez achevé	vous achevassiez	
ils auraient achevé	ils achevassent	

PAST

j'aie achevé
tu aies achevé
il ait achevé
nous ayons achevé
vous ayez achevé
ils aient achevé

IMPERATIVE

achève
achevons
achevez

ACQUERIR to acquire

INDICATIVE

PRESENT	FUTURE	IMPERFECT
j'acquiers	j'acquerrai	j'acquérais
tu acquiers	tu acquerras	tu acquérais
il acquiert	il acquerra	il acquérait
nous acquérons	nous acquerrons	nous acquérions
vous acquérez	vous acquerrez	vous acquériez
ils acquièrent	ils acquerront	ils acquéraient

PASSE SIMPLE	PASSE COMPOSE	PLUPERFECT
j'acquis	j'ai acquis	j'avais acquis
tu acquis	tu as acquis	tu avais acquis
il acquit	il a acquis	il avait acquis
nous acquîmes	nous avons acquis	nous avions acquis
vous acquîtes	vous avez acquis	vous aviez acquis
ils acquirent	ils ont acquis	ils avaient acquis

PAST ANTERIOR	FUTURE PERFECT
j'eus acquis etc	j'aurai acquis etc
see page 22	see page 22

CONDITIONAL

SUBJUNCTIVE

PRESENT	PRESENT	PRESENT INFINITIVE
j'acquerrais	j'acquière	acquérir
tu acquerrais	tu acquières	
il acquerrait	il acquière	PAST INFINITIVE
nous acquerrions	nous acquérions	
vous acquerriez	vous acquériez	avoir acquis
ils acquerraient	ils acquièrent	

PAST	IMPERFECT	PRESENT PARTICIPLE
j'aurais acquis	j'acquisse	acquérant
tu aurais acquis	tu acquisses	
il aurait acquis	il acquît	PAST PARTICIPLE
nous aurions acquis	nous acquissions	
vous auriez acquis	vous acquissiez	acquis
ils auraient acquis	ils acquissent	

PAST

j'aie acquis
tu aies acquis
il ait acquis
nous ayons acquis
vous ayez acquis
ils aient acquis

IMPERATIVE

acquiers
acquérons
acquérez

NOTES

1 MEANING

transitive: to acquire, to gain, to win (property, experience, fame); *reflexive:* to win, to be acquired

2 CONSTRUCTIONS WITH PREPOSITIONS

être acquis à quelqu'un	to be entirely devoted to someone
être acquis à une cause	to support something completely

3 USAGE

transitive (auxiliary **avoir**):

il a acquis la propriété	he acquired the property
il a acquis la certitude de ...	he became certain of ...

reflexive (auxiliary **être**):

il s'est acquis l'estime de tous	he won the esteem of all

Past participle: **acquis** - not to be confused with **acquit** (from **acquitter**) in **par acquit de conscience** set one's mind at rest.

4 PHRASES AND IDIOMS

il a acquis la certitude que ...	he became certain that ...
la maison acquiert de la valeur	the house is acquiring value
bien mal acquis ne profite jamais	ill gotten goods seldom prosper

INDICATIVE
PRESENT	**FUTURE**	**IMPERFECT**
j'agis	j'agirai	j'agissais
tu agis	tu agiras	tu agissais
il agit	il agira	il agissait
nous agissons	nous agirons	nous agissions
vous agissez	vous agirez	vous agissiez
ils agissent	ils agiront	ils agissaient

PASSE SIMPLE	**PASSE COMPOSE**	**PLUPERFECT**
j'agis	j'ai agi	j'avais agi
tu agis	tu as agi	tu avais agi
il agit	il a agi	il avait agi
nous agîmes	nous avons agi	nous avions agi
vous agîtes	vous avez agi	vous aviez agi
ils agirent	ils ont agi	ils avaient agi

PAST ANTERIOR	**FUTURE PERFECT**
j'eus agi etc	j'aurai agi etc
see page 22	*see page 22*

CONDITIONAL   *SUBJUNCTIVE*
PRESENT	**PRESENT**	**PRESENT INFINITIVE**
j'agirais	j'agisse	agir
tu agirais	tu agisses	
il agirait	il agisse	**PAST INFINITIVE**
nous agirions	nous agissions	avoir agi
vous agiriez	vous agissiez	
ils agiraient	ils agissent	

PAST	**IMPERFECT**	**PRESENT PARTICIPLE**
j'aurais agi	j'agisse	agissant
tu aurais agi	tu agisses	
il aurait agi	il agît	**PAST PARTICIPLE**
nous aurions agi	nous agissions	agi
vous auriez agi	vous agissiez	
ils auraient agi	ils agissent	

	PAST
	j'aie agi
	tu aies agi
IMPERATIVE	il ait agi
agis	nous ayons agi
agissons	vous ayez agi
agissez	ils aient agi

AIMER to like, to love

INDICATIVE
PRESENT

j'aime
tu aimes
il aime
nous aimons
vous aimez
ils aiment

FUTURE

j'aimerai
tu aimeras
il aimera
nous aimerons
vous aimerez
ils aimeront

IMPERFECT

j'aimais
tu aimais
il aimait
nous aimions
vous aimiez
ils aimaient

PASSE SIMPLE

j'aimai
tu aimas
il aima
nous aimâmes
vous aimâtes
ils aimèrent

PASSE COMPOSE

j'ai aimé
tu as aimé
il a aimé
nous avons aimé
vous avez aimé
ils ont aimé

PLUPERFECT

j'avais aimé
tu avais aimé
il avait aimé
nous avions aimé
vous aviez aimé
ils avaient aimé

PAST ANTERIOR

j'eus aimé etc
see page 22

FUTURE PERFECT

j'aurai aimé etc
see page 22

CONDITIONAL
PRESENT

j'aimerais
tu aimerais
il aimerait
nous aimerions
vous aimeriez
ils aimeraient

SUBJUNCTIVE
PRESENT

j'aime
tu aimes
il aime
nous aimions
vous aimiez
ils aiment

PRESENT INFINITIVE

aimer

PAST INFINITIVE

avoir aimé

PAST

j'aurais aimé
tu aurais aimé
il aurait aimé
nous aurions aimé
vous auriez aimé
ils auraient aimé

IMPERFECT

j'aimasse
tu aimasses
il aimât
nous aimassions
vous aimassiez
ils aimassent

PRESENT PARTICIPLE

aimant

PAST PARTICIPLE

aimé

PAST

j'aie aimé
tu aies aimé
il ait aimé
nous ayons aimé
vous ayez aimé
ils aient aimé

IMPERATIVE

aime
aimons
aimez

INDICATIVE

PRESENT	**FUTURE**	**IMPERFECT**
je vais	j'irai	j'allais
tu vas	tu iras	tu allais
il va	il ira	il allait
nous allons	nous irons	nous allions
vous allez	vous irez	vous alliez
ils vont	ils iront	ils allaient

PASSE SIMPLE	**PASSE COMPOSE**	**PLUPERFECT**
j'allai	je suis allé	j'étais allé
tu allas	tu es allé	tu étais allé
il alla	il est allé	il était allé
nous allâmes	nous sommes allés	nous étions allés
vous allâtes	vous êtes allé(s)	vous étiez allé(s)
ils allèrent	ils sont allés	ils étaient allés

PAST ANTERIOR	**FUTURE PERFECT**
je fus allé etc	je serai allé etc
see page 85	see page 85

CONDITIONAL

PRESENT	**SUBJUNCTIVE** **PRESENT**	**PRESENT INFINITIVE**
j'irais	j'aille	aller
tu irais	tu ailles	
il irait	il aille	**PAST INFINITIVE**
nous irions	nous allions	être allé
vous iriez	vous alliez	
ils iraient	ils aillent	

PAST	**IMPERFECT**	**PRESENT PARTICIPLE**
je serais allé	j'allasse	allant
tu serais allé	tu allasses	
il serait allé	il allât	**PAST PARTICIPLE**
nous serions allés	nous allassions	allé
vous seriez allé(s)	vous allassiez	
ils seraient allés	ils allassent	

PAST

IMPERATIVE	je sois allé	
va	tu sois allé	*Note:* **s'en aller:**
allons	il soit allé	**je m'en vais, tu t'en vas**
allez	nous soyons allés	**il s'en va, nous nous en**
	vous soyez allé(s)	**allons, vous vous en**
	ils soient allés	**allez, ils s'en vont etc**

NOTES

I MEANING

intransitive: to go; to suit *(clothes);* to be *(health); reflexive:* to go away (**s'en aller**)

2 CONSTRUCTIONS WITH PREPOSITIONS

Note: **aller** + *infinitive* - there is no preposition.

aller chez le boucher	to go to the butcher's shop
aller à la boulangerie/à l'école	to go to the baker's/to school
aller à pied/à bicyclette	to go on foot/by bicycle
aller en avion/en voiture/ en vélo	to go by plane/by car/by bicycle
aller au Brésil/en Asie/ en France	to go to Brazil/Asia/France
aller à Paris/au Havre	to go to Paris/Le Havre
aller en ville/à la campagne	to go into town/to the country

3 USAGE

intransitive (auxiliary **être**):

je suis allé le chercher	I went *and* fetched him
elle s'en est allée	she went away

In the second person singular imperative an **s** is inserted before **y**:

vas-y	go on
il va le faire	he is going to do it, he will do it (*aller* as future)

4 PHRASES AND IDIOMS

comment allez-vous ?	how are you? *(formal)*
comment ça va ?	how are you? *(informal)*
ça va (bien)	I'm fine
ça va mieux	I'm feeling better
cela vous va bien	that suits you
cela va en augmentant	it is growing bigger
cela va de soi	that goes without saying
cela va sans dire	that goes without saying
il va sur ses cinquante ans	he's going on fifty
aller à la catastrophe	to head for disaster
aller vers Chartres	to head for Chartres

INDICATIVE

PRESENT	FUTURE	IMPERFECT
j'annonce	j'annoncerai	j'annonçais
tu annonces	tu annonceras	tu annonçais
il annonce	il annoncera	il annonçait
nous annonçons	nous annoncerons	nous annoncions
vous annoncez	vous annoncerez	vous annonciez
ils annoncent	ils annonceront	ils annonçaient

PASSE SIMPLE	PASSE COMPOSE	PLUPERFECT
j'annonçai	j'ai annoncé	j'avais annoncé
tu annonças	tu as annoncé	tu avais annoncé
il annonça	il a annoncé	il avait annoncé
nous annonçâmes	nous avons annoncé	nous avions annoncé
vous annonçâtes	vous avez annoncé	vous aviez annoncé
ils annoncèrent	ils ont annoncé	ils avaient annoncé

PAST ANTERIOR	FUTURE PERFECT
j'eus annoncé etc	j'aurai annoncé etc
see page 22	*see page 22*

CONDITIONAL   SUBJUNCTIVE

PRESENT	PRESENT	PRESENT INFINITIVE
j'annoncerais	j'annonce	annoncer
tu annoncerais	tu annonces	
il annoncerait	il annonce	PAST INFINITIVE
nous annoncerions	nous annoncions	avoir annoncé
vous annonceriez	vous annonciez	
ils annonceraient	ils annoncent	

PAST	IMPERFECT	PRESENT PARTICIPLE
j'aurais annoncé	j'annonçasse	annonçant
tu aurais annoncé	tu annonçasses	
il aurait annoncé	il annonçât	PAST PARTICIPLE
nous aurions annoncé	nous annonçassions	annoncé
vous auriez annoncé	vous annonçassiez	
ils auraient annoncé	ils annonçassent	

	PAST
	j'aie annoncé
	tu aies annoncé
IMPERATIVE	il ait annoncé
annonce	nous ayons annoncé
annonçons	vous ayez annoncé
annoncez	ils aient annoncé

INDICATIVE

PRESENT	FUTURE	IMPERFECT
j'aperçois	j'apercevrai	j'apercevais
tu aperçois	tu apercevras	tu apercevais
il aperçoit	il apercevra	il apercevait
nous apercevons	nous apercevrons	nous apercevions
vous apercevez	vous apercevrez	vous aperceviez
ils aperçoivent	ils apercevront	ils apercevaient

PASSE SIMPLE	PASSE COMPOSE	PLUPERFECT
j'aperçus	j'ai aperçu	j'avais aperçu
tu aperçus	tu as aperçu	tu avais aperçu
il aperçut	il a aperçu	il avait aperçu
nous aperçûmes	nous avons aperçu	nous avions aperçu
vous aperçûtes	vous avez aperçu	vous aviez aperçu
ils aperçurent	ils ont aperçu	ils avaient aperçu

PAST ANTERIOR	FUTURE PERFECT
j'eus aperçu etc	j'aurai aperçu etc
see page 22	*see page 22*

CONDITIONAL

PRESENT	SUBJUNCTIVE PRESENT	PRESENT INFINITIVE
j'apercevrais	j'aperçoive	apercevoir
tu apercevrais	tu aperçoives	
il apercevrait	il aperçoive	PAST INFINITIVE
nous apercevrions	nous apercevions	avoir aperçu
vous apercevriez	vous aperceviez	
ils apercevraient	ils aperçoivent	

PAST	IMPERFECT	PRESENT PARTICIPLE
j'aurais aperçu	j'aperçusse	apercevant
tu aurais aperçu	tu aperçusses	
il aurait aperçu	il aperçût	PAST PARTICIPLE
nous aurions aperçu	nous aperçussions	aperçu
vous auriez aperçu	nous aperçussiez	
ils auraient aperçu	ils aperçussent	

	PAST	
	j'aie aperçu	
	tu aies aperçu	
IMPERATIVE	il ait aperçu	
aperçois	nous ayons aperçu	
apercevons	vous ayez aperçu	
apercevez	ils aient aperçu	

APPARTENIR to belong

INDICATIVE

PRESENT
j'appartiens
tu appartiens
il appartient
nous appartenons
vous appartenez
ils appartiennent

FUTURE
j'appartiendrai
tu appartiendras
il appartiendra
nous appartiendrons
vous appartiendrez
ils appartiendront

IMPERFECT
j'appartenais
tu appartenais
il appartenait
nous appartenions
vous apparteniez
ils appartenaient

PASSE SIMPLE
j'appartins
tu appartins
il appartint
nous appartînmes
vous appartîntes
ils appartinrent

PASSE COMPOSE
j'ai appartenu
tu as appartenu
il a appartenu
nous avons appartenu
vous avez appartenu
ils ont appartenu

PLUPERFECT
j'avais appartenu
tu avais appartenu
il avait appartenu
nous avions appartenu
vous aviez appartenu
ils avaient appartenu

PAST ANTERIOR
j'eus appartenu etc
see page 22

FUTURE PERFECT
j'aurai appartenu etc
see page 22

CONDITIONAL

PRESENT
j'appartiendrais
tu appartiendrais
il appartiendrait
nous appartiendrions
vous appartiendriez
ils appartiendraient

SUBJUNCTIVE

PRESENT
j'appartienne
tu appartiennes
il appartienne
nous appartenions
vous apparteniez
ils appartiennent

PRESENT INFINITIVE
appartenir

PAST INFINITIVE
avoir appartenu

PAST
j'aurais appartenu
tu aurais appartenu
il aurait appartenu
nous aurions appartenu
vous auriez appartenu
ils auraient appartenu

IMPERFECT
j'appartinsse
tu appartinsses
il appartînt
nous appartinssions
vous appartinssiez
ils appartinssent

PRESENT PARTICIPLE
appartenant

PAST PARTICIPLE
appartenu

PAST
j'aie appartenu
tu aies appartenu
il ait appartenu
nous ayons appartenu
vous ayez appartenu
ils aient appartenu

IMPERATIVE
appartiens
appartenons
appartenez

INDICATIVE

PRESENT	FUTURE	IMPERFECT
j'appelle	j'appellerai	j'appelais
tu appelles	tu appelleras	tu appelais
il appelle	il appellera	il appelait
nous appelons	nous appellerons	nous appelions
vous appelez	vous appellerez	vous appeliez
ils appellent	ils appelleront	ils appelaient

PASSE SIMPLE	PASSE COMPOSE	PLUPERFECT
j'appelai	j'ai appelé	j'avais appelé
tu appelas	tu as appelé	tu avais appelé
il appela	il a appelé	il avait appelé
nous appelâmes	nous avons appelé	nous avions appelé
vous appelâtes	vous avez appelé	vous aviez appelé
ils appelèrent	ils ont appelé	ils avaient appelé

PAST ANTERIOR	FUTURE PERFECT
j'eus appelé etc	j'aurai appelé etc
see page 22	see page 22

CONDITIONAL / SUBJUNCTIVE

CONDITIONAL PRESENT	SUBJUNCTIVE PRESENT	PRESENT INFINITIVE
j'appellerais	j'appelle	appeler
tu appellerais	tu appelles	
il appellerait	il appelle	PAST INFINITIVE
nous appellerions	nous appelions	avoir appelé
vous appelleriez	vous appeliez	
ils appelleraient	ils appellent	

PAST	IMPERFECT	PRESENT PARTICIPLE
j'aurais appelé	j'appelasse	appelant
tu aurais appelé	tu appelasses	
il aurait appelé	il appelât	PAST PARTICIPLE
nous aurions appelé	nous appelassions	appelé
vous auriez appelé	vous appelassiez	
ils auraient appelé	ils appelassent	

	PAST	
	j'aie appelé	
	tu aies appelé	
IMPERATIVE	il ait appelé	
appelle	nous ayons appelé	
appelons	vous ayez appelé	
appelez	ils aient appelé	

INDICATIVE

PRESENT

j'apprécie
tu apprécies
il apprécie
nous apprécions
vous appréciez
ils apprécient

FUTURE

j'apprécierai
tu apprécieras
il appréciera
nous apprécierons
vous apprécierez
ils apprécieront

IMPERFECT

j'appréciais
tu appréciais
il appréciait
nous appréciions
vous appréciiez
ils appréciaient

PASSE SIMPLE

j'appréciai
tu apprécias
il apprécia
nous appréciâmes
vous appréciâtes
ils apprécièrent

PASSE COMPOSE

j'ai apprécié
tu as apprécié
il a apprécié
nous avons apprécié
vous avez apprécié
ils ont apprécié

PLUPERFECT

j'avais apprécié
tu avais apprécié
il avait apprécié
nous avions apprécié
vous aviez apprécié
ils avaient apprécié

PAST ANTERIOR

j'eus apprécié etc
see page 22

FUTURE PERFECT

j'aurai apprécié etc
see page 22

CONDITIONAL

PRESENT

j'apprécierais
tu apprécierais
il apprécierait
nous apprécierions
vous apprécieriez
ils apprécieraient

SUBJUNCTIVE

PRESENT

j'apprécie
tu apprécies
il apprécie
nous appréciions
vous appréciiez
ils apprécient

PRESENT INFINITIVE

apprécier

PAST INFINITIVE

avoir apprécié

PAST

j'aurais apprécié
tu aurais apprécié
il aurait apprécié
nous aurions apprécié
vous auriez apprécié
ils auraient apprécié

IMPERFECT

j'appréciasse
tu appréciasses
il appréciât
nous appréciassions
vous appréciassiez
ils appréciassent

PRESENT PARTICIPLE

appréciant

PAST PARTICIPLE

apprécié

PAST

j'aie apprécié
tu aies apprécié
il ait apprécié
nous ayons apprécié
vous ayez apprécié
ils aient apprécié

IMPERATIVE

apprécie
apprécions
appréciez

APPRENDRE to learn

INDICATIVE

PRESENT
j'apprends
tu apprends
il apprend
nous apprenons
vous apprenez
ils apprennent

FUTURE
j'apprendrai
tu apprendras
il apprendra
nous apprendrons
vous apprendrez
ils apprendront

IMPERFECT
j'apprenais
tu apprenais
il apprenait
nous apprenions
vous appreniez
ils apprenaient

PASSE SIMPLE
j'appris
tu appris
il apprit
nous apprîmes
vous apprîtes
ils apprirent

PASSE COMPOSE
j'ai appris
tu as appris
il a appris
nous avons appris
vous avez appris
ils ont appris

PLUPERFECT
j'avais appris
tu avais appris
il avait appris
nous avions appris
vous aviez appris
ils avaient appris

PAST ANTERIOR
j'eus appris etc
see page 22

FUTURE PERFECT
j'aurai appris etc
see page 22

CONDITIONAL

PRESENT
j'apprendrais
tu apprendrais
il apprendrait
nous apprendrions
vous apprendriez
ils apprendraient

PAST
j'aurais appris
tu aurais appris
il aurait appris
nous aurions appris
vous auriez appris
ils auraient appris

SUBJUNCTIVE

PRESENT
j'apprenne
tu apprennes
il apprenne
nous apprenions
vous appreniez
ils apprennent

IMPERFECT
j'apprisse
tu apprisses
il apprît
nous apprissions
vous apprissiez
ils apprissent

PAST
j'aie appris
tu aies appris
il ait appris
nous ayons appris
vous ayez appris
ils aient appris

IMPERATIVE
apprends
apprenons
apprenez

PRESENT INFINITIVE
apprendre

PAST INFINITIVE
avoir appris

PRESENT PARTICIPLE
apprenant

PAST PARTICIPLE
appris

INDICATIVE

PRESENT	FUTURE	IMPERFECT
j'appuie	j'appuierai	j'appuyais
tu appuies	tu appuieras	tu appuyais
il appuie	il appuiera	il appuyait
nous appuyons	nous appuierons	nous appuyions
vous appuyez	vous appuierez	vous appuyiez
ils appuient	ils appuieront	ils appuyaient

PASSE SIMPLE	PASSE COMPOSE	PLUPERFECT
j'appuyai	j'ai appuyé	j'avais appuyé
tu appuyas	tu as appuyé	tu avais appuyé
il appuya	il a appuyé	il avait appuyé
nous appuyâmes	nous avons appuyé	nous avions appuyé
vous appuyâtes	vous avez appuyé	vous aviez appuyé
ils appuyèrent	ils ont appuyé	ils avaient appuyé

PAST ANTERIOR	FUTURE PERFECT
j'eus appuyé etc	j'aurai appuyé etc
see *page 22*	see *page 22*

CONDITIONAL / SUBJUNCTIVE

CONDITIONAL PRESENT	SUBJUNCTIVE PRESENT	PRESENT INFINITIVE
j'appuierais	j'appuie	appuyer
tu appuierais	tu appuies	
il appuierait	il appuie	**PAST INFINITIVE**
nous appuierions	nous appuyions	avoir appuyé
vous appuieriez	vous appuyiez	
ils appuieraient	ils appuient	

PAST	IMPERFECT	PRESENT PARTICIPLE
j'aurais appuyé	j'appuyasse	appuyant
tu aurais appuyé	tu appuyasses	
il aurait appuyé	il appuyât	**PAST PARTICIPLE**
nous aurions appuyé	nous appuyassions	appuyé
vous auriez appuyé	vous appuyassiez	
ils auraient appuyé	ils appuyassent	

	PAST	
	j'aie appuyé	
	tu aies appuyé	
IMPERATIVE	il ait appuyé	
appuie	nous ayons appuyé	
appuyons	vous ayez appuyé	
appuyez	ils aient appuyé	

INDICATIVE

PRESENT	FUTURE	IMPERFECT
j'arrive	j'arriverai	j'arrivais
tu arrives	tu arriveras	tu arrivais
il arrive	il arrivera	il arrivait
nous arrivons	nous arriverons	nous arrivions
vous arrivez	vous arriverez	vous arriviez
ils arrivent	ils arriveront	ils arrivaient

PASSE SIMPLE	PASSE COMPOSE	PLUPERFECT
j'arrivai	je suis arrivé	j'étais arrivé
tu arrivas	tu es arrivé	tu étais arrivé
il arriva	il est arrivé	il était arrivé
nous arrivâmes	nous sommes arrivés	nous étions arrivés
vous arrivâtes	vous êtes arrivé(s)	vous étiez arrivé(s)
ils arrivèrent	ils sont arrivés	ils étaient arrivés

PAST ANTERIOR	FUTURE PERFECT
je fus arrivé etc	je serai arrivé etc
see page 85	*see page 85*

CONDITIONAL

PRESENT		
j'arriverais		
tu arriverais		
il arriverait		
nous arriverions		
vous arriveriez		
ils arriveraient		

PAST		
je serais arrivé		
tu serais arrivé		
il serait arrivé		
nous serions arrivés		
vous seriez arrivé(s)		
ils seraient arrivés		

SUBJUNCTIVE

PRESENT		
j'arrive		
tu arrives		
il arrive		
nous arrivions		
vous arriviez		
ils arrivent		

IMPERFECT		
j'arrivasse		
tu arrivasses		
il arrivât		
nous arrivassions		
vous arrivassiez		
ils arrivassent		

PAST		
je sois arrivé		
tu sois arrivé		
il soit arrivé		
nous soyons arrivés		
vous soyez arrivé(s)		
ils soient arrivés		

PRESENT INFINITIVE

arriver

PAST INFINITIVE

être arrivé

PRESENT PARTICIPLE

arrivant

PAST PARTICIPLE

arrivé

IMPERATIVE

arrive
arrivons
arrivez

INDICATIVE

PRESENT	FUTURE	IMPERFECT
j'assaille	j'assaillirai	j'assaillais
tu assailles	tu assailliras	tu assaillais
il assaille	il assaillira	il assaillait
nous assaillons	nous assaillirons	nous assaillions
vous assaillez	vous assaillirez	vous assailliez
ils assaillent	ils assailliront	ils assaillaient

PASSE SIMPLE	PASSE COMPOSE	PLUPERFECT
j'assaillis	j'ai assailli	j'avais assailli
tu assaillis	tu as assailli	tu avais assailli
il assaillit	il a assailli	il avait assailli
nous assaillîmes	nous avons assailli	nous avions assailli
vous assaillîtes	vous avez assailli	vous aviez assailli
ils assaillirent	ils ont assailli	ils avaient assailli

PAST ANTERIOR	FUTURE PERFECT
j'eus assailli etc	j'aurai assailli etc
see page 22	*see page 22*

CONDITIONAL

PRESENT		
j'assaillirais		
tu assaillirais		
il assaillirait		
nous assaillirions		
vous assailliriez		
ils assailliraient		

SUBJUNCTIVE

PRESENT		PRESENT INFINITIVE
j'assaille		assaillir
tu assailles		
il assaille		PAST INFINITIVE
nous assaillions		avoir assailli
vous assailliez		
ils assaillent		

PAST	IMPERFECT	PRESENT PARTICIPLE
j'aurais assailli	j'assaillisse	assaillant
tu aurais assailli	tu assaillisses	
il aurait assailli	il assaillît	PAST PARTICIPLE
nous aurions assailli	nous assaillissions	assailli
vous auriez assailli	vous assaillissiez	
ils auraient assailli	ils assaillissent	

PAST

j'aie assailli
tu aies assailli
il ait assailli
nous ayons assailli
vous ayez assailli
ils aient assailli

IMPERATIVE

assaille
assaillons
assaillez

S'ASSEOIR to sit down 17

INDICATIVE

PRESENT
je m'assieds/assois
tu t'assieds/assois
il s'assied/assoit
nous nous asseyons/assoyons
vous vous asseyez/assoyez
ils s'asseyent/assoient

FUTURE
je m'assiérai
tu t'assiéras
il s'assiéra
nous nous assiérons
vous vous assiérez
ils s'assiéront

IMPERFECT
je m'asseyais
tu t'asseyais
il s'asseyait
nous nous asseyions
vous vous asseyiez
ils s'asseyaient

PASSE SIMPLE
je m'assis
tu t'assis
il s'assit
nous nous assîmes
vous vous assîtes
ils s'assirent

PASSE COMPOSE
je me suis assis
tu t'es assis
il s'est assis
nous nous sommes assis
vous vous êtes assis
ils se sont assis

PLUPERFECT
je m'étais assis
tu t'étais assis
il s'était assis
nous nous étions assis
vous vous étiez assis
ils s'étaient assis

PAST ANTERIOR
je me fus assis etc
see page 85

FUTURE PERFECT
je me serai assis etc
see page 85

CONDITIONAL

PRESENT
je m'assiérais
tu t'assiérais
il s'assiérait
nous nous assiérions
vous vous assiériez
ils s'assiéraient

SUBJUNCTIVE

PRESENT
je m'asseye
tu t'asseyes
il s'asseye
nous nous asseyions
vous vous asseyiez
ils s'asseyent

PRESENT INFINITIVE
s'asseoir

PAST INFINITIVE
s'être assis

PAST
je me serais assis
tu te serais assis
il se serait assis
nous nous serions assis
vous vous seriez assis
ils se seraient assis

IMPERFECT
je m'assisse
tu t'assisses
il s'assît
nous nous assissions
vous vous assissiez
ils s'assissent

PRESENT PARTICIPLE
s'asseyant/s'assoyant

PAST PARTICIPLE
assis

PAST
je me sois assis
tu te sois assis
il se soit assis
nous nous soyons assis
vous vous soyez assis
ils se soient assis

IMPERATIVE

assieds-toi/assois-toi
asseyons-nous/assoyons-nous
asseyez-vous/assoyez-vous

Note: alternative forms:
Future - **je m'assoirai** etc;
Imperfect - **je m'assoyais**
etc; Present Conditional -
je m'assoirais etc;
Present Subjunctive - **je
m'assoie** etc

INDICATIVE

PRESENT	FUTURE	IMPERFECT
j'atteins	j'atteindrai	j'atteignais
tu atteins	tu atteindras	tu atteignais
il atteint	il atteindra	il atteignait
nous atteignons	nous atteindrons	nous atteignions
vous atteignez	vous atteindrez	vous atteigniez
ils atteignent	ils atteindront	ils atteignaient

PASSE SIMPLE	PASSE COMPOSE	PLUPERFECT
j'atteignis	j'ai atteint	j'avais atteint
tu atteignis	tu as atteint	tu avais atteint
il atteignit	il a atteint	il avait atteint
nous atteignîmes	nous avons atteint	nous avions atteint
vous atteignîtes	vous avez atteint	vous aviez atteint
ils atteignirent	ils ont atteint	ils avaient atteint

PAST ANTERIOR	FUTURE PERFECT
j'eus atteint etc	j'aurai atteint etc
see page 22	see page 22

CONDITIONAL

PRESENT	SUBJUNCTIVE PRESENT	PRESENT INFINITIVE
j'atteindrais	j'atteigne	atteindre
tu atteindrais	tu atteignes	
il atteindrait	il atteigne	PAST INFINITIVE
nous atteindrions	nous atteignions	avoir atteint
vous atteindriez	vous atteigniez	
ils atteindraient	ils atteignent	

PAST	IMPERFECT	PRESENT PARTICIPLE
j'aurais atteint	j'atteignisse	atteignant
tu aurais atteint	tu atteignisses	
il aurait atteint	il atteignît	PAST PARTICIPLE
nous aurions atteint	nous atteignissions	atteint
vous auriez atteint	vous atteignissiez	
ils auraient atteint	ils atteignissent	

PAST

j'aie atteint
tu aies atteint
il ait atteint
nous ayons atteint
vous ayez atteint
ils aient atteint

IMPERATIVE

atteins
atteignons
atteignez

INDICATIVE

PRESENT	FUTURE	IMPERFECT
j'attends	j'attendrai	j'attendais
tu attends	tu attendras	tu attendais
il attend	il attendra	il attendait
nous attendons	nous attendrons	nous attendions
vous attendez	vous attendrez	vous attendiez
ils attendent	ils attendront	ils attendaient

PASSE SIMPLE	PASSE COMPOSE	PLUPERFECT
j'attendis	j'ai attendu	j'avais attendu
tu attendis	tu as attendu	tu avais attendu
il attendit	il a attendu	il avait attendu
nous attendîmes	nous avons attendu	nous avions attendu
vous attendîtes	vous avez attendu	vous aviez attendu
ils attendirent	ils ont attendu	ils avaient attendu

PAST ANTERIOR	FUTURE PERFECT
j'eus attendu etc	j'aurai attendu etc
see page 22	see page 22

CONDITIONAL

SUBJUNCTIVE

CONDITIONAL PRESENT	SUBJUNCTIVE PRESENT	PRESENT INFINITIVE
j'attendrais	j'attende	attendre
tu attendrais	tu attendes	
il attendrait	il attende	PAST INFINITIVE
nous attendrions	nous attendions	avoir attendu
vous attendriez	vous attendiez	
ils attendraient	ils attendent	

PAST	IMPERFECT	PRESENT PARTICIPLE
j'aurais attendu	j'attendisse	attendant
tu aurais attendu	tu attendisses	
il aurait attendu	il attendît	PAST PARTICIPLE
nous aurions attendu	nous attendissions	attendu
vous auriez attendu	vous attendissiez	
ils auraient attendu	ils attendissent	

PAST

j'aie attendu
tu aies attendu
il ait attendu
nous ayons attendu
vous ayez attendu
ils aient attendu

IMPERATIVE

attends
attendons
attendez

INDICATIVE

PRESENT

j'attrape
tu attrapes
il attrape
nous attrapons
vous attrapez
ils attrapent

FUTURE

j'attraperai
tu attraperas
il attrapera
nous attraperons
vous attraperez
ils attraperont

IMPERFECT

j'attrapais
tu attrapais
il attrapait
nous attrapions
vous attrapiez
ils attrapaient

PASSE SIMPLE

j'attrapai
tu attrapas
il attrapa
nous attrapâmes
vous attrapâtes
ils attrapèrent

PASSE COMPOSE

j'ai attrapé
tu as attrapé
il a attrapé
nous avons attrapé
vous avez attrapé
ils ont attrapé

PLUPERFECT

j'avais attrapé
tu avais attrapé
il avait attrapé
nous avions attrapé
vous aviez attrapé
ils avaient attrapé

PAST ANTERIOR

j'eus attrapé etc
see page 22

FUTURE PERFECT

j'aurai attrapé etc
see page 22

CONDITIONAL

PRESENT

j'attraperais
tu attraperais
il attraperait
nous attraperions
vous attraperiez
ils attraperaient

SUBJUNCTIVE

PRESENT

j'attrape
tu attrapes
il attrape
nous attrapions
vous attrapiez
ils attrapent

PRESENT INFINITIVE

attraper

PAST INFINITIVE

avoir attrapé

PAST

j'aurais attrapé
tu aurais attrapé
il aurait attrapé
nous aurions attrapé
vous auriez attrapé
ils auraient attrapé

IMPERFECT

j'attrapasse
tu attrapasses
il attrapât
nous attrapassions
vous attrapassiez
ils attrapassent

PRESENT PARTICIPLE

attrapant

PAST PARTICIPLE

attrapé

PAST

j'aie attrapé
tu aies attrapé
il ait attrapé
nous ayons attrapé
vous ayez attrapé
ils aient attrapé

IMPERATIVE

attrape
attrapons
attrapez

INDICATIVE

PRESENT	FUTURE	IMPERFECT
j'avance	j'avancerai	j'avançais
tu avances	tu avanceras	tu avançais
il avance	il avancera	il avançait
nous avançons	nous avancerons	nous avancions
vous avancez	vous avancerez	vous avanciez
ils avancent	ils avanceront	ils avançaient

PASSE SIMPLE	PASSE COMPOSE	PLUPERFECT
j'avançai	j'ai avancé	j'avais avancé
tu avanças	tu as avancé	tu avais avancé
il avança	il a avancé	il avait avancé
nous avançâmes	nous avons avancé	nous avions avancé
vous avançâtes	vous avez avancé	vous aviez avancé
ils avancèrent	ils ont avancé	ils avaient avancé

PAST ANTERIOR	FUTURE PERFECT
j'eus avancé etc	j'aurai avancé etc
see page 22	see page 22

CONDITIONAL

PRESENT	SUBJUNCTIVE PRESENT	PRESENT INFINITIVE
j'avancerais	j'avance	avancer
tu avancerais	tu avances	
il avancerait	il avance	PAST INFINITIVE
nous avancerions	nous avancions	avoir avancé
vous avanceriez	vous avanciez	
ils avanceraient	ils avancent	

PAST	IMPERFECT	PRESENT PARTICIPLE
j'aurais avancé	j'avançasse	avançant
tu aurais avancé	tu avançasses	
il aurait avancé	il avançât	PAST PARTICIPLE
nous aurions avancé	nous avançassions	avancé
vous auriez avancé	vous avançassiez	
ils auraient avancé	ils avançassent	

PAST

j'aie avancé
tu aies avancé
il ait avancé
nous ayons avancé
vous ayez avancé
ils aient avancé

IMPERATIVE

avance
avançons
avancez

INDICATIVE

PRESENT	FUTURE	IMPERFECT
j'ai	j'aurai	j'avais
tu as	tu auras	tu avais
il a	il aura	il avait
nous avons	nous aurons	nous avions
vous avez	vous aurez	vous aviez
ils ont	ils auront	ils avaient

PASSE SIMPLE	PASSE COMPOSE	PLUPERFECT
j'eus	j'ai eu	j'avais eu
tu eus	tu as eu	tu avais eu
il eut	il a eu	il avait eu
nous eûmes	nous avons eu	nous avions eu
vous eûtes	vous avez eu	vous aviez eu
ils eurent	ils ont eu	ils avaient eu

PAST ANTERIOR	FUTURE PERFECT
j'eus eu etc	j'aurai eu etc
see *PASSE SIMPLE*	see *FUTURE*

CONDITIONAL

PRESENT

CONDITIONAL PRESENT	SUBJUNCTIVE PRESENT	PRESENT INFINITIVE
j'aurais	j'aie	avoir
tu aurais	tu aies	
il aurait	il ait	**PAST**
nous aurions	nous ayons	**INFINITIVE**
vous auriez	vous ayez	avoir eu
ils auraient	ils aient	

PAST	IMPERFECT	PRESENT PARTICIPLE
j'aurais eu	j'eusse	ayant
tu aurais eu	tu eusses	
il aurait eu	il eût	**PAST**
nous aurions eu	nous eussions	**PARTICIPLE**
vous auriez eu	vous eussiez	eu
ils auraient eu	ils eussent	

PAST

j'aie eu
tu aies eu

IMPERATIVE

	il ait eu
aie	nous ayons eu
ayons	vous ayez eu
ayez	ils aient eu

NOTES

1 MEANING

transitive: to have; *auxiliary:* to have; *impersonal:* there is (are)

2 CONSTRUCTIONS WITH PREPOSITIONS

avoir à + *infinitive*	to have to (do)
en avoir après quelqu'un	to be mad at someone

3 USAGE

transitive (auxiliary **avoir**):

les accidents qu'il a eus	the accidents he has had

(for the agreement of past participle of verbs conjugated with **avoir**, see introduction p xxxvi)

impersonal:

il y a beaucoup à faire	there is a lot to do

4 PHRASES AND IDIOMS

qu'est-ce qu'il y a ?	what is the matter?
qu'est-ce que vous avez ?	what's the matter with you?
avoir mal à la tête	to have a headache
avoir la tête qui tourne	to feel dizzy
avoir faim/soif/froid	to be hungry/thirsty/cold
avoir peur de/que ... ne ...	to be afraid of/that ...
avoir l'air surpris	to look surprised
avoir dix-huit ans	to be eighteen
la maison a dix mètres de long	the house is ten metres long
il y a quelqu'un à la porte	there's someone at the door
il n'y a pas de quoi !	don't mention it!
il y a huit jours	a week ago
j'en ai assez	I'm fed up
il en a pour cinq heures	it will take him five hours
il en a eu pour son argent	he has had his money's worth
ils m'ont eu	I've been had
je les ai eus	I conned them
j'ai beau essayer ...	I tried in vain ..., try as I might ...
je n'arrive pas à avoir Londres	I can't get through to London
avez-vous du feu ?	do you have a light?

23   **BATTRE** to beat

INDICATIVE

PRESENT	FUTURE	IMPERFECT
je bats	je battrai	je battais
tu bats	tu battras	tu battais
il bat	il battra	il battait
nous battons	nous battrons	nous battions
vous battez	vous battrez	vous battiez
ils battent	ils battront	ils battaient

PASSE SIMPLE	PASSE COMPOSE	PLUPERFECT
je battis	j'ai battu	j'avais battu
tu battis	tu as battu	tu avais battu
il battit	il a battu	il avait battu
nous battîmes	nous avons battu	nous avions battu
vous battîtes	vous avez battu	vous aviez battu
ils battirent	ils ont battu	ils avaient battu

PAST ANTERIOR
j'eus battu etc
see page 22

FUTURE PERFECT
j'aurai battu etc
see page 22

CONDITIONAL

PRESENT
je battrais
tu battrais
il battrait
nous battrions
vous battriez
ils battraient

PAST
j'aurais battu
tu aurais battu
il aurait battu
nous aurions battu
vous auriez battu
ils auraient battu

SUBJUNCTIVE

PRESENT
je batte
tu battes
il batte
nous battions
vous battiez
ils battent

IMPERFECT
je battisse
tu battisses
il battît
nous battissions
vous battissiez
ils battissent

PAST
j'aie battu
tu aies battu
il ait battu
nous ayons battu
vous ayez battu
ils aient battu

PRESENT INFINITIVE
battre

PAST INFINITIVE
avoir battu

PRESENT PARTICIPLE
battant

PAST PARTICIPLE
battu

IMPERATIVE

bats
battons
battez

BOIRE to drink

INDICATIVE

PRESENT
je bois
tu bois
il boit
nous buvons
vous buvez
ils boivent

FUTURE
je boirai
tu boiras
il boira
nous boirons
vous boirez
ils boiront

IMPERFECT
je buvais
tu buvais
il buvait
nous buvions
vous buviez
ils buvaient

PASSE SIMPLE
je bus
tu bus
il but
nous bûmes
vous bûtes
ils burent

PASSE COMPOSE
j'ai bu
tu as bu
il a bu
nous avons bu
vous avez bu
ils ont bu

PLUPERFECT
j'avais bu
tu avais bu
il avait bu
nous avions bu
vous aviez bu
ils avaient bu

PAST ANTERIOR
j'eus bu etc
see page 22

FUTURE PERFECT
j'aurai bu etc
see page 22

CONDITIONAL

PRESENT
je boirais
tu boirais
il boirait
nous boirions
vous boiriez
ils boiraient

SUBJUNCTIVE

PRESENT
je boive
tu boives
il boive
nous buvions
vous buviez
ils boivent

PRESENT INFINITIVE
boire

PAST INFINITIVE
avoir bu

PAST
j'aurais bu
tu aurais bu
il aurait bu
nous aurions bu
vous auriez bu
ils auraient bu

IMPERFECT
je busse
tu busses
il bût
nous bussions
vous bussiez
ils bussent

PRESENT PARTICIPLE
buvant

PAST PARTICIPLE
bu

PAST
j'aie bu
tu aies bu
il ait bu
nous ayons bu
vous ayez bu
ils aient bu

IMPERATIVE
bois
buvons
buvez

BOUGER to move

INDICATIVE

PRESENT
je bouge
tu bouges
il bouge
nous bougeons
vous bougez
ils bougent

FUTURE
je bougerai
tu bougeras
il bougera
nous bougerons
vous bougerez
ils bougeront

IMPERFECT
je bougeais
tu bougeais
il bougeait
nous bougions
vous bougiez
ils bougeaient

PASSE SIMPLE
je bougeai
tu bougeas
il bougea
nous bougeâmes
vous bougeâtes
ils bougèrent

PASSE COMPOSE
j'ai bougé
tu as bougé
il a bougé
nous avons bougé
vous avez bougé
ils ont bougé

PLUPERFECT
j'avais bougé
tu avais bougé
il avait bougé
nous avions bougé
vous aviez bougé
ils avaient bougé

PAST ANTERIOR
j'eus bougé etc
see page 22

FUTURE PERFECT
j'aurai bougé etc
see page 22

CONDITIONAL

PRESENT
je bougerais
tu bougerais
il bougerait
nous bougerions
vous bougeriez
ils bougeraient

SUBJUNCTIVE

PRESENT
je bouge
tu bouges
il bouge
nous bougions
vous bougiez
ils bougent

PRESENT INFINITIVE
bouger

PAST INFINITIVE
avoir bougé

PAST
j'aurais bougé
tu aurais bougé
il aurait bougé
nous aurions bougé
vous auriez bougé
ils auraient bougé

IMPERFECT
je bougeasse
tu bougeasses
il bougeât
nous bougeassions
vous bougeassiez
ils bougeassent

PRESENT PARTICIPLE
bougeant

PAST PARTICIPLE
bougé

PAST
j'aie bougé
tu aies bougé
il ait bougé
nous ayons bougé
vous ayez bougé
ils aient bougé

IMPERATIVE
bouge
bougeons
bougez

BOUILLIR to boil

INDICATIVE

PRESENT	FUTURE	IMPERFECT
je bous	je bouillirai	je bouillais
tu bous	tu bouilliras	tu bouillais
il bout	il bouillira	il bouillait
nous bouillons	nous bouillirons	nous bouillions
vous bouillez	vous bouillirez	vous bouilliez
ils bouillent	ils bouilliront	ils bouillaient

PASSE SIMPLE	PASSE COMPOSE	PLUPERFECT
je bouillis	j'ai bouilli	j'avais bouilli
tu bouillis	tu as bouilli	tu avais bouilli
il bouillit	il a bouilli	il avait bouilli
nous bouillîmes	nous avons bouilli	nous avions bouilli
vous bouillîtes	vous avez bouilli	vous aviez bouilli
ils bouillirent	ils ont bouilli	ils avaient bouilli

PAST ANTERIOR	FUTURE PERFECT
j'eus bouilli etc	j'aurai bouilli etc
see page 22	see page 22

CONDITIONAL

PRESENT	
je bouillirais	
tu bouillirais	
il bouillirait	
nous bouillirions	
vous bouilliriez	
ils bouilliraient	

PAST	
j'aurais bouilli	
tu aurais bouilli	
il aurait bouilli	
nous aurions bouilli	
vous auriez bouilli	
ils auraient bouilli	

SUBJUNCTIVE

PRESENT	
je bouille	
tu bouilles	
il bouille	
nous bouillions	
vous bouilliez	
ils bouillent	

IMPERFECT	
je bouillisse	
tu bouillisses	
il bouillît	
nous bouillissions	
vous bouillissiez	
ils bouillissent	

PAST	
j'aie bouilli	
tu aies bouilli	
il ait bouilli	
nous ayons bouilli	
vous ayez bouilli	
ils aient bouilli	

PRESENT INFINITIVE
bouillir

PAST INFINITIVE
avoir bouilli

PRESENT PARTICIPLE
bouillant

PAST PARTICIPLE
bouilli

IMPERATIVE
bous
bouillons
bouillez

BRILLER to shine

INDICATIVE

PRESENT	FUTURE	IMPERFECT
je brille	je brillerai	je brillais
tu brilles	tu brilleras	tu brillais
il brille	il brillera	il brillait
nous brillons	nous brillerons	nous brillions
vous brillez	vous brillerez	vous brilliez
ils brillent	ils brilleront	ils brillaient

PASSE SIMPLE	PASSE COMPOSE	PLUPERFECT
je brillai	j'ai brillé	j'avais brillé
tu brillas	tu as brillé	tu avais brillé
il brilla	il a brillé	il avait brillé
nous brillâmes	nous avons brillé	nous avions brillé
vous brillâtes	vous avez brillé	vous aviez brillé
ils brillèrent	ils ont brillé	ils avaient brillé

PAST ANTERIOR	FUTURE PERFECT
j'eus brillé etc	j'aurai brillé etc
see page 22	see page 22

CONDITIONAL

SUBJUNCTIVE

PRESENT	PRESENT	PRESENT INFINITIVE
je brillerais	je brille	briller
tu brillerais	tu brilles	
il brillerait	il brille	PAST INFINITIVE
nous brillerions	nous brillions	avoir brillé
vous brilleriez	vous brilliez	
ils brilleraient	ils brillent	

PAST	IMPERFECT	PRESENT PARTICIPLE
j'aurais brillé	je brillasse	brillant
tu aurais brillé	tu brillasses	
il aurait brillé	il brillât	PAST PARTICIPLE
nous aurions brillé	nous brillassions	brillé
vous auriez brillé	vous brillassiez	
ils auraient brillé	ils brillassent	

PAST

j'aie brillé
tu aies brillé
il ait brillé
nous ayons brillé
vous ayez brillé
ils aient brillé

IMPERATIVE

brille
brillons
brillez

INDICATIVE

PRESENT	FUTURE	IMPERFECT
je cède	je céderai	je cédais
tu cèdes	tu céderas	tu cédais
il cède	il cédera	il cédait
nous cédons	nous céderons	nous cédions
vous cédez	vous céderez	vous cédiez
ils cèdent	ils céderont	ils cédaient

PASSE SIMPLE	PASSE COMPOSE	PLUPERFECT
je cédai	j'ai cédé	j'avais cédé
tu cédas	tu as cédé	tu avais cédé
il céda	il a cédé	il avait cédé
nous cédâmes	nous avons cédé	nous avions cédé
vous cédâtes	vous avez cédé	vous aviez cédé
ils cédèrent	ils ont cédé	ils avaient cédé

PAST ANTERIOR	FUTURE PERFECT
j'eus cédé etc	j'aurai cédé etc
see page 22	see page 22

CONDITIONAL

PRESENT	SUBJUNCTIVE PRESENT	PRESENT INFINITIVE
je céderais	je cède	céder
tu céderais	tu cèdes	
il céderait	il cède	PAST INFINITIVE
nous céderions	nous cédions	avoir cédé
vous céderiez	vous cédiez	
ils céderaient	ils cèdent	

PAST	IMPERFECT	PRESENT PARTICIPLE
j'aurais cédé	je cédasse	cédant
tu aurais cédé	tu cédasses	
il aurait cédé	il cédât	PAST PARTICIPLE
nous aurions cédé	nous cédassions	cédé
vous auriez cédé	vous cédassiez	
ils auraient cédé	ils cédassent	

	PAST	
	j'aie cédé	
	tu aies cédé	
IMPERATIVE	il ait cédé	
cède	nous ayons cédé	
cédons	vous ayez cédé	
cédez	ils aient cédé	Note: the auxiliary for **décéder** is **être**

CELEBRER to celebrate

INDICATIVE

PRESENT
je célèbre
tu célèbres
il célèbre
nous célébrons
vous célébrez
ils célèbrent

FUTURE
je célébrerai
tu célébreras
il célébrera
nous célébrerons
vous célébrerez
ils célébreront

IMPERFECT
je célébrais
tu célébrais
il célébrait
nous célébrions
vous célébriez
ils célébraient

PASSE SIMPLE
je célébrai
tu célébras
il célébra
nous célébrâmes
vous célébrâtes
ils célébrèrent

PASSE COMPOSE
j'ai célébré
tu as célébré
il a célébré
nous avons célébré
vous avez célébré
ils ont célébré

PLUPERFECT
j'avais célébré
tu avais célébré
il avait célébré
nous avions célébré
vous aviez célébré
ils avaient célébré

PAST ANTERIOR
j'eus célébré etc
see page 22

FUTURE PERFECT
j'aurai célébré etc
see page 22

CONDITIONAL

PRESENT
je célébrerais
tu célébrerais
il célébrerait
nous célébrerions
vous célébreriez
ils célébreraient

SUBJUNCTIVE

PRESENT
je célèbre
tu célèbres
il célèbre
nous célébrions
vous célébriez
ils célèbrent

PRESENT INFINITIVE
célébrer

PAST INFINITIVE
avoir célébré

PAST
j'aurais célébré
tu aurais célébré
il aurait célébré
nous aurions célébré
vous auriez célébré
ils auraient célébré

IMPERFECT
je célébrasse
tu célébrasses
il célébrât
nous célébrassions
vous célébrassiez
ils célébrassent

PRESENT PARTICIPLE
célébrant

PAST PARTICIPLE
célébré

PAST
j'aie célébré
tu aies célébré
il ait célébré
nous ayons célébré
vous ayez célébré
ils aient célébré

IMPERATIVE
célèbre
célébrons
célébrez

CHANTER to sing

INDICATIVE

PRESENT	FUTURE	IMPERFECT
je chante	je chanterai	je chantais
tu chantes	tu chanteras	tu chantais
il chante	il chantera	il chantait
nous chantons	nous chanterons	nous chantions
vous chantez	vous chanterez	vous chantiez
ils chantent	ils chanteront	ils chantaient

PASSE SIMPLE	PASSE COMPOSE	PLUPERFECT
je chantai	j'ai chanté	j'avais chanté
tu chantas	tu as chanté	tu avais chanté
il chanta	il a chanté	il avait chanté
nous chantâmes	nous avons chanté	nous avions chanté
vous chantâtes	vous avez chanté	vous aviez chanté
ils chantèrent	ils ont chanté	ils avaient chanté

PAST ANTERIOR	FUTURE PERFECT
j'eus chanté etc	j'aurai chanté etc
see page 22	*see page 22*

CONDITIONAL

PRESENT

je chanterais
tu chanterais
il chanterait
nous chanterions
vous chanteriez
ils chanteraient

PAST

j'aurais chanté
tu aurais chanté
il aurait chanté
nous aurions chanté
vous auriez chanté
ils auraient chanté

SUBJUNCTIVE

PRESENT

je chante
tu chantes
il chante
nous chantions
vous chantiez
ils chantent

IMPERFECT

je chantasse
tu chantasses
il chantât
nous chantassions
vous chantassiez
ils chantassent

PAST

j'aie chanté
tu aies chanté
il ait chanté
nous ayons chanté
vous ayez chanté
ils aient chanté

PRESENT
INFINITIVE

chanter

PAST
INFINITIVE

avoir chanté

PRESENT
PARTICIPLE

chantant

PAST
PARTICIPLE

chanté

Note: when **demeurer** means to remain, the auxiliary is **être**; when **ressusciter** is used intransitively, it takes **être** as its auxiliary

IMPERATIVE

chante
chantons
chantez

CHOISIR to choose

INDICATIVE

PRESENT
je choisis
tu choisis
il choisit
nous choisissons
vous choisissez
ils choisissent

FUTURE
je choisirai
tu choisiras
il choisira
nous choisirons
vous choisirez
ils choisiront

IMPERFECT
je choisissais
tu choisissais
il choisissait
nous choisissions
vous choisissiez
ils choisissaient

PASSE SIMPLE
je choisis
tu choisis
il choisit
nous choisîmes
vous choisîtes
ils choisirent

PASSE COMPOSE
j'ai choisi
tu as choisi
il a choisi
nous avons choisi
vous avez choisi
ils ont choisi

PLUPERFECT
j'avais choisi
tu avais choisi
il avait choisi
nous avions choisi
vous aviez choisi
ils avaient choisi

PAST ANTERIOR
j'eus choisi etc
see page 22

FUTURE PERFECT
j'aurai choisi etc
see page 22

CONDITIONAL

PRESENT
je choisirais
tu choisirais
il choisirait
nous choisirions
vous choisiriez
ils choisiraient

PAST
j'aurais choisi
tu aurais choisi
il aurait choisi
nous aurions choisi
vous auriez choisi
ils auraient choisi

SUBJUNCTIVE

PRESENT
je choisisse
tu choisisses
il choisisse
nous choisissions
vous choisissiez
ils choisissent

IMPERFECT
je choisisse
tu choisisses
il choisît
nous choisissions
vous choisissiez
ils choisissent

PAST
j'aie choisi
tu aies choisi
il ait choisi
nous ayons choisi
vous ayez choisi
ils aient choisi

PRESENT INFINITIVE
choisir

PAST INFINITIVE
avoir choisi

PRESENT PARTICIPLE
choisissant

PAST PARTICIPLE
choisi

IMPERATIVE
choisis
choisissons
choisissez

CLORE to shut

INDICATIVE

PRESENT	FUTURE	IMPERFECT
je clos	je clorai	
tu clos	tu cloras	
il clôt	il clora	
	nous clorons	
	vous clorez	
ils closent	ils cloront	

PASSE SIMPLE	PASSE COMPOSE	PLUPERFECT
	j'ai clos	j'avais clos
	tu as clos	tu avais clos
	il a clos	il avait clos
	nous avons clos	nous avions clos
	vous avez clos	vous aviez clos
	ils ont clos	ils avaient clos

PAST ANTERIOR	FUTURE PERFECT
j'eus clos etc	j'aurai clos etc
see page 22	*see page 22*

CONDITIONAL / SUBJUNCTIVE

CONDITIONAL PRESENT	SUBJUNCTIVE PRESENT	PRESENT INFINITIVE
je clorais	je close	clore
tu clorais	tu closes	
il clorait	il close	**PAST INFINITIVE**
nous clorions	nous closions	avoir clos
vous cloriez	vous closiez	
ils cloraient	ils closent	

PAST	IMPERFECT	PRESENT PARTICIPLE
j'aurais clos		closant
tu aurais clos		
il aurait clos		**PAST PARTICIPLE**
nous aurions clos		clos
vous auriez clos		
ils auraient clos		

	PAST	
	j'aie clos	
	tu aies clos	
IMPERATIVE	il ait clos	*Note:* unlike **clore**,
clos	nous ayons clos	**enclore** has present
	vous ayez clos	tense forms for:
	ils aient clos	**nous enclosons**
		vous enclosez

INDICATIVE

PRESENT	FUTURE	IMPERFECT
je commence	je commencerai	je commençais
tu commences	tu commenceras	tu commençais
il commence	il commencera	il commençait
nous commençons	nous commencerons	nous commencions
vous commencez	vous commencerez	vous commenciez
ils commencent	ils commenceront	ils commençaient

PASSE SIMPLE	PASSE COMPOSE	PLUPERFECT
je commençai	j'ai commencé	j'avais commencé
tu commenças	tu as commencé	tu avais commencé
il commença	il a commencé	il avait commencé
nous commençâmes	nous avons commencé	nous avions commencé
vous commençâtes	vous avez commencé	vous aviez commencé
ils commencèrent	ils ont commencé	ils avaient commencé

PAST ANTERIOR	FUTURE PERFECT
j'eus commencé etc	j'aurai commencé etc
see page 22	see page 22

CONDITIONAL

SUBJUNCTIVE

PRESENT	PRESENT	PRESENT INFINITIVE
je commencerais	je commence	commencer
tu commencerais	tu commences	
il commencerait	il commence	PAST INFINITIVE
nous commencerions	nous commencions	avoir commencé
vous commenceriez	vous commenciez	
ils commenceraient	ils commencent	

PAST	IMPERFECT	PRESENT PARTICIPLE
j'aurais commencé	je commençasse	commençant
tu aurais commencé	tu commençasses	
il aurait commencé	il commençât	PAST PARTICIPLE
nous aurions commencé	nous commençassions	commencé
vous auriez commencé	vous commençassiez	
ils auraient commencé	ils commençassent	

	PAST	
	j'aie commencé	
	tu aies commencé	
IMPERATIVE	il ait commencé	
commence	nous ayons commencé	
commençons	vous ayez commencé	
commencez	ils aient commencé	

NOTES

I MEANING

transitive and intransitive: to start, to begin

2 CONSTRUCTIONS WITH PREPOSITIONS

commencer à faire	to start doing
commencer de faire	to start doing
commencer par faire	to start by doing
commencer par + *noun*	to start by/with something/ someone

3 PHRASES AND IDIOMS

commencer sa dissertation	to start one's essay
commencer la journée en buvant	to start the day (by) drinking
la séance commence à huit heures	the showing starts at eight
l'année a bien commencé	the year has begun well
ça commence bien/mal	that's a good/bad start
ça commence à bien faire	it's getting a bit too much
il commence à se faire tard	it's beginning to get late
il commence demain à l'usine	he starts (work) tomorrow at the factory
commencez par le commencement	start at the beginning
pour commencer	to begin, firstly

COMPLETER to complete

INDICATIVE

PRESENT
je complète
tu complètes
il complète
nous complétons
vous complétez
ils complètent

FUTURE
je compléterai
tu compléteras
il complétera
nous compléterons
vous compléterez
ils compléteront

IMPERFECT
je complétais
tu complétais
il complétait
nous complétions
vous complétiez
ils complétaient

PASSE SIMPLE
je complétai
tu complétas
il compléta
nous complétâmes
vous complétâtes
ils complétèrent

PASSE COMPOSE
j'ai complété
tu as complété
il a complété
nous avons complété
vous avez complété
ils ont complété

PLUPERFECT
j'avais complété
tu avais complété
il avait complété
nous avions complété
vous aviez complété
ils avaient complété

PAST ANTERIOR
j'eus complété etc
see page 22

FUTURE PERFECT
j'aurai complété etc
see page 22

CONDITIONAL

PRESENT
je compléterais
tu compléterais
il compléterait
nous compléterions
vous compléteriez
ils compléteraient

PAST
j'aurais complété
tu aurais complété
il aurait complété
nous aurions complété
vous auriez complété
ils auraient complété

SUBJUNCTIVE

PRESENT
je complète
tu complètes
il complète
nous complétions
vous complétiez
ils complètent

IMPERFECT
je complétasse
tu complétasses
il complétât
nous complétassions
vous complétassiez
ils complétassent

PAST
j'aie complété
tu aies complété
il ait complété
nous ayons complété
vous ayez complété
ils aient complété

PRESENT INFINITIVE
compléter

PAST INFINITIVE
avoir complété

PRESENT PARTICIPLE
complétant

PAST PARTICIPLE
complété

IMPERATIVE
complète
complétons
complétez

INDICATIVE
PRESENT

je comprends
tu comprends
il comprend
nous comprenons
vous comprenez
ils comprennent

FUTURE

je comprendrai
tu comprendras
il comprendra
nous comprendrons
vous comprendrez
ils comprendront

IMPERFECT

je comprenais
tu comprenais
il comprenait
nous comprenions
vous compreniez
ils comprenaient

PASSE SIMPLE

je compris
tu compris
il comprit
nous comprîmes
vous comprîtes
ils comprirent

PASSE COMPOSE

j'ai compris
tu as compris
il a compris
nous avons compris
vous avez compris
ils ont compris

PLUPERFECT

j'avais compris
tu avais compris
il avait compris
nous avions compris
vous aviez compris
ils avaient compris

PAST ANTERIOR

j'eus compris etc
see page 22

FUTURE PERFECT

j'aurai compris etc
see page 22

CONDITIONAL
PRESENT

je comprendrais
tu comprendrais
il comprendrait
nous comprendrions
vous comprendriez
ils comprendraient

SUBJUNCTIVE
PRESENT

je comprenne
tu comprennes
il comprenne
nous comprenions
vous compreniez
ils comprennent

PRESENT
INFINITIVE

comprendre

PAST
INFINITIVE

avoir compris

PAST

j'aurais compris
tu aurais compris
il aurait compris
nous aurions compris
vous auriez compris
ils auraient compris

IMPERFECT

je comprisse
tu comprisses
il comprît
nous comprissions
vous comprissiez
ils comprissent

PRESENT
PARTICIPLE

comprenant

PAST
PARTICIPLE

compris

PAST

j'aie compris
tu aies compris
il ait compris
nous ayons compris
vous ayez compris
ils aient compris

IMPERATIVE

comprends
comprenons
comprenez

INDICATIVE
PRESENT
je conclus
tu conclus
il conclut
nous concluons
vous concluez
ils concluent

FUTURE
je conclurai
tu concluras
il conclura
nous conclurons
vous conclurez
ils concluront

IMPERFECT
je concluais
tu concluais
il concluait
nous concluions
vous concluiez
ils concluaient

PASSE SIMPLE
je conclus
tu conclus
il conclut
nous conclûmes
vous conclûtes
ils conclurent

PASSE COMPOSE
j'ai conclu
tu as conclu
il a conclu
nous avons conclu
vous avez conclu
ils ont conclu

PLUPERFECT
j'avais conclu
tu avais conclu
il avait conclu
nous avions conclu
vous aviez conclu
ils avaient conclu

PAST ANTERIOR
j'eus conclu etc
see page 22

FUTURE PERFECT
j'aurai conclu etc
see page 22

CONDITIONAL
PRESENT
je conclurais
tu conclurais
il conclurait
nous conclurions
vous concluriez
ils concluraient

SUBJUNCTIVE
PRESENT
je conclue
tu conclues
il conclue
nous concluions
vous concluiez
ils concluent

PRESENT INFINITIVE
conclure

PAST INFINITIVE
avoir conclu

PAST
j'aurais conclu
tu aurais conclu
il aurait conclu
nous aurions conclu
vous auriez conclu
ils auraient conclu

IMPERFECT
je conclusse
tu conclusses
il conclût
nous conclussions
vous conclussiez
ils conclussent

PRESENT PARTICIPLE
concluant

PAST PARTICIPLE
conclu

PAST
j'aie conclu
tu aies conclu
il ait conclu
nous ayons conclu
vous ayez conclu
ils aient conclu

IMPERATIVE
conclus
concluons
concluez

CONDUIRE to drive, to lead

INDICATIVE

PRESENT
je conduis
tu conduis
il conduit
nous conduisons
vous conduisez
ils conduisent

FUTURE
je conduirai
tu conduiras
il conduira
nous conduirons
vous conduirez
ils conduiront

IMPERFECT
je conduisais
tu conduisais
il conduisait
nous conduisions
vous conduisiez
ils conduisaient

PASSE SIMPLE
je conduisis
tu conduisis
il conduisit
nous conduisîmes
vous conduisîtes
ils conduisirent

PASSE COMPOSE
j'ai conduit
tu as conduit
il a conduit
nous avons conduit
vous avez conduit
ils ont conduit

PLUPERFECT
j'avais conduit
tu avais conduit
il avait conduit
nous avions conduit
vous aviez conduit
ils avaient conduit

PAST ANTERIOR
j'eus conduit etc
see page 22

FUTURE PERFECT
j'aurai conduit etc
see page 22

CONDITIONAL

PRESENT
je conduirais
tu conduirais
il conduirait
nous conduirions
vous conduiriez
ils conduiraient

SUBJUNCTIVE

PRESENT
je conduise
tu conduises
il conduise
nous conduisions
vous conduisiez
ils conduisent

PRESENT INFINITIVE
conduire

PAST INFINITIVE
avoir conduit

PAST
j'aurais conduit
tu aurais conduit
il aurait conduit
nous aurions conduit
vous auriez conduit
ils auraient conduit

IMPERFECT
je conduisisse
tu conduisisses
il conduisît
nous conduisissions
vous conduisissiez
ils conduisissent

PRESENT PARTICIPLE
conduisant

PAST PARTICIPLE
conduit

PAST
j'aie conduit
tu aies conduit
il ait conduit
nous ayons conduit
vous ayez conduit
ils aient conduit

IMPERATIVE
conduis
conduisons
conduisez

CONFIER to confide

INDICATIVE

PRESENT	FUTURE	IMPERFECT
je confie	je confierai	je confiais
tu confies	tu confieras	tu confiais
il confie	il confiera	il confiait
nous confions	nous confierons	nous confiions
vous confiez	vous confierez	vous confiiez
ils confient	ils confieront	ils confiaient

PASSE SIMPLE	PASSE COMPOSE	PLUPERFECT
je confiai	j'ai confié	j'avais confié
tu confias	tu as confié	tu avais confié
il confia	il a confié	il avait confié
nous confiâmes	nous avons confié	nous avions confié
vous confiâtes	vous avez confié	vous aviez confié
ils confièrent	ils ont confié	ils avaient confié

PAST ANTERIOR	FUTURE PERFECT
j'eus confié etc	j'aurai confié etc
see page 22	see page 22

CONDITIONAL

PRESENT	SUBJUNCTIVE PRESENT	PRESENT INFINITIVE
je confierais	je confie	confier
tu confierais	tu confies	
il confierait	il confie	PAST INFINITIVE
nous confierions	nous confiions	avoir confié
vous confieriez	vous confiiez	
ils confieraient	ils confient	

PAST	IMPERFECT	PRESENT PARTICIPLE
j'aurais confié	je confiasse	confiant
tu aurais confié	tu confiasses	
il aurait confié	il confiât	PAST PARTICIPLE
nous aurions confié	nous confiassions	confié
vous auriez confié	vous confiassiez	
ils auraient confié	ils confiassent	

PAST

j'aie confié	
tu aies confié	
il ait confié	
nous ayons confié	
vous ayez confié	
ils aient confié	

IMPERATIVE

confie
confions
confiez

CONFONDRE to mix up

INDICATIVE

PRESENT
je confonds
tu confonds
il confond
nous confondons
vous confondez
ils confondent

FUTURE
je confondrai
tu confondras
il confondra
nous confondrons
vous confondrez
ils confondront

IMPERFECT
je confondais
tu confondais
il confondait
nous confondions
vous confondiez
ils confondaient

PASSE SIMPLE
je confondis
tu confondis
il confondit
nous confondîmes
vous confondîtes
ils confondirent

PASSE COMPOSE
j'ai confondu
tu as confondu
il a confondu
nous avons confondu
vous avez confondu
ils ont confondu

PLUPERFECT
j'avais confondu
tu avais confondu
il avait confondu
nous avions confondu
vous aviez confondu
ils avaient confondu

PAST ANTERIOR
j'eus confondu etc
see page 22

FUTURE PERFECT
j'aurai confondu etc
see page 22

CONDITIONAL

PRESENT
je confondrais
tu confondrais
il confondrait
nous confondrions
vous confondriez
ils confondraient

SUBJUNCTIVE

PRESENT
je confonde
tu confondes
il confonde
nous confondions
vous confondiez
ils confondent

PRESENT INFINITIVE
confondre

PAST INFINITIVE
avoir confondu

PAST
j'aurais confondu
tu aurais confondu
il aurait confondu
nous aurions confondu
vous auriez confondu
ils auraient confondu

IMPERFECT
je confondisse
tu confondisses
il confondît
nous confondissions
vous confondissiez
ils confondissent

PRESENT PARTICIPLE
confondant

PAST PARTICIPLE
confondu

PAST
j'aie confondu
tu aies confondu
il ait confondu
nous ayons confondu
vous ayez confondu
ils aient confondu

IMPERATIVE
confonds
confondons
confondez

INDICATIVE

PRESENT	FUTURE	IMPERFECT
je connais	je connaîtrai	je connaissais
tu connais	tu connaîtras	tu connaissais
il connaît	il connaîtra	il connaissait
nous connaissons	nous connaîtrons	nous connaissions
vous connaissez	vous connaîtrez	vous connaissiez
ils connaissent	ils connaîtront	ils connaissaient

PASSE SIMPLE	PASSE COMPOSE	PLUPERFECT
je connus	j'ai connu	j'avais connu
tu connus	tu as connu	tu avais connu
il connut	il a connu	il avait connu
nous connûmes	nous avons connu	nous avions connu
vous connûtes	vous avez connu	vous aviez connu
ils connurent	ils ont connu	ils avaient connu

PAST ANTERIOR	FUTURE PERFECT
j'eus connu etc	j'aurai connu etc
see page 22	see page 22

CONDITIONAL

PRESENT	SUBJUNCTIVE PRESENT	PRESENT INFINITIVE
je connaîtrais	je connaisse	connaître
tu connaîtrais	tu connaisses	
il connaîtrait	il connaisse	PAST INFINITIVE
nous connaîtrions	nous connaissions	avoir connu
vous connaîtriez	vous connaissiez	
ils connaîtraient	ils connaissent	

PAST	IMPERFECT	PRESENT PARTICIPLE
j'aurais connu	je connusse	connaissant
tu aurais connu	tu connusses	
il aurait connu	il connût	PAST PARTICIPLE
nous aurions connu	nous connussions	connu
vous auriez connu	vous connussiez	
ils auraient connu	ils connussent	

	PAST
	j'aie connu
	tu aies connu
IMPERATIVE	il ait connu
connais	nous ayons connu
connaissons	vous ayez connu
connaissez	ils aient connu

CONSEILLER to advise

INDICATIVE

PRESENT
je conseille
tu conseilles
il conseille
nous conseillons
vous conseillez
ils conseillent

FUTURE
je conseillerai
tu conseilleras
il conseillera
nous conseillerons
vous conseillerez
ils conseilleront

IMPERFECT
je conseillais
tu conseillais
il conseillait
nous conseillions
vous conseilliez
ils conseillaient

PASSE SIMPLE
je conseillai
tu conseillas
il conseilla
nous conseillâmes
vous conseillâtes
ils conseillèrent

PASSE COMPOSE
j'ai conseillé
tu as conseillé
il a conseillé
nous avons conseillé
vous avez conseillé
ils ont conseillé

PLUPERFECT
j'avais conseillé
tu avais conseillé
il avait conseillé
nous avions conseillé
vous aviez conseillé
ils avaient conseillé

PAST ANTERIOR
j'eus conseillé etc
see page 22

FUTURE PERFECT
j'aurai conseillé etc
see page 22

CONDITIONAL

PRESENT
je conseillerais
tu conseillerais
il conseillerait
nous conseillerions
vous conseilleriez
ils conseilleraient

SUBJUNCTIVE

PRESENT
je conseille
tu conseilles
il conseille
nous conseillions
vous conseilliez
ils conseillent

PRESENT INFINITIVE
conseiller

PAST INFINITIVE
avoir conseillé

PAST
j'aurais conseillé
tu aurais conseillé
il aurait conseillé
nous aurions conseillé
vous auriez conseillé
ils auraient conseillé

IMPERFECT
je conseillasse
tu conseillasses
il conseillât
nous conseillassions
vous conseillassiez
ils conseillassent

PRESENT PARTICIPLE
conseillant

PAST PARTICIPLE
conseillé

PAST
j'aie conseillé
tu aies conseillé
il ait conseillé
nous ayons conseillé
vous ayez conseillé
ils aient conseillé

IMPERATIVE
conseille
conseillons
conseillez

INDICATIVE

PRESENT

je considère
tu considères
il considère
nous considérons
vous considérez
ils considèrent

FUTURE

je considérerai
tu considéreras
il considérera
nous considérerons
vous considérerez
ils considéreront

IMPERFECT

je considérais
tu considérais
il considérait
nous considérions
vous considériez
ils considéraient

PASSE SIMPLE

je considérai
tu considéras
il considéra
nous considérâmes
vous considérâtes
ils considérèrent

PASSE COMPOSE

j'ai considéré
tu as considéré
il a considéré
nous avons considéré
vous avez considéré
ils ont considéré

PLUPERFECT

j'avais considéré
tu avais considéré
il avait considéré
nous avions considéré
vous aviez considéré
ils avaient considéré

PAST ANTERIOR

j'eus considéré etc
see page 22

FUTURE PERFECT

j'aurai considéré etc
see page 22

CONDITIONAL

PRESENT

je considérerais
tu considérerais
il considérerait
nous considérerions
vous considéreriez
ils considéreraient

SUBJUNCTIVE

PRESENT

je considère
tu considères
il considère
nous considérions
vous considériez
ils considèrent

**PRESENT
INFINITIVE**

considérer

**PAST
INFINITIVE**

avoir considéré

PAST

j'aurais considéré
tu aurais considéré
il aurait considéré
nous aurions considéré
vous auriez considéré
ils auraient considéré

IMPERFECT

je considérasse
tu considérasses
il considérât
nous considérassions
vous considérassiez
ils considérassent

**PRESENT
PARTICIPLE**

considérant

**PAST
PARTICIPLE**

considéré

PAST

j'aie considéré
tu aies considéré
il ait considéré
nous ayons considéré
vous ayez considéré
ils aient considéré

IMPERATIVE

considère
considérons
considérez

INDICATIVE

PRESENT

je construis
tu construis
il construit
nous construisons
vous construisez
ils construisent

FUTURE

je construirai
tu construiras
il construira
nous construirons
vous construirez
ils construiront

IMPERFECT

je construisais
tu construisais
il construisait
nous construisions
vous construisiez
ils construisaient

PASSE SIMPLE

je construisis
tu construisis
il construisit
nous construisîmes
vous construisîtes
ils construisirent

PASSE COMPOSE

j'ai construit
tu as construit
il a construit
nous avons construit
vous avez construit
ils ont construit

PLUPERFECT

j'avais construit
tu avais construit
il avait construit
nous avions construit
vous aviez construit
ils avaient construit

PAST ANTERIOR

j'eus construit etc
see page 22

FUTURE PERFECT

j'aurai construit etc
see page 22

CONDITIONAL

PRESENT

je construirais
tu construirais
il construirait
nous construirions
vous construiriez
ils construiraient

SUBJUNCTIVE

PRESENT

je construise
tu construises
il construise
nous construisions
vous construisiez
ils construisent

**PRESENT
INFINITIVE**

construire

**PAST
INFINITIVE**

avoir construit

PAST

j'aurais construit
tu aurais construit
il aurait construit
nous aurions construit
vous auriez construit
ils auraient construit

IMPERFECT

je construisisse
tu construisisses
il construisît
nous construisissions
vous construisissiez
ils construisissent

**PRESENT
PARTICIPLE**

construisant

**PAST
PARTICIPLE**

construit

PAST

j'aie construit
tu aies construit
il ait construit
nous ayons construit
vous ayez construit
ils aient construit

IMPERATIVE

construis
construisons
construisez

INDICATIVE

PRESENT
je convaincs
tu convaincs
il convainc
nous convainquons
vous convainquez
ils convainquent

FUTURE
je convaincrai
tu convaincras
il convaincra
nous convaincrons
vous convaincrez
ils convaincront

IMPERFECT
je convainquais
tu convainquais
il convainquait
nous convainquions
vous convainquiez
ils convainquaient

PASSE SIMPLE
je convainquis
tu convainquis
il convainquit
nous convainquîmes
vous convainquîtes
ils convainquirent

PASSE COMPOSE
j'ai convaincu
tu as convaincu
il a convaincu
nous avons convaincu
vous avez convaincu
ils ont convaincu

PLUPERFECT
j'avais convaincu
tu avais convaincu
il avait convaincu
nous avions convaincu
vous aviez convaincu
ils avaient convaincu

PAST ANTERIOR
j'eus convaincu etc
see page 22

FUTURE PERFECT
j'aurai convaincu etc
see page 22

CONDITIONAL

PRESENT
je convaincrais
tu convaincrais
il convaincrait
nous convaincrions
vous convaincriez
ils convaincraient

SUBJUNCTIVE

PRESENT
je convainque
tu convainques
il convainque
nous convainquions
vous convainquiez
ils convainquent

PRESENT INFINITIVE
convaincre

PAST INFINITIVE
avoir convaincu

PAST
j'aurais convaincu
tu aurais convaincu
il aurait convaincu
nous aurions convaincu
vous auriez convaincu
ils auraient convaincu

IMPERFECT
je convainquisse
tu convainquisses
il convainquît
nous convainquissions
vous convainquissiez
ils convainquissent

PRESENT PARTICIPLE
convainquant

PAST PARTICIPLE
convaincu

PAST
j'aie convaincu
tu aies convaincu
il ait convaincu
nous ayons convaincu
vous ayez convaincu
ils aient convaincu

IMPERATIVE

convaincs
convainquons
convainquez

COUDRE to sew

INDICATIVE

PRESENT
je couds
tu couds
il coud
nous cousons
vous cousez
ils cousent

FUTURE
je coudrai
tu coudras
il coudra
nous coudrons
vous coudrez
ils coudront

IMPERFECT
je cousais
tu cousais
il cousait
nous cousions
vous cousiez
ils cousaient

PASSE SIMPLE
je cousis
tu cousis
il cousit
nous cousîmes
vous cousîtes
ils cousirent

PASSE COMPOSE
j'ai cousu
tu as cousu
il a cousu
nous avons cousu
vous avez cousu
ils ont cousu

PLUPERFECT
j'avais cousu
tu avais cousu
il avait cousu
nous avions cousu
vous aviez cousu
ils avaient cousu

PAST ANTERIOR
j'eus cousu etc
see page 22

FUTURE PERFECT
j'aurai cousu etc
see page 22

CONDITIONAL

PRESENT
je coudrais
tu coudrais
il coudrait
nous coudrions
vous coudriez
ils coudraient

SUBJUNCTIVE

PRESENT
je couse
tu couses
il couse
nous cousions
vous cousiez
ils cousent

PRESENT INFINITIVE
coudre

PAST INFINITIVE
avoir cousu

PAST
j'aurais cousu
tu aurais cousu
il aurait cousu
nous aurions cousu
vous auriez cousu
ils auraient cousu

IMPERFECT
je cousisse
tu cousisses
il cousît
nous cousissions
vous cousissiez
ils cousissent

PRESENT PARTICIPLE
cousant

PAST PARTICIPLE
cousu

PAST
j'aie cousu
tu aies cousu
il ait cousu
nous ayons cousu
vous ayez cousu
ils aient cousu

IMPERATIVE
couds
cousons
cousez

INDICATIVE
PRESENT

je cours
tu cours
il court
nous courons
vous courez
ils courent

FUTURE

je courrai
tu courras
il courra
nous courrons
vous courrez
ils courront

IMPERFECT

je courais
tu courais
il courait
nous courions
vous couriez
ils couraient

PASSE SIMPLE

je courus
tu courus
il courut
nous courûmes
vous courûtes
ils coururent

PASSE COMPOSE

j'ai couru
tu as couru
il a couru
nous avons couru
vous avez couru
ils ont couru

PLUPERFECT

j'avais couru
tu avais couru
il avait couru
nous avions couru
vous aviez couru
ils avaient couru

PAST ANTERIOR

j'eus couru etc
see page 22

FUTURE PERFECT

j'aurai couru etc
see page 22

CONDITIONAL
PRESENT

je courrais
tu courrais
il courrait
nous courrions
vous courriez
ils courraient

SUBJUNCTIVE
PRESENT

je coure
tu coures
il coure
nous courions
vous couriez
ils courent

PRESENT INFINITIVE

courir

PAST INFINITIVE

avoir couru

PAST

j'aurais couru
tu aurais couru
il aurait couru
nous aurions couru
vous auriez couru
ils auraient couru

IMPERFECT

je courusse
tu courusses
il courût
nous courussions
vous courussiez
ils courussent

PRESENT PARTICIPLE

courant

PAST PARTICIPLE

couru

PAST

j'aie couru
tu aies couru
il ait couru
nous ayons couru
vous ayez couru
ils aient couru

IMPERATIVE

cours
courons
courez

Note: **accourir** can take either **avoir** or **être** as its auxiliary

NOTES

1   MEANING

intransitive: to run; *transitive:* to run in, to roam

2   CONSTRUCTIONS WITH PREPOSITIONS

courir sur la quarantaine	to be approaching forty
courir après quelqu'un	to chase after someone
courir à la catastrophe	to rush towards disaster

3   USAGE

intransitive and transitive (auxiliary **avoir**):

Note that verbs of motion (**courir**, **marcher** etc) are conjugated with **avoir**:

il a couru un grand risque	he ran a serious risk

verbs of motion + direction:

il est monté/sorti en courant	he ran upstairs/out

4   PHRASES AND IDIOMS

cours le chercher	run and fetch him/it
courir le marathon	to run (in) the marathon
courir sur Renault	to race for Renault
courir le monde/les rues	to roam the world/the streets
courir les magasins	to go round the shops
courir les filles	to chase the girls
il ne court pas après l'ail	he's not keen on garlic
elle me court sur le haricot	she's getting on my nerves, she's bugging me
courir quelqu'un	to get on someone's nerves, to bug someone
courir sa chance	to try one's luck
courir à toutes jambes	to run as fast as one's legs can carry one
par les temps qui courent	nowadays
tu peux courir !	you can take a running jump!
laisse courir !	forget it!
le bruit court que ...	rumour has it that ...
faire courir un bruit	to spread a rumour

INDICATIVE

PRESENT

je couvre
tu couvres
il couvre
nous couvrons
vous couvrez
ils couvrent

FUTURE

je couvrirai
tu couvriras
il couvrira
nous couvrirons
vous couvrirez
ils couvriront

IMPERFECT

je couvrais
tu couvrais
il couvrait
nous couvrions
vous couvriez
ils couvraient

PASSE SIMPLE

je couvris
tu couvris
il couvrit
nous couvrîmes
vous couvrîtes
ils couvrirent

PASSE COMPOSE

j'ai couvert
tu as couvert
il a couvert
nous avons couvert
vous avez couvert
ils ont couvert

PLUPERFECT

j'avais couvert
tu avais couvert
il avait couvert
nous avions couvert
vous aviez couvert
ils avaient couvert

PAST ANTERIOR

j'eus couvert etc
see page 22

FUTURE PERFECT

j'aurai couvert etc
see page 22

CONDITIONAL

PRESENT

je couvrirais
tu couvrirais
il couvrirait
nous couvririons
vous couvririez
ils couvriraient

SUBJUNCTIVE

PRESENT

je couvre
tu couvres
il couvre
nous couvrions
vous couvriez
ils couvrent

PRESENT INFINITIVE

couvrir

PAST INFINITIVE

avoir couvert

PAST

j'aurais couvert
tu aurais couvert
il aurait couvert
nous aurions couvert
vous auriez couvert
ils auraient couvert

IMPERFECT

je couvrisse
tu couvrisses
il couvrît
nous couvrissions
vous couvrissiez
ils couvrissent

PRESENT PARTICIPLE

couvrant

PAST PARTICIPLE

couvert

PAST

j'aie couvert
tu aies couvert
il ait couvert
nous ayons couvert
vous ayez couvert
ils aient couvert

IMPERATIVE

couvre
couvrons
couvrez

CRAINDRE to fear

48

INDICATIVE

PRESENT
je crains
tu crains
il craint
nous craignons
vous craignez
ils craignent

FUTURE
je craindrai
tu craindras
il craindra
nous craindrons
vous craindrez
ils craindront

IMPERFECT
je craignais
tu craignais
il craignait
nous craignions
vous craigniez
ils craignaient

PASSE SIMPLE
je craignis
tu craignis
il craignit
nous craignîmes
vous craignîtes
ils craignirent

PASSE COMPOSE
j'ai craint
tu as craint
il a craint
nous avons craint
vous avez craint
ils ont craint

PLUPERFECT
j'avais craint
tu avais craint
il avait craint
nous avions craint
vous aviez craint
ils avaient craint

PAST ANTERIOR
j'eus craint etc
see page 22

FUTURE PERFECT
j'aurai craint etc
see page 22

CONDITIONAL

PRESENT
je craindrais
tu craindrais
il craindrait
nous craindrions
vous craindriez
ils craindraient

SUBJUNCTIVE

PRESENT
je craigne
tu craignes
il craigne
nous craignions
vous craigniez
ils craignent

PRESENT INFINITIVE
craindre

PAST INFINITIVE
avoir craint

PAST
j'aurais craint
tu aurais craint
il aurait craint
nous aurions craint
vous auriez craint
ils auraient craint

IMPERFECT
je craignisse
tu craignisses
il craignît
nous craignissions
vous craignissiez
ils craignissent

PRESENT PARTICIPLE
craignant

PAST PARTICIPLE
craint

PAST
j'aie craint
tu aies craint
il ait craint
nous ayons craint
vous ayez craint
ils aient craint

IMPERATIVE

crains
craignons
craignez

CREER to create

INDICATIVE

PRESENT	FUTURE	IMPERFECT
je crée	je créerai	je créais
tu crées	tu créeras	tu créais
il crée	il créera	il créait
nous créons	nous créerons	nous créions
vous créez	vous créerez	vous créiez
ils créent	ils créeront	ils créaient

PASSE SIMPLE	PASSE COMPOSE	PLUPERFECT
je créai	j'ai créé	j'avais créé
tu créas	tu as créé	tu avais créé
il créa	il a créé	il avait créé
nous créâmes	nous avons créé	nous avions créé
vous créâtes	vous avez créé	vous aviez créé
ils créèrent	ils ont créé	ils avaient créé

PAST ANTERIOR	FUTURE PERFECT
j'eus créé etc	j'aurai créé etc
see page 22	see page 22

CONDITIONAL / SUBJUNCTIVE

CONDITIONAL PRESENT	SUBJUNCTIVE PRESENT	PRESENT INFINITIVE
je créerais	je crée	créer
tu créerais	tu crées	
il créerait	il crée	PAST INFINITIVE
nous créerions	nous créions	avoir créé
vous créeriez	vous créiez	
ils créeraient	ils créent	

PAST	IMPERFECT	PRESENT PARTICIPLE
j'aurais créé	je créasse	créant
tu aurais créé	tu créasses	
il aurait créé	il créât	PAST PARTICIPLE
nous aurions créé	nous créassions	créé
vous auriez créé	vous créassiez	
ils auraient créé	ils créassent	

	PAST	
	j'aie créé	
	tu aies créé	
IMPERATIVE	il ait créé	
crée	nous ayons créé	
créons	vous ayez créé	
créez	ils aient créé	

Note: **béer** is usually only used in the present participle and the 3rd person singular of the present and imperfect tenses

CRIER to shout 50

INDICATIVE

PRESENT	FUTURE	IMPERFECT
je crie	je crierai	je criais
tu cries	tu crieras	tu criais
il crie	il criera	il criait
nous crions	nous crierons	nous criions
vous criez	vous crierez	vous criiez
ils crient	ils crieront	ils criaient

PASSE SIMPLE	PASSE COMPOSE	PLUPERFECT
je criai	j'ai crié	j'avais crié
tu crias	tu as crié	tu avais crié
il cria	il a crié	il avait crié
nous criâmes	nous avons crié	nous avions crié
vous criâtes	vous avez crié	vous aviez crié
ils crièrent	ils ont crié	ils avaient crié

PAST ANTERIOR	FUTURE PERFECT
j'eus crié etc	j'aurai crié etc
see page 22	see page 22

CONDITIONAL

PRESENT	SUBJUNCTIVE PRESENT	
je crierais	je crie	**PRESENT INFINITIVE** crier
tu crierais	tu cries	
il crierait	il crie	**PAST INFINITIVE** avoir crié
nous crierions	nous criions	
vous crieriez	vous criiez	
ils crieraient	ils crient	

PAST	IMPERFECT	
j'aurais crié	je criasse	**PRESENT PARTICIPLE** criant
tu aurais crié	tu criasses	
il aurait crié	il criât	**PAST PARTICIPLE** crié
nous aurions crié	nous criassions	
vous auriez crié	vous criassiez	
ils auraient crié	ils criassent	

PAST

j'aie crié
tu aies crié
il ait crié
nous ayons crié
vous ayez crié
ils aient crié

IMPERATIVE

crie
crions
criez

INDICATIVE

PRESENT	FUTURE	IMPERFECT
je crois	je croirai	je croyais
tu crois	tu croiras	tu croyais
il croit	il croira	il croyait
nous croyons	nous croirons	nous croyions
vous croyez	vous croirez	vous croyiez
ils croient	ils croiront	ils croyaient

PASSE SIMPLE	PASSE COMPOSE	PLUPERFECT
je crus	j'ai cru	j'avais cru
tu crus	tu as cru	tu avais cru
il crut	il a cru	il avait cru
nous crûmes	nous avons cru	nous avions cru
vous crûtes	vous avez cru	vous aviez cru
ils crurent	ils ont cru	ils avaient cru

PAST ANTERIOR	FUTURE PERFECT
j'eus cru etc	j'aurai cru etc
see page 22	see page 22

CONDITIONAL

PRESENT	SUBJUNCTIVE PRESENT	PRESENT INFINITIVE
je croirais	je croie	croire
tu croirais	tu croies	
il croirait	il croie	PAST INFINITIVE
nous croirions	nous croyions	avoir cru
vous croiriez	vous croyiez	
ils croiraient	ils croient	

PAST	IMPERFECT	PRESENT PARTICIPLE
j'aurais cru	je crusse	croyant
tu aurais cru	tu crusses	
il aurait cru	il crût	PAST PARTICIPLE
nous aurions cru	nous crussions	cru
vous auriez cru	vous crussiez	
ils auraient cru	ils crussent	

	PAST
	j'aie cru
	tu aies cru
IMPERATIVE	il ait cru
crois	nous ayons cru
croyons	vous ayez cru
croyez	ils aient cru

NOTES

1   MEANING

transitive: to believe; *intransitive:* to believe *(in something)*; *reflexive:* to think one is ...

2   CONSTRUCTIONS WITH PREPOSITIONS

croire quelqu'un/que	to believe someone/that
croire en Dieu/en ses amis	to believe in God/one's friends
croire à ses promesses/à une histoire	to believe his promises/a story

3   USAGE

transitive and intransitive (auxiliary **avoir***):*

je vous ai cru	I believed you

reflexive (auxiliary **être***):*

il s'était cru malin	he thought himself clever

croire que is followed by the indicative:

je crois qu'il est parti	I think he has left

However, when negative or interrogative and where there is an element of doubt, **croire que** takes the subjunctive:

croyez-vous qu'il vienne ?	do you think he'll come?

4   PHRASES AND IDIOMS

croire que oui/non	to think so/not
je vous crois sur parole	I'll take your word for it
je veux bien le croire	I can well believe it
à ce que je crois	to the best of my belief
c'est à croire que ...	you'd think that ...
vous pouvez m'en croire	you can take my word for it
croire dur comme fer	to believe firmly
je n'en crois rien	I don't believe a word of it
j'ai du mal à le croire	I find it hard to believe
je n'en crois pas mes yeux/oreilles	I can't believe my eyes/ears
il croit bien faire	he thinks he is doing the right thing
il a cru manquer son train	he thought he would miss his train
il m'a fait croire que ...	he gave me to believe that ...
on l'a cru mort	he was believed dead
on croit à un suicide	they believe it to be a suicide
veuillez croire à mes salutations distinguées	yours sincerely

INDICATIVE

PRESENT	FUTURE	IMPERFECT
je crois	je croîtrai	je croissais
tu crois	tu croîtras	tu croissais
il croît	il croîtra	il croissait
nous croissons	nous croîtrons	nous croissions
vous croissez	vous croîtrez	vous croissiez
ils croissent	ils croîtront	ils croissaient

PASSE SIMPLE	PASSE COMPOSE	PLUPERFECT
je crûs	j'ai crû	j'avais crû
tu crûs	tu as crû	tu avais crû
il crût	il a crû	il avait crû
nous crûmes	nous avons crû	nous avions crû
vous crûtes	vous avez crû	vous aviez crû
ils crûrent	ils ont crû	ils avaient crû

PAST ANTERIOR	FUTURE PERFECT
j'eus crû etc	j'aurai crû etc
see page 22	see page 22

CONDITIONAL

PRESENT	SUBJUNCTIVE PRESENT	PRESENT INFINITIVE
je croîtrais	je croisse	croître
tu croîtrais	tu croisses	
il croîtrait	il croisse	**PAST INFINITIVE**
nous croîtrions	nous croissions	avoir crû
vous croîtriez	vous croissiez	
ils croîtraient	ils croissent	

PAST	IMPERFECT	PRESENT PARTICIPLE
j'aurais crû	je crûsse	croissant
tu aurais crû	tu crûsses	
il aurait crû	il crût	**PAST PARTICIPLE**
nous aurions crû	nous crûssions	crû (crue, crus)
vous auriez crû	vous crûssiez	
ils auraient crû	ils crûssent	

PAST

j'aie crû
tu aies crû
il ait crû

IMPERATIVE

crois
croissons
croissez

nous ayons crû
vous ayez crû
ils aient crû

Note: the past participle of **accroître** is **accru**; for **décroître** it is **décru**

INDICATIVE

PRESENT	FUTURE	IMPERFECT
je cueille	je cueillerai	je cueillais
tu cueilles	tu cueilleras	tu cueillais
il cueille	il cueillera	il cueillait
nous cueillons	nous cueillerons	nous cueillions
vous cueillez	vous cueillerez	vous cueilliez
ils cueillent	ils cueilleront	ils cueillaient

PASSE SIMPLE	PASSE COMPOSE	PLUPERFECT
je cueillis	j'ai cueilli	j'avais cueilli
tu cueillis	tu as cueilli	tu avais cueilli
il cueillit	il a cueilli	il avait cueilli
nous cueillîmes	nous avons cueilli	nous avions cueilli
vous cueillîtes	vous avez cueilli	vous aviez cueilli
ils cueillirent	ils ont cueilli	ils avaient cueilli

PAST ANTERIOR	FUTURE PERFECT
j'eus cueilli etc	j'aurai cueilli etc
see page 22	*see page 22*

CONDITIONAL

SUBJUNCTIVE

PRESENT	PRESENT	PRESENT INFINITIVE
je cueillerais	je cueille	cueillir
tu cueillerais	tu cueilles	
il cueillerait	il cueille	PAST INFINITIVE
nous cueillerions	nous cueillions	avoir cueilli
vous cueilleriez	vous cueilliez	
ils cueilleraient	ils cueillent	

PAST	IMPERFECT	PRESENT PARTICIPLE
j'aurais cueilli	je cueillisse	cueillant
tu aurais cueilli	tu cueillisses	
il aurait cueilli	il cueillît	PAST PARTICIPLE
nous aurions cueilli	nous cueillissions	cueilli
vous auriez cueilli	vous cueillissiez	
ils auraient cueilli	ils cueillissent	

PAST

j'aie cueilli
tu aies cueilli
il ait cueilli
nous ayons cueilli
vous ayez cueilli
ils aient cueilli

IMPERATIVE

cueille
cueillons
cueillez

INDICATIVE

PRESENT	FUTURE	IMPERFECT
je cuis	je cuirai	je cuisais
tu cuis	tu cuiras	tu cuisais
il cuit	il cuira	il cuisait
nous cuisons	nous cuirons	nous cuisions
vous cuisez	vous cuirez	vous cuisiez
ils cuisent	ils cuiront	ils cuisaient

PASSE SIMPLE	PASSE COMPOSE	PLUPERFECT
je cuisis	j'ai cuit	j'avais cuit
tu cuisis	tu as cuit	tu avais cuit
il cuisit	il a cuit	il avait cuit
nous cuisîmes	nous avons cuit	nous avions cuit
vous cuisîtes	vous avez cuit	vous aviez cuit
ils cuisirent	ils ont cuit	ils avaient cuit

PAST ANTERIOR	FUTURE PERFECT
j'eus cuit etc	j'aurai cuit etc
see page 22	see page 22

CONDITIONAL

PRESENT		
je cuirais		
tu cuirais		
il cuirait		
nous cuirions		
vous cuiriez		
ils cuiraient		

SUBJUNCTIVE

PRESENT

je cuise
tu cuises
il cuise
nous cuisions
vous cuisiez
ils cuisent

PRESENT INFINITIVE

cuire

PAST INFINITIVE

avoir cuit

PAST

j'aurais cuit
tu aurais cuit
il aurait cuit
nous aurions cuit
vous auriez cuit
ils auraient cuit

IMPERFECT

je cuisisse
tu cuisisses
il cuisît
nous cuisissions
vous cuisissiez
ils cuisissent

PRESENT PARTICIPLE

cuisant

PAST PARTICIPLE

cuit

PAST

j'aie cuit
tu aies cuit
il ait cuit
nous ayons cuit
vous ayez cuit
ils aient cuit

IMPERATIVE

cuis
cuisons
cuisez

DECELER to detect 55

INDICATIVE

PRESENT
je décèle
tu décèles
il décèle
nous décelons
vous décelez
ils décèlent

FUTURE
je décèlerai
tu décèleras
il décèlera
nous décèlerons
vous décèlerez
ils décèleront

IMPERFECT
je décelais
tu décelais
il décelait
nous décelions
vous déceliez
ils décelaient

PASSE SIMPLE
je décelai
tu décelas
il décela
nous décelâmes
vous décelâtes
ils décelèrent

PASSE COMPOSE
j'ai décelé
tu as décelé
il a décelé
nous avons décelé
vous avez décelé
ils ont décelé

PLUPERFECT
j'avais décelé
tu avais décelé
il avait décelé
nous avions décelé
vous aviez décelé
ils avaient décelé

PAST ANTERIOR
j'eus décelé etc
see page 22

FUTURE PERFECT
j'aurai décelé etc
see page 22

CONDITIONAL

PRESENT
je décèlerais
tu décèlerais
il décèlerait
nous décèlerions
vous décèleriez
ils décèleraient

SUBJUNCTIVE

PRESENT
je décèle
tu décèles
il décèle
nous décelions
vous déceliez
ils décèlent

PRESENT INFINITIVE
déceler

PAST INFINITIVE
avoir décelé

PAST
j'aurais décelé
tu aurais décelé
il aurait décelé
nous aurions décelé
vous auriez décelé
ils auraient décelé

IMPERFECT
je décelasse
tu décelasses
il décelât
nous décelassions
vous décelassiez
ils décelassent

PRESENT PARTICIPLE
décelant

PAST PARTICIPLE
décelé

PAST
j'aie décelé
tu aies décelé
il ait décelé
nous ayons décelé
vous ayez décelé
ils aient décelé

IMPERATIVE
décèle
décelons
décelez

DECOUVRIR to discover

INDICATIVE
PRESENT
je découvre
tu découvres
il découvre
nous découvrons
vous découvrez
ils découvrent

FUTURE
je découvrirai
tu découvriras
il découvrira
nous découvrirons
vous découvrirez
ils découvriront

IMPERFECT
je découvrais
tu découvrais
il découvrait
nous découvrions
vous découvriez
ils découvraient

PASSE SIMPLE
je découvris
tu découvris
il découvrit
nous découvrîmes
vous découvrîtes
ils découvrirent

PASSE COMPOSE
j'ai découvert
tu as découvert
il a découvert
nous avons découvert
vous avez découvert
ils ont découvert

PLUPERFECT
j'avais découvert
tu avais découvert
il avait découvert
nous avions découvert
vous aviez découvert
ils avaient découvert

PAST ANTERIOR
j'eus découvert etc
see page 22

FUTURE PERFECT
j'aurai découvert etc
see page 22

CONDITIONAL
PRESENT
je découvrirais
tu découvrirais
il découvrirait
nous découvririons
vous découvririez
ils découvriraient

SUBJUNCTIVE
PRESENT
je découvre
tu découvres
il découvre
nous découvrions
vous découvriez
ils découvrent

PRESENT INFINITIVE
découvrir

PAST INFINITIVE
avoir découvert

PAST
j'aurais découvert
tu aurais découvert
il aurait découvert
nous aurions découvert
vous auriez découvert
ils auraient découvert

IMPERFECT
je découvrisse
tu découvrisses
il découvrît
nous découvrissions
vous découvrissiez
ils découvrissent

PRESENT PARTICIPLE
découvrant

PAST PARTICIPLE
découvert

PAST
j'aie découvert
tu aies découvert
il ait découvert
nous ayons découvert
vous ayez découvert
ils aient découvert

IMPERATIVE
découvre
découvrons
découvrez

INDICATIVE

PRESENT	FUTURE	IMPERFECT
je décris	je décrirai	je décrivais
tu décris	tu décriras	tu décrivais
il décrit	il décrira	il décrivait
nous décrivons	nous décrirons	nous décrivions
vous décrivez	vous décrirez	vous décriviez
ils décrivent	ils décriront	ils décrivaient

PASSE SIMPLE	PASSE COMPOSE	PLUPERFECT
je décrivis	j'ai décrit	j'avais décrit
tu décrivis	tu as décrit	tu avais décrit
il décrivit	il a décrit	il avait décrit
nous décrivîmes	nous avons décrit	nous avions décrit
vous décrivîtes	vous avez décrit	vous aviez décrit
ils décrivirent	ils ont décrit	ils avaient décrit

PAST ANTERIOR	FUTURE PERFECT
j'eus décrit etc	j'aurai décrit etc
see page 22	see page 22

CONDITIONAL

SUBJUNCTIVE

PRESENT	PRESENT	PRESENT INFINITIVE
je décrirais	je décrive	décrire
tu décrirais	tu décrives	
il décrirait	il décrive	PAST INFINITIVE
nous décririons	nous décrivions	avoir décrit
vous décririez	vous décriviez	
ils décriraient	ils décrivent	

PAST	IMPERFECT	PRESENT PARTICIPLE
j'aurais décrit	je décrivisse	décrivant
tu aurais décrit	tu décrivisses	
il aurait décrit	il décrivît	PAST PARTICIPLE
nous aurions décrit	nous décrivissions	décrit
vous auriez décrit	vous décrivissiez	
ils auraient décrit	ils décrivissent	

PAST

j'aie décrit
tu aies décrit
il ait décrit
nous ayons décrit
vous ayez décrit
ils aient décrit

IMPERATIVE

décris
décrivons
décrivez

INDICATIVE

PRESENT	FUTURE	IMPERFECT
je défends	je défendrai	je défendais
tu défends	tu défendras	tu défendais
il défend	il défendra	il défendait
nous défendons	nous défendrons	nous défendions
vous défendez	vous défendrez	vous défendiez
ils défendent	ils défendront	ils défendaient

PASSE SIMPLE	PASSE COMPOSE	PLUPERFECT
je défendis	j'ai défendu	j'avais défendu
tu défendis	tu as défendu	tu avais défendu
il défendit	il a défendu	il avait défendu
nous défendîmes	nous avons défendu	nous avions défendu
vous défendîtes	vous avez défendu	vous aviez défendu
ils défendirent	ils ont défendu	ils avaient défendu

PAST ANTERIOR	FUTURE PERFECT
j'eus défendu etc	j'aurai défendu etc
see page 22	see page 22

CONDITIONAL   SUBJUNCTIVE

PRESENT	PRESENT	PRESENT INFINITIVE
je défendrais	je défende	défendre
tu défendrais	tu défendes	
il défendrait	il défende	PAST INFINITIVE
nous défendrions	nous défendions	avoir défendu
vous défendriez	vous défendiez	
ils défendraient	ils défendent	

PAST	IMPERFECT	PRESENT PARTICIPLE
j'aurais défendu	je défendisse	défendant
tu aurais défendu	tu défendisses	
il aurait défendu	il défendît	PAST PARTICIPLE
nous aurions défendu	nous défendissions	défendu
vous auriez défendu	vous défendissiez	
ils auraient défendu	ils défendissent	

PAST

j'aie défendu
tu aies défendu
il ait défendu
nous ayons défendu
vous ayez défendu
ils aient défendu

IMPERATIVE

défends
défendons
défendez

DESCENDRE to go down 59

INDICATIVE

PRESENT
je descends
tu descends
il descend
nous descendons
vous descendez
ils descendent

FUTURE
je descendrai
tu descendras
il descendra
nous descendrons
vous descendrez
ils descendront

IMPERFECT
je descendais
tu descendais
il descendait
nous descendions
vous descendiez
ils descendaient

PASSE SIMPLE
je descendis
tu descendis
il descendit
nous descendîmes
vous descendîtes
ils descendirent

PASSE COMPOSE
je suis descendu
tu es descendu
il est descendu
nous sommes descendus
vous êtes descendu(s)
ils sont descendus

PLUPERFECT
j'étais descendu
tu étais descendu
il était descendu
nous étions descendus
vous étiez descendu(s)
ils étaient descendus

PAST ANTERIOR
je fus descendu etc
see page 85

FUTURE PERFECT
je serai descendu etc
see page 85

CONDITIONAL

PRESENT
je descendrais
tu descendrais
il descendrait
nous descendrions
vous descendriez
ils descendraient

SUBJUNCTIVE

PRESENT
je descende
tu descendes
il descende
nous descendions
vous descendiez
ils descendent

PRESENT INFINITIVE
descendre

PAST INFINITIVE
être descendu

PAST
je serais descendu
tu serais descendu
il serait descendu
nous serions descendus
vous seriez descendu(s)
ils seraient descendus

IMPERFECT
je descendisse
tu descendisses
il descendît
nous descendissions
vous descendissiez
ils descendissent

PRESENT PARTICIPLE
descendant

PAST PARTICIPLE
descendu

PAST
je sois descendu
tu sois descendu
il soit descendu
nous soyons descendus
vous soyez descendu(s)
ils soient descendus

IMPERATIVE
descends
descendons
descendez

INDICATIVE
PRESENT

je détruis
tu détruis
il détruit
nous détruisons
vous détruisez
ils détruisent

FUTURE

je détruirai
tu détruiras
il détruira
nous détruirons
vous détruirez
ils détruiront

IMPERFECT

je détruisais
tu détruisais
il détruisait
nous détruisions
vous détruisiez
ils détruisaient

PASSE SIMPLE

je détruisis
tu détruisis
il détruisit
nous détruisîmes
vous détruisîtes
ils détruisirent

PASSE COMPOSE

j'ai détruit
tu as détruit
il a détruit
nous avons détruit
vous avez détruit
ils ont détruit

PLUPERFECT

j'avais détruit
tu avais détruit
il avait détruit
nous avions détruit
vous aviez détruit
ils avaient détruit

PAST ANTERIOR

j'eus détruit etc
see page 22

FUTURE PERFECT

j'aurai détruit etc
see page 22

CONDITIONAL
PRESENT

je détruirais
tu détruirais
il détruirait
nous détruirions
vous détruiriez
ils détruiraient

SUBJUNCTIVE
PRESENT

je détruise
tu détruises
il détruise
nous détruisions
vous détruisiez
ils détruisent

PRESENT
INFINITIVE

détruire

PAST
INFINITIVE

avoir détruit

PAST

j'aurais détruit
tu aurais détruit
il aurait détruit
nous aurions détruit
vous auriez détruit
ils auraient détruit

IMPERFECT

je détruisisse
tu détruisisses
il détruisît
nous détruisissions
vous détruisissiez
ils détruisissent

PRESENT
PARTICIPLE

détruisant

PAST
PARTICIPLE

détruit

PAST

j'aie détruit
tu aies détruit
il ait détruit
nous ayons détruit
vous ayez détruit
ils aient détruit

IMPERATIVE

détruis
détruisons
détruisez

DEVENIR to become

INDICATIVE

PRESENT
je deviens
tu deviens
il devient
nous devenons
vous devenez
ils deviennent

FUTURE
je deviendrai
tu deviendras
il deviendra
nous deviendrons
vous deviendrez
ils deviendront

IMPERFECT
je devenais
tu devenais
il devenait
nous devenions
vous deveniez
ils devenaient

PASSE SIMPLE
je devins
tu devins
il devint
nous devînmes
vous devîntes
ils devinrent

PASSE COMPOSE
je suis devenu
tu es devenu
il est devenu
nous sommes devenus
vous êtes devenu(s)
ils sont devenus

PLUPERFECT
j'étais devenu
tu étais devenu
il était devenu
nous étions devenus
vous étiez devenu(s)
ils étaient devenus

PAST ANTERIOR
je fus devenu etc
see page 85

FUTURE PERFECT
je serai devenu etc
see page 85

CONDITIONAL

PRESENT
je deviendrais
tu deviendrais
il deviendrait
nous deviendrions
vous deviendriez
ils deviendraient

SUBJUNCTIVE

PRESENT
je devienne
tu deviennes
il devienne
nous devenions
vous deveniez
ils deviennent

PRESENT INFINITIVE
devenir

PAST INFINITIVE
être devenu

PAST
je serais devenu
tu serais devenu
il serait devenu
nous serions devenus
vous seriez devenu(s)
ils seraient devenus

IMPERFECT
je devinsse
tu devinsses
il devînt
nous devinssions
vous devinssiez
ils devinssent

PRESENT PARTICIPLE
devenant

PAST PARTICIPLE
devenu

PAST
je sois devenu
tu sois devenu
il soit devenu
nous soyons devenus
vous soyez devenu(s)
ils soient devenus

IMPERATIVE
deviens
devenons
devenez

INDICATIVE

PRESENT	FUTURE	IMPERFECT
je dois	je devrai	je devais
tu dois	tu devras	tu devais
il doit	il devra	il devait
nous devons	nous devrons	nous devions
vous devez	vous devrez	vous deviez
ils doivent	ils devront	ils devaient

PASSE SIMPLE	PASSE COMPOSE	PLUPERFECT
je dus	j'ai dû	j'avais dû
tu dus	tu as dû	tu avais dû
il dut	il a dû	il avait dû
nous dûmes	nous avons dû	nous avions dû
vous dûtes	vous avez dû	vous aviez dû
ils durent	ils ont dû	ils avaient dû

PAST ANTERIOR	FUTURE PERFECT
j'eus dû etc	j'aurai dû etc
see page 22	*see page 22*

CONDITIONAL

SUBJUNCTIVE

PRESENT	PRESENT	PRESENT INFINITIVE
je devrais	je doive	devoir
tu devrais	tu doives	
il devrait	il doive	PAST INFINITIVE
nous devrions	nous devions	avoir dû
vous devriez	vous deviez	
ils devraient	ils doivent	

PAST	IMPERFECT	PRESENT PARTICIPLE
j'aurais dû	je dusse	devant
tu aurais dû	tu dusses	
il aurait dû	il dût	PAST PARTICIPLE
nous aurions dû	nous dussions	dû, due
vous auriez dû	vous dussiez	
ils auraient dû	ils dussent	

	PAST
	j'aie dû
	tu aies dû
IMPERATIVE	il ait dû
dois	nous ayons dû
devons	vous ayez dû
devez	ils aient dû

NOTES

I MEANING

transitive: to owe; *auxiliary:* to have to (do), be supposed to (do); *reflexive:* to have to, to owe it to oneself to

2 CONSTRUCTIONS WITH PREPOSITIONS

devoir quelque chose à quelqu'un	to owe someone something
être dû à	to be due to
il leur doit d'avoir réussi	he has to thank them for his success

Note that **devoir** is usually followed by the infinitive without a preposition.

3 USAGE

transitive (auxiliary **avoir**):

j'ai dû changer d'emploi	I had to change my job

reflexive (auxiliary **être**):

il s'est dû de démissionner	he owed it to himself to resign

In phrases such as *would have had to do, ought to have done*, it is usual to use the *past conditional + the present infinitive*:

j'aurais dû le faire	I ought to have done it

4 PHRASES AND IDIOMS

comme il se doit	as expected
il doit venir	he has to come, he is supposed to come
il doit se tromper	he must be mistaken
il devait venir	he was to come (but did not)
il devra venir	he will have to come
il devrait pouvoir venir	he ought to be able to come
il a dû venir	he had to come, he must have come
il a dû manquer le train	he must have missed the train
cela devait arriver	it was bound to happen
Louis XVI devait mourir sur la guillotine	Louis XVI was to die on the guillotine
Je lui dois bien cela	it's the least I can do for him

INDICATIVE

PRESENT	**FUTURE**	**IMPERFECT**
je dis	je dirai	je disais
tu dis	tu diras	tu disais
il dit	il dira	il disait
nous disons	nous dirons	nous disions
vous dites	vous direz	vous disiez
ils disent	ils diront	ils disaient

PASSE SIMPLE	**PASSE COMPOSE**	**PLUPERFECT**
je dis	j'ai dit	j'avais dit
tu dis	tu as dit	tu avais dit
il dit	il a dit	il avait dit
nous dîmes	nous avons dit	nous avions dit
vous dîtes	vous avez dit	vous aviez dit
ils dirent	ils ont dit	ils avaient dit

PAST ANTERIOR	**FUTURE PERFECT**
j'eus dit etc	j'aurai dit etc
see page 22	see page 22

CONDITIONAL

SUBJUNCTIVE

PRESENT	**PRESENT**	**PRESENT INFINITIVE**
je dirais	je dise	dire
tu dirais	tu dises	
il dirait	il dise	**PAST INFINITIVE**
nous dirions	nous disions	avoir dit
vous diriez	vous disiez	
ils diraient	ils disent	

PAST	**IMPERFECT**	**PRESENT PARTICIPLE**
j'aurais dit	je disse	disant
tu aurais dit	tu disses	
il aurait dit	il dît	**PAST PARTICIPLE**
nous aurions dit	nous dissions	dit
vous auriez dit	vous dissiez	
ils auraient dit	ils dissent	

PAST

j'aie dit
tu aies dit
il ait dit
nous ayons dit
vous ayez dit
ils aient dit

IMPERATIVE

dis
disons
dites

NOTES

1 MEANING

transitive: to say, to tell; *reflexive:* to claim to be

2 CONSTRUCTIONS WITH PREPOSITIONS

dire quelque chose à quelqu'un	to say something to someone
dire à quelqu'un que	to tell someone that
dire à quelqu'un de faire quelque chose	to tell someone to do something

3 USAGE

transitive (auxiliary **avoir**):

il a dit quelques mots	he said a few words

reflexive (auxiliary **être**):

je me suis dit: pourquoi pas ?	I said to myself why not?

4 PHRASES AND IDIOMS

vouloir dire	to mean
c'est-à-dire	that is
est-ce à dire que ... ?	does that mean that ...?
cela va sans dire	that goes without saying
à vrai dire	actually
pour ainsi dire	so to speak
cela vous dit de sortir ?	do you feel like going out?
il se disait malade	he said (claimed) he was ill
qu'en dira-t-on ?	what will people say?
son nom me dit quelque chose	his name rings a bell
cela ne se dit pas (en français)	that is not said (in French)
on dirait de la soie	you would think it's silk, it feels like silk
on dirait qu'il va neiger	it looks like it's going to snow
je ne sais plus quoi dire	I don't know what to say
on a beau dire	say what you like
Louis XIV, dit le Roi Soleil	Louis XIV, known as the Sun King
son silence en dit long	his silence speaks volumes

DIRIGER *to run, to steer*

INDICATIVE

PRESENT
je dirige
tu diriges
il dirige
nous dirigeons
vous dirigez
ils dirigent

FUTURE
je dirigerai
tu dirigeras
il dirigera
nous dirigerons
vous dirigerez
ils dirigeront

IMPERFECT
je dirigeais
tu dirigeais
il dirigeait
nous dirigions
vous dirigiez
ils dirigeaient

PASSE SIMPLE
je dirigeai
tu dirigeas
il dirigea
nous dirigeâmes
vous dirigeâtes
ils dirigèrent

PASSE COMPOSE
j'ai dirigé
tu as dirigé
il a dirigé
nous avons dirigé
vous avez dirigé
ils ont dirigé

PLUPERFECT
j'avais dirigé
tu avais dirigé
il avait dirigé
nous avions dirigé
vous aviez dirigé
ils avaient dirigé

PAST ANTERIOR
j'eus dirigé etc
see page 22

FUTURE PERFECT
j'aurai dirigé etc
see page 22

CONDITIONAL

PRESENT
je dirigerais
tu dirigerais
il dirigerait
nous dirigerions
vous dirigeriez
ils dirigeraient

PAST
j'aurais dirigé
tu aurais dirigé
il aurait dirigé
nous aurions dirigé
vous auriez dirigé
ils auraient dirigé

SUBJUNCTIVE

PRESENT
je dirige
tu diriges
il dirige
nous dirigions
vous dirigiez
ils dirigent

IMPERFECT
je dirigeasse
tu dirigeasses
il dirigeât
nous dirigeassions
vous dirigeassiez
ils dirigeassent

PAST
j'aie dirigé
tu aies dirigé
il ait dirigé
nous ayons dirigé
vous ayez dirigé
ils aient dirigé

PRESENT INFINITIVE
diriger

PAST INFINITIVE
avoir dirigé

PRESENT PARTICIPLE
dirigeant

PAST PARTICIPLE
dirigé

IMPERATIVE
dirige
dirigeons
dirigez

DISPARAITRE to disappear

INDICATIVE

PRESENT
je disparais
tu disparais
il disparaît
nous disparaissons
vous disparaissez
ils disparaissent

FUTURE
je disparaîtrai
tu disparaîtras
il disparaîtra
nous disparaîtrons
vous disparaîtrez
ils disparaîtront

IMPERFECT
je disparaissais
tu disparaissais
il disparaissait
nous disparaissions
vous disparaissiez
ils disparaissaient

PASSE SIMPLE
je disparus
tu disparus
il disparut
nous disparûmes
vous disparûtes
ils disparurent

PASSE COMPOSE
j'ai disparu
tu as disparu
il a disparu
nous avons disparu
vous avez disparu
ils ont disparu

PLUPERFECT
j'avais disparu
tu avais disparu
il avait disparu
nous avions disparu
vous aviez disparu
ils avaient disparu

PAST ANTERIOR
j'eus disparu etc
see page 22

FUTURE PERFECT
j'aurai disparu etc
see page 22

CONDITIONAL

PRESENT
je disparaîtrais
tu disparaîtrais
il disparaîtrait
nous disparaîtrions
vous disparaîtriez
ils disparaîtraient

PAST
j'aurais disparu
tu aurais disparu
il aurait disparu
nous aurions disparu
vous auriez disparu
ils auraient disparu

SUBJUNCTIVE

PRESENT
je disparaisse
tu disparaisses
il disparaisse
nous disparaissions
vous disparaissiez
ils disparaissent

IMPERFECT
je disparusse
tu disparusses
il disparût
nous disparussions
vous disparussiez
ils disparussent

PAST
j'aie disparu
tu aies disparu
il ait disparu
nous ayons disparu
vous ayez disparu
ils aient disparu

PRESENT INFINITIVE
disparaître

PAST INFINITIVE
avoir disparu

PRESENT PARTICIPLE
disparaissant

PAST PARTICIPLE
disparu

IMPERATIVE
disparais
disparaissons
disparaissez

DISSOUDRE to dissolve

INDICATIVE
PRESENT
je dissous
tu dissous
il dissout
nous dissolvons
vous dissolvez
ils dissolvent

FUTURE
je dissoudrai
tu dissoudras
il dissoudra
nous dissoudrons
vous dissoudrez
ils dissoudront

IMPERFECT
je dissolvais
tu dissolvais
il dissolvait
nous dissolvions
vous dissolviez
ils dissolvaient

PASSE SIMPLE
je dissolus
tu dissolus
il dissolut
nous dissolûmes
vous dissolûtes
ils dissolurent

PASSE COMPOSE
j'ai dissous
tu as dissous
il a dissous
nous avons dissous
vous avez dissous
ils ont dissous

PLUPERFECT
j'avais dissous
tu avais dissous
il avait dissous
nous avions dissous
vous aviez dissous
ils avaient dissous

PAST ANTERIOR
j'eus dissous etc
see page 22

FUTURE PERFECT
j'aurai dissous etc
see page 22

CONDITIONAL
PRESENT
je dissoudrais
tu dissoudrais
il dissoudrait
nous dissoudrions
vous dissoudriez
ils dissoudraient

SUBJUNCTIVE
PRESENT
je dissolve
tu dissolves
il dissolve
nous dissolvions
vous dissolviez
ils dissolvent

PRESENT INFINITIVE
dissoudre

PAST INFINITIVE
avoir dissous

PAST
j'aurais dissous
tu aurais dissous
il aurait dissous
nous aurions dissous
vous auriez dissous
ils auraient dissous

IMPERFECT
je dissolusse
tu dissolusses
il dissolût
nous dissolussions
vous dissolussiez
ils dissolussent

PRESENT PARTICIPLE
dissolvant

PAST PARTICIPLE
dissous, dissoute

PAST
j'aie dissous
tu aies dissous
il ait dissous
nous ayons dissous
vous ayez dissous
ils aient dissous

IMPERATIVE
dissous
dissolvons
dissolvez

INDICATIVE

PRESENT	FUTURE	IMPERFECT
je distrais	je distrairai	je distrayais
tu distrais	tu distrairas	tu distrayais
il distrait	il distraira	il distrayait
nous distrayons	nous distrairons	nous distrayions
vous distrayez	vous distrairez	vous distrayiez
ils distraient	ils distrairont	ils distrayaient

PASSE SIMPLE	PASSE COMPOSE	PLUPERFECT
	j'ai distrait	j'avais distrait
	tu as distrait	tu avais distrait
	il a distrait	il avait distrait
	nous avons distrait	nous avions distrait
	vous avez distrait	vous aviez distrait
	ils ont distrait	ils avaient distrait

PAST ANTERIOR	FUTURE PERFECT
j'eus distrait etc	j'aurai distrait etc
see page 22	see page 22

CONDITIONAL

SUBJUNCTIVE

PRESENT	PRESENT	PRESENT INFINITIVE
je distrairais	je distraie	distraire
tu distrairais	tu distraies	
il distrairait	il distraie	PAST INFINITIVE
nous distrairions	nous distrayions	avoir distrait
vous distrairiez	vous distrayiez	
ils distrairaient	ils distraient	

PAST	IMPERFECT	PRESENT PARTICIPLE
j'aurais distrait		distrayant
tu aurais distrait		
il aurait distrait		PAST PARTICIPLE
nous aurions distrait		distrait
vous auriez distrait		
ils auraient distrait		

	PAST
	j'aie distrait
	tu aies distrait
IMPERATIVE	il ait distrait
distrais	nous ayons distrait
distrayons	vous ayez distrait
distrayez	ils aient distrait

INDICATIVE

PRESENT	FUTURE	IMPERFECT
je donne	je donnerai	je donnais
tu donnes	tu donneras	tu donnais
il donne	il donnera	il donnait
nous donnons	nous donnerons	nous donnions
vous donnez	vous donnerez	vous donniez
ils donnent	ils donneront	ils donnaient

PASSE SIMPLE	PASSE COMPOSE	PLUPERFECT
je donnai	j'ai donné	j'avais donné
tu donnas	tu as donné	tu avais donné
il donna	il a donné	il avait donné
nous donnâmes	nous avons donné	nous avions donné
vous donnâtes	vous avez donné	vous aviez donné
ils donnèrent	ils ont donné	ils avaient donné

PAST ANTERIOR	FUTURE PERFECT
j'eus donné etc	j'aurai donné etc
see page 22	*see page 22*

CONDITIONAL

PRESENT	SUBJUNCTIVE PRESENT	PRESENT INFINITIVE
je donnerais	je donne	donner
tu donnerais	tu donnes	
il donnerait	il donne	PAST INFINITIVE
nous donnerions	nous donnions	avoir donné
vous donneriez	vous donniez	
ils donneraient	ils donnent	

PAST	IMPERFECT	PRESENT PARTICIPLE
j'aurais donné	je donnasse	donnant
tu aurais donné	tu donnasses	
il aurait donné	il donnât	PAST PARTICIPLE
nous aurions donné	nous donnassions	donné
vous auriez donné	vous donnassiez	
ils auraient donné	ils donnassent	

	PAST	
	j'aie donné	
	tu aies donné	
IMPERATIVE	il ait donné	
donne	nous ayons donné	
donnons	vous ayez donné	
donnez	ils aient donné	

NOTES

1 MEANING

transitive: to give; *intransitive:* to give, produce; *reflexive:* to give, devote oneself

2 CONSTRUCTIONS WITH PREPOSITIONS

donner quelque chose à quelqu'un	to give something to someone
donner à (réfléchir)	to make (one think)
donner sur	to look out on to
donner dans le ridicule	to have a tendency to the ridiculous

3 USAGE

transitive and intransitive (auxiliary **avoir**):

il a donné sa vie	he gave his life
les arbres ont bien donné	the trees have given a good crop

reflexive (auxiliary **être**):

elle s'est donné à son travail	she devoted herself to her work

4 PHRASES AND IDIOMS

je lui ai donné un cadeau	I gave him a present
elle leur donne à manger	she gives them something to eat
cela donne soif/faim	it makes you feel thirsty/hungry
il n'est pas donné à tous de ...	it is not given to all to ...
ils s'en donnent à cœur joie	they are having the time of their lives
il se donne à fond	he gives it his all
elle se donne du mal (pour ...)	she takes pains (to ...)
je ne sais où donner de la tête	I don't know which way to turn
donner le ton	to set the tone
quel âge lui donnez-vous ?	how old do you think he is?
la fenêtre donne sur une cour	the window looks out onto a courtyard
on lui donnerait le bon Dieu sans confession	he looks as if butter wouldn't melt in his mouth
à ce prix, c'est donné	at that price, it's a gift
on l'a donné aux flics	he was grassed on (to the cops)

DORMIR to sleep

INDICATIVE
PRESENT
je dors
tu dors
il dort
nous dormons
vous dormez
ils dorment

FUTURE
je dormirai
tu dormiras
il dormira
nous dormirons
vous dormirez
ils dormiront

IMPERFECT
je dormais
tu dormais
il dormait
nous dormions
vous dormiez
ils dormaient

PASSE SIMPLE
je dormis
tu dormis
il dormit
nous dormîmes
vous dormîtes
ils dormirent

PASSE COMPOSE
j'ai dormi
tu as dormi
il a dormi
nous avons dormi
vous avez dormi
ils ont dormi

PLUPERFECT
j'avais dormi
tu avais dormi
il avait dormi
nous avions dormi
vous aviez dormi
ils avaient dormi

PAST ANTERIOR
j'eus dormi etc
see page 22

FUTURE PERFECT
j'aurai dormi etc
see page 22

CONDITIONAL
PRESENT
je dormirais
tu dormirais
il dormirait
nous dormirions
vous dormiriez
ils dormiraient

SUBJUNCTIVE
PRESENT
je dorme
tu dormes
il dorme
nous dormions
vous dormiez
ils dorment

PRESENT
INFINITIVE
dormir

PAST
INFINITIVE
avoir dormi

PAST
j'aurais dormi
tu aurais dormi
il aurait dormi
nous aurions dormi
vous auriez dormi
ils auraient dormi

IMPERFECT
je dormisse
tu dormisses
il dormît
nous dormissions
vous dormissiez
ils dormissent

PRESENT
PARTICIPLE
dormant

PAST
PARTICIPLE
dormi

PAST
j'aie dormi
tu aies dormi
il ait dormi
nous ayons dormi
vous ayez dormi
ils aient dormi

IMPERATIVE
dors
dormons
dormez

INDICATIVE

PRESENT	**FUTURE**	**IMPERFECT**
j'écris	j'écrirai	j'écrivais
tu écris	tu écriras	tu écrivais
il écrit	il écrira	il écrivait
nous écrivons	nous écrirons	nous écrivions
vous écrivez	vous écrirez	vous écriviez
ils écrivent	ils écriront	ils écrivaient

PASSE SIMPLE	**PASSE COMPOSE**	**PLUPERFECT**
j'écrivis	j'ai écrit	j'avais écrit
tu écrivis	tu as écrit	tu avais écrit
il écrivit	il a écrit	il avait écrit
nous écrivîmes	nous avons écrit	nous avions écrit
vous écrivîtes	vous avez écrit	vous aviez écrit
ils écrivirent	ils ont écrit	ils avaient écrit

PAST ANTERIOR	**FUTURE PERFECT**
j'eus écrit etc	j'aurai écrit etc
see page 22	*see page 22*

CONDITIONAL

PRESENT	*SUBJUNCTIVE* **PRESENT**	*PRESENT INFINITIVE*
j'écrirais	j'écrive	écrire
tu écrirais	tu écrives	
il écrirait	il écrive	*PAST INFINITIVE*
nous écririons	nous écrivions	avoir écrit
vous écririez	vous écriviez	
ils écriraient	ils écrivent	

PAST	**IMPERFECT**	*PRESENT PARTICIPLE*
j'aurais écrit	j'écrivisse	écrivant
tu aurais écrit	tu écrivisses	
il aurait écrit	il écrivît	*PAST PARTICIPLE*
nous aurions écrit	nous écrivissions	écrit
vous auriez écrit	vous écrivissiez	
ils auraient écrit	ils écrivissent	

PAST

j'aie écrit
tu aies écrit
il ait écrit
nous ayons écrit
vous ayez écrit
ils aient écrit

IMPERATIVE

écris
écrivons
écrivez

INDICATIVE

PRESENT	**FUTURE**	**IMPERFECT**
j'élève	j'élèverai	j'élevais
tu élèves	tu élèveras	tu élevais
il élève	il élèvera	il élevait
nous élevons	nous élèverons	nous élevions
vous élevez	vous élèverez	vous éleviez
ils élèvent	ils élèveront	ils élevaient

PASSE SIMPLE	**PASSE COMPOSE**	**PLUPERFECT**
j'élevai	j'ai élevé	j'avais élevé
tu élevas	tu as élevé	tu avais élevé
il éleva	il a élevé	il avait élevé
nous élevâmes	nous avons élevé	nous avions élevé
vous élevâtes	vous avez élevé	vous aviez élevé
ils élevèrent	ils ont élevé	ils avaient élevé

PAST ANTERIOR	**FUTURE PERFECT**
j'eus élevé etc	j'aurai élevé etc
see page 22	*see page 22*

CONDITIONAL *SUBJUNCTIVE*

PRESENT	**PRESENT**	**PRESENT INFINITIVE**
j'élèverais	j'élève	élever
tu élèverais	tu élèves	
il élèverait	il élève	**PAST INFINITIVE**
nous élèverions	nous élevions	avoir élevé
vous élèveriez	vous éleviez	
ils élèveraient	ils élèvent	

PAST	**IMPERFECT**	**PRESENT PARTICIPLE**
j'aurais élevé	j'élevasse	élevant
tu aurais élevé	tu élevasses	
il aurait élevé	il élevât	**PAST PARTICIPLE**
nous aurions élevé	nous élevassions	élevé
vous auriez élevé	vous élevassiez	
ils auraient élevé	ils élevassent	

PAST

j'aie élevé
tu aies élevé

IMPERATIVE

	il ait élevé
élève	nous ayons élevé
élevons	vous ayez élevé
élevez	ils aient élevé

INDICATIVE

PRESENT	FUTURE	IMPERFECT
j'élis	j'élirai	j'élisais
tu élis	tu éliras	tu élisais
il élit	il élira	il élisait
nous élisons	nous élirons	nous élisions
vous élisez	vous élirez	vous élisiez
ils élisent	ils éliront	ils élisaient

PASSE SIMPLE	PASSE COMPOSE	PLUPERFECT
j'élus	j'ai élu	j'avais élu
tu élus	tu as élu	tu avais élu
il élut	il a élu	il avait élu
nous élûmes	nous avons élu	nous avions élu
vous élûtes	vous avez élu	vous aviez élu
ils élurent	ils ont élu	ils avaient élu

PAST ANTERIOR	FUTURE PERFECT
j'eus élu etc	j'aurai élu etc
see page 22	see page 22

CONDITIONAL

PRESENT	SUBJUNCTIVE PRESENT	PRESENT INFINITIVE
j'élirais	j'élise	élire
tu élirais	tu élises	
il élirait	il élise	PAST INFINITIVE
nous élirions	nous élisions	avoir élu
vous éliriez	vous élisiez	
ils éliraient	ils élisent	

PAST	IMPERFECT	PRESENT PARTICIPLE
j'aurais élu	j'élusse	élisant
tu aurais élu	tu élusses	
il aurait élu	il élût	PAST PARTICIPLE
nous aurions élu	nous élussions	élu
vous auriez élu	vous élussiez	
ils auraient élu	ils élussent	

PAST

j'aie élu
tu aies élu
il ait élu
nous ayons élu
vous ayez élu
ils aient élu

IMPERATIVE

élis
élisons
élisez

INDICATIVE
PRESENT

j'émeus
tu émeus
il émeut
nous émouvons
vous émouvez
ils émeuvent

FUTURE

j'émouvrai
tu émouvras
il émouvra
nous émouvrons
vous émouvrez
ils émouvront

IMPERFECT

j'émouvais
tu émouvais
il émouvait
nous émouvions
vous émouviez
ils émouvaient

PASSE SIMPLE

j'émus
tu émus
il émut
nous émûmes
vous émûtes
ils émurent

PASSE COMPOSE

j'ai ému
tu as ému
il a ému
nous avons ému
vous avez ému
ils ont ému

PLUPERFECT

j'avais ému
tu avais ému
il avait ému
nous avions ému
vous aviez ému
ils avaient ému

PAST ANTERIOR

j'eus ému etc
see page 22

FUTURE PERFECT

j'aurai ému etc
see page 22

CONDITIONAL
PRESENT

j'émouvrais
tu émouvrais
il émouvrait
nous émouvrions
vous émouvriez
ils émouvraient

SUBJUNCTIVE
PRESENT

j'émeuve
tu émeuves
il émeuve
nous émouvions
vous émouviez
ils émeuvent

PRESENT INFINITIVE

émouvoir

PAST INFINITIVE

avoir ému

PAST

j'aurais ému
tu aurais ému
il aurait ému
nous aurions ému
vous auriez ému
ils auraient ému

IMPERFECT

j'émusse
tu émusses
il émût
nous émussions
vous émussiez
ils émussent

PRESENT PARTICIPLE

émouvant

PAST PARTICIPLE

ému

PAST

j'aie ému
tu aies ému
il ait ému
nous ayons ému
vous ayez ému
ils aient ému

IMPERATIVE

émeus
émouvons
émouvez

INDICATIVE

PRESENT	FUTURE	IMPERFECT
j'emploie	j'emploierai	j'employais
tu emploies	tu emploieras	tu employais
il emploie	il emploiera	il employait
nous employons	nous emploierons	nous employions
vous employez	vous emploierez	vous employiez
ils emploient	ils emploieront	ils employaient

PASSE SIMPLE	PASSE COMPOSE	PLUPERFECT
j'employai	j'ai employé	j'avais employé
tu employas	tu as employé	tu avais employé
il employa	il a employé	il avait employé
nous employâmes	nous avons employé	nous avions employé
vous employâtes	vous avez employé	vous aviez employé
ils employèrent	ils ont employé	ils avaient employé

PAST ANTERIOR	FUTURE PERFECT
j'eus employé etc	j'aurai employé etc
see page 22	see page 22

CONDITIONAL PRESENT	SUBJUNCTIVE PRESENT	PRESENT INFINITIVE
...ierais	j'emploie	employer
...ierais	tu emploies	
...ait	il emploie	PAST INFINITIVE
...erions	nous employions	avoir employé
...iez	vous employiez	
	ils emploient	

	IMPERFECT	PRESENT PARTICIPLE
	j'employasse	employant
	tu employasses	
	il employât	PAST PARTICIPLE
	nous employassions	employé
	vous employassiez	
	...employassent	

PAST
...ployé
...mployé
...oyé
...mployé
...employé
...ent employé

ENCOURAGER to encourage

INDICATIVE

PRESENT	FUTURE	IMPERFECT
j'encourage	j'encouragerai	j'encourageais
tu encourages	tu encourageras	tu encourageais
il encourage	il encouragera	il encourageait
nous encourageons	nous encouragerons	nous encouragions
vous encouragez	vous encouragerez	vous encouragiez
ils encouragent	ils encourageront	ils encourageaient

PASSE SIMPLE	PASSE COMPOSE	PLUPERFECT
j'encourageai	j'ai encouragé	j'avais encouragé
tu encourageas	tu as encouragé	tu avais encouragé
il encouragea	il a encouragé	il avait encouragé
nous encourageâmes	nous avons encouragé	nous avions encouragé
vous encourageâtes	vous avez encouragé	vous aviez encouragé
ils encouragèrent	ils ont encouragé	ils avaient encouragé

PAST ANTERIOR	FUTURE PERFECT
j'eus encouragé etc	j'aurai encouragé etc
see page 22	see page 22

CONDITIONAL

SUBJUNCTIVE

PRESENT	PRESENT	PRESENT INFINITIVE
j'encouragerais	j'encourage	encourager
tu encouragerais	tu encourages	
il encouragerait	il encourage	PAST INFINITIVE
nous encouragerions	nous encouragions	avoir encouragé
vous encourageriez	vous encouragiez	
ils encourageraient	ils encouragent	

PAST	IMPERFECT	PRESENT PARTICIPLE
j'aurais encouragé	j'encourageasse	encourageant
tu aurais encouragé	tu encourageasses	
il aurait encouragé	il encourageât	PAST PARTICIPLE
nous aurions encouragé	nous encourageassions	encouragé
vous auriez encouragé	vous encourageassiez	
ils auraient encouragé	ils encourageassent	

PAST
j'aie encouragé
tu aies encouragé
il ait encouragé
nous ayons encouragé
vous ayez encouragé
ils aient encouragé

IMPERATIVE
encourage
encourageons
encouragez

INDICATIVE

PRESENT	FUTURE	IMPERFECT
j'enfreins	j'enfreindrai	j'enfreignais
tu enfreins	tu enfreindras	tu enfreignais
il enfreint	il enfreindra	il enfreignait
nous enfreignons	nous enfreindrons	nous enfreignions
vous enfreignez	vous enfreindrez	vous enfreigniez
ils enfreignent	ils enfreindront	ils enfreignaient

PASSE SIMPLE	PASSE COMPOSE	PLUPERFECT
j'enfreignis	j'ai enfreint	j'avais enfreint
tu enfreignis	tu as enfreint	tu avais enfreint
il enfreignit	il a enfreint	il avait enfreint
nous enfreignîmes	nous avons enfreint	nous avions enfreint
vous enfreignîtes	vous avez enfreint	vous aviez enfreint
ils enfreignirent	ils ont enfreint	ils avaient enfreint

PAST ANTERIOR	FUTURE PERFECT
j'eus enfreint etc	j'aurai enfreint etc
see page 22	see page 22

CONDITIONAL

PRESENT	SUBJUNCTIVE PRESENT	PRESENT INFINITIVE
j'enfreindrais	j'enfreigne	enfreindre
tu enfreindrais	tu enfreignes	
il enfreindrait	il enfreigne	PAST INFINITIVE
nous enfreindrions	nous enfreignions	avoir enfreint
vous enfreindriez	vous enfreigniez	
ils enfreindraient	ils enfreignent	

PAST	IMPERFECT	PRESENT PARTICIPLE
j'aurais enfreint	j'enfreignisse	enfreignant
tu aurais enfreint	tu enfreignisses	
il aurait enfreint	il enfreignît	PAST PARTICIPLE
nous aurions enfreint	nous enfreignissions	enfreint
vous auriez enfreint	vous enfreignissiez	
ils auraient enfreint	ils enfreignissent	

PAST

j'aie enfreint
tu aies enfreint
il ait enfreint
nous ayons enfreint
vous ayez enfreint
ils aient enfreint

IMPERATIVE

enfreins
enfreignons
enfreignez

ENNUYER to bother, to bore

INDICATIVE

PRESENT

j'ennuie
tu ennuies
il ennuie
nous ennuyons
vous ennuyez
ils ennuient

FUTURE

j'ennuierai
tu ennuieras
il ennuiera
nous ennuierons
vous ennuierez
ils ennuieront

IMPERFECT

j'ennuyais
tu ennuyais
il ennuyait
nous ennuyions
vous ennuyiez
ils ennuyaient

PASSE SIMPLE

j'ennuyai
tu ennuyas
il ennuya
nous ennuyâmes
vous ennuyâtes
ils ennuyèrent

PASSE COMPOSE

j'ai ennuyé
tu as ennuyé
il a ennuyé
nous avons ennuyé
vous avez ennuyé
ils ont ennuyé

PLUPERFECT

j'avais ennuyé
tu avais ennuyé
il avait ennuyé
nous avions ennuyé
vous aviez ennuyé
ils avaient ennuyé

PAST ANTERIOR

j'eus ennuyé etc
see page 22

FUTURE PERFECT

j'aurai ennuyé etc
see page 22

CONDITIONAL

PRESENT

j'ennuierais
tu ennuierais
il ennuierait
nous ennuierions
vous ennuieriez
ils ennuieraient

SUBJUNCTIVE

PRESENT

j'ennuie
tu ennuies
il ennuie
nous ennuyions
vous ennuyiez
ils ennuient

**PRESENT
INFINITIVE**

ennuyer

**PAST
INFINITIVE**

avoir ennuyé

PAST

j'aurais ennuyé
tu aurais ennuyé
il aurait ennuyé
nous aurions ennuyé
vous auriez ennuyé
ils auraient ennuyé

IMPERFECT

j'ennuyasse
tu ennuyasses
il ennuyât
nous ennuyassions
vous ennuyassiez
ils ennuyassent

**PRESENT
PARTICIPLE**

ennuyant

**PAST
PARTICIPLE**

ennuyé

PAST

j'aie ennuyé
tu aies ennuyé
il ait ennuyé
nous ayons ennuyé
vous ayez ennuyé
ils aient ennuyé

IMPERATIVE

ennuie
ennuyons
ennuyez

INDICATIVE

PRESENT
je m'enquiers
tu t'enquiers
il s'enquiert
nous nous enquérons
vous vous enquérez
ils s'enquièrent

FUTURE
je m'enquerrai
tu t'enquerras
il s'enquerra
nous nous enquerrons
vous vous enquerrez
ils s'enquerront

IMPERFECT
je m'enquérais
tu t'enquérais
il s'enquérait
nous nous enquérions
vous vous enquériez
ils s'enquéraient

PASSE SIMPLE
je m'enquis
tu t'enquis
il s'enquit
nous nous enquîmes
vous vous enquîtes
ils s'enquirent

PASSE COMPOSE
je me suis enquis
tu t'es enquis
il s'est enquis
nous nous sommes enquis
vous vous êtes enquis
ils se sont enquis

PLUPERFECT
je m'étais enquis
tu t'étais enquis
il s'était enquis
nous nous étions enquis
vous vous étiez enquis
ils s'étaient enquis

PAST ANTERIOR
je me fus enquis etc
see page 85

FUTURE PERFECT
je me serai enquis etc
see page 85

CONDITIONAL

PRESENT
je m'enquerrais
tu t'enquerrais
il s'enquerrait
nous nous enquerrions
vous vous enquerriez
ils s'enquerraient

PAST
je me serais enquis
tu te serais enquis
il se serait enquis
nous nous serions enquis
vous vous seriez enquis
ils se seraient enquis

SUBJUNCTIVE

PRESENT
je m'enquière
tu t'enquières
il s'enquière
nous nous enquérions
vous vous enquériez
ils s'enquièrent

IMPERFECT
je m'enquisse
tu t'enquisses
il s'enquît
nous nous enquissions
vous vous enquissiez
ils s'enquissent

PAST
je me sois enquis
tu te sois enquis
il se soit enquis
nous nous soyons enquis
vous vous soyez enquis
ils se soient enquis

PRESENT INFINITIVE
s'enquérir

PAST INFINITIVE
s'être enquis

PRESENT PARTICIPLE
s'enquérant

PAST PARTICIPLE
enquis

IMPERATIVE
enquiers-toi
enquérons-nous
enquérez-vous

INDICATIVE

PRESENT
j'entends
tu entends
il entend
nous entendons
vous entendez
ils entendent

FUTURE
j'entendrai
tu entendras
il entendra
nous entendrons
vous entendrez
ils entendront

IMPERFECT
j'entendais
tu entendais
il entendait
nous entendions
vous entendiez
ils entendaient

PASSE SIMPLE
j'entendis
tu entendis
il entendit
nous entendîmes
vous entendîtes
ils entendirent

PASSE COMPOSE
j'ai entendu
tu as entendu
il a entendu
nous avons entendu
vous avez entendu
ils ont entendu

PLUPERFECT
j'avais entendu
tu avais entendu
il avait entendu
nous avions entendu
vous aviez entendu
ils avaient entendu

PAST ANTERIOR
j'eus entendu etc
see page 22

FUTURE PERFECT
j'aurai entendu etc
see page 22

CONDITIONAL

PRESENT
j'entendrais
tu entendrais
il entendrait
nous entendrions
vous entendriez
ils entendraient

PAST
j'aurais entendu
tu aurais entendu
il aurait entendu
nous aurions entendu
vous auriez entendu
ils auraient entendu

SUBJUNCTIVE

PRESENT
j'entende
tu entendes
il entende
nous entendions
vous entendiez
ils entendent

IMPERFECT
j'entendisse
tu entendisses
il entendît
nous entendissions
vous entendissiez
ils entendissent

PAST
j'aie entendu
tu aies entendu
il ait entendu
nous ayons entendu
vous ayez entendu
ils aient entendu

PRESENT INFINITIVE
entendre

PAST INFINITIVE
avoir entendu

PRESENT PARTICIPLE
entendant

PAST PARTICIPLE
entendu

IMPERATIVE
entends
entendons
entendez

ENTRER to enter

INDICATIVE

PRESENT	FUTURE	IMPERFECT
j'entre	j'entrerai	j'entrais
tu entres	tu entreras	tu entrais
il entre	il entrera	il entrait
nous entrons	nous entrerons	nous entrions
vous entrez	vous entrerez	vous entriez
ils entrent	ils entreront	ils entraient

PASSE SIMPLE	PASSE COMPOSE	PLUPERFECT
j'entrai	je suis entré	j'étais entré
tu entras	tu es entré	tu étais entré
il entra	il est entré	il était entré
nous entrâmes	nous sommes entrés	nous étions entrés
vous entrâtes	vous êtes entré(s)	vous étiez entré(s)
ils entrèrent	ils sont entrés	ils étaient entrés

PAST ANTERIOR	FUTURE PERFECT
je fus entré etc	je serai entré etc
see page 85	see page 85

CONDITIONAL

PRESENT	SUBJUNCTIVE PRESENT	PRESENT INFINITIVE
j'entrerais	j'entre	entrer
tu entrerais	tu entres	
il entrerait	il entre	PAST INFINITIVE
nous entrerions	nous entrions	être entré
vous entreriez	vous entriez	
ils entreraient	ils entrent	

PAST	IMPERFECT	PRESENT PARTICIPLE
je serais entré	j'entrasse	entrant
tu serais entré	tu entrasses	
il serait entré	il entrât	PAST PARTICIPLE
nous serions entrés	nous entrassions	entré
vous seriez entré(s)	vous entrassiez	
ils seront entrés	ils entrassent	

PAST

je sois entré
tu sois entré
il soit entré
nous soyons entrés
vous soyez entré(s)
ils soient entrés

IMPERATIVE

entre
entrons
entrez

INDICATIVE

PRESENT	FUTURE	IMPERFECT
j'envahis	j'envahirai	j'envahissais
tu envahis	tu envahiras	tu envahissais
il envahit	il envahira	il envahissait
nous envahissons	nous envahirons	nous envahissions
vous envahissez	vous envahirez	vous envahissiez
ils envahissent	ils envahiront	ils envahissaient

PASSE SIMPLE	PASSE COMPOSE	PLUPERFECT
j'envahis	j'ai envahi	j'avais envahi
tu envahis	tu as envahi	tu avais envahi
il envahit	il a envahi	il avait envahi
nous envahîmes	nous avons envahi	nous avions envahi
vous envahîtes	vous avez envahi	vous aviez envahi
ils envahirent	ils ont envahi	ils avaient envahi

PAST ANTERIOR	FUTURE PERFECT
j'eus envahi etc	j'aurai envahi etc
see page 22	*see page 22*

CONDITIONAL

SUBJUNCTIVE

PRESENT	PRESENT	PRESENT INFINITIVE
j'envahirais	j'envahisse	envahir
tu envahirais	tu envahisses	
il envahirait	il envahisse	PAST INFINITIVE
nous envahirions	nous envahissions	avoir envahi
vous envahiriez	vous envahissiez	
ils envahiraient	ils envahissent	

PAST	IMPERFECT	PRESENT PARTICIPLE
j'aurais envahi	j'envahisse	envahissant
tu aurais envahi	tu envahisses	
il aurait envahi	il envahît	PAST PARTICIPLE
nous aurions envahi	nous envahissions	envahi
vous auriez envahi	vous envahissiez	
ils auraient envahi	ils envahissent	

	PAST	
	j'aie envahi	
	tu aies envahi	
IMPERATIVE	il ait envahi	
envahis	nous ayons envahi	
envahissons	vous ayez envahi	
envahissez	ils aient envahi	

ENVOYER to send

2

INDICATIVE

PRESENT
j'envoie
tu envoies
il envoie
nous envoyons
vous envoyez
ils envoient

FUTURE
j'enverrai
tu enverras
il enverra
nous enverrons
vous enverrez
ils enverront

IMPERFECT
j'envoyais
tu envoyais
il envoyait
nous envoyions
vous envoyiez
ils envoyaient

PASSE SIMPLE
j'envoyai
tu envoyas
il envoya
nous envoyâmes
vous envoyâtes
ils envoyèrent

PASSE COMPOSE
j'ai envoyé
tu as envoyé
il a envoyé
nous avons envoyé
vous avez envoyé
ils ont envoyé

PLUPERFECT
j'avais envoyé
tu avais envoyé
il avait envoyé
nous avions envoyé
vous aviez envoyé
ils avaient envoyé

PAST ANTERIOR
j'eus envoyé etc
see page 22

FUTURE PERFECT
j'aurai envoyé etc
see page 22

CONDITIONAL

PRESENT
j'enverrais
tu enverrais
il enverrait
nous enverrions
vous enverriez
ils enverraient

SUBJUNCTIVE

PRESENT
j'envoie
tu envoies
il envoie
nous envoyions
vous envoyiez
ils envoient

PRESENT INFINITIVE
envoyer

PAST INFINITIVE
avoir envoyé

PAST
j'aurais envoyé
tu aurais envoyé
il aurait envoyé
nous aurions envoyé
vous auriez envoyé
ils auraient envoyé

IMPERFECT
j'envoyasse
tu envoyasses
il envoyât
nous envoyassions
vous envoyassiez
ils envoyassent

PRESENT PARTICIPLE
envoyant

PAST PARTICIPLE
envoyé

PAST
j'aie envoyé
tu aies envoyé
il ait envoyé
nous ayons envoyé
vous ayez envoyé
ils aient envoyé

IMPERATIVE

envoie
envoyons
envoyez

INDICATIVE

PRESENT	FUTURE	IMPERFECT
j'espère	j'espérerai	j'espérais
tu espères	tu espéreras	tu espérais
il espère	il espérera	il espérait
nous espérons	nous espérerons	nous espérions
vous espérez	vous espérerez	vous espériez
ils espèrent	ils espéreront	ils espéraient

PASSE SIMPLE	PASSE COMPOSE	PLUPERFECT
j'espérai	j'ai espéré	j'avais espéré
tu espéras	tu as espéré	tu avais espéré
il espéra	il a espéré	il avait espéré
nous espérâmes	nous avons espéré	nous avions espéré
vous espérâtes	vous avez espéré	vous aviez espéré
ils espérèrent	ils ont espéré	ils avaient espéré

PAST ANTERIOR	FUTURE PERFECT
j'eus espéré etc	j'aurai espéré etc
see page 22	see page 22

CONDITIONAL

PRESENT	SUBJUNCTIVE PRESENT	PRESENT INFINITIVE
j'espérerais	j'espère	espérer
tu espérerais	tu espères	
il espérerait	il espère	PAST INFINITIVE
nous espérerions	nous espérions	avoir espéré
vous espéreriez	vous espériez	
ils espéreraient	ils espèrent	

PAST	IMPERFECT	PRESENT PARTICIPLE
j'aurais espéré	j'espérasse	espérant
tu aurais espéré	tu espérasses	
il aurait espéré	il espérât	PAST PARTICIPLE
nous aurions espéré	nous espérassions	espéré
vous auriez espéré	vous espérassiez	
ils auraient espéré	ils espérassent	

PAST

j'aie espéré
tu aies espéré
il ait espéré
nous ayons espéré
vous ayez espéré
ils aient espéré

IMPERATIVE

espère
espérons
espérez

INDICATIVE

PRESENT	FUTURE	IMPERFECT
j'essaie	j'essaierai	j'essayais
tu essaies	tu essaieras	tu essayais
il essaie	il essaiera	il essayait
nous essayons	nous essaierons	nous essayions
vous essayez	vous essaierez	vous essayiez
ils essaient	ils essaieront	ils essayaient

PASSE SIMPLE	PASSE COMPOSE	PLUPERFECT
j'essayai	j'ai essayé	j'avais essayé
tu essayas	tu as essayé	tu avais essayé
il essaya	il a essayé	il avait essayé
nous essayâmes	nous avons essayé	nous avions essayé
vous essayâtes	vous avez essayé	vous aviez essayé
ils essayèrent	ils ont essayé	ils avaient essayé

PAST ANTERIOR	FUTURE PERFECT
j'eus essayé etc	j'aurai essayé etc
see page 22	see page 22

CONDITIONAL

PRESENT	SUBJUNCTIVE PRESENT	PRESENT INFINITIVE
j'essaierais	j'essaie	essayer
tu essaierais	tu essaies	
il essaierait	il essaie	PAST INFINITIVE
nous essaierions	nous essayions	avoir essayé
vous essaieriez	vous essayiez	
ils essaieraient	ils essaient	

PAST	IMPERFECT	PRESENT PARTICIPLE
j'aurais essayé	j'essayasse	essayant
tu aurais essayé	tu essayasses	
il aurait essayé	il essayât	PAST PARTICIPLE
nous aurions essayé	nous essayassions	essayé
vous auriez essayé	vous essayassiez	
ils auraient essayé	ils essayassent	

	PAST	
	j'aie essayé	Note: i can be replaced by
	tu aies essayé	y before the endings :
IMPERATIVE	il ait essayé	-e
essaie	nous ayons essayé	-es
essayons	vous ayez essayé	-ent
essayez	ils aient essayé	-erai
		-erais

INDICATIVE

PRESENT	FUTURE	IMPERFECT
je suis	je serai	j'étais
tu es	tu seras	tu étais
il est	il sera	il était
nous sommes	nous serons	nous étions
vous êtes	vous serez	vous étiez
ils sont	ils seront	ils étaient

PASSE SIMPLE	PASSE COMPOSE	PLUPERFECT
je fus	j'ai été	j'avais été
tu fus	tu as été	tu avais été
il fut	il a été	il avait été
nous fûmes	nous avons été	nous avions été
vous fûtes	vous avez été	vous aviez été
ils furent	ils ont été	ils avaient été

PAST ANTERIOR	FUTURE PERFECT
j'eus été etc	j'aurai été etc
see page 22	*see page 22*

CONDITIONAL

PRESENT	SUBJUNCTIVE PRESENT	PRESENT INFINITIVE
je serais	je sois	être
tu serais	tu sois	
il serait	il soit	PAST INFINITIVE
nous serions	nous soyons	avoir été
vous seriez	vous soyez	
ils seraient	ils soient	

PAST	IMPERFECT	PRESENT PARTICIPLE
j'aurais été	je fusse	étant
tu aurais été	tu fusses	
il aurait été	il fût	PAST PARTICIPLE
nous aurions été	nous fussions	été
vous auriez été	vous fussiez	
ils auraient été	ils fussent	

PAST

j'aie été
tu aies été
il ait été
nous ayons été
vous ayez été
ils aient été

IMPERATIVE

sois
soyons
soyez

NOTES

I MEANING

to be; *auxiliary:* to have in all compound tenses of reflexive verbs and some
intransitive verbs; used in formation of all passive tenses.

2 CONSTRUCTIONS WITH PREPOSITIONS

c'est à voir	that is to be seen
être à quelqu'un	to belong to someone
il est gênant de ...	it is embarrassing to ...

3 USAGE

auxiliary **avoir**:

j'ai été à l'étranger	I have been abroad

The past participle is invariable:

les héros que nous avons été dans nos rêves	the heroes we have been in our dreams
la ballerine célèbre qu'elle a été	the famous ballerina that she was

4 PHRASES AND IDIOMS

ce sont eux qui l'ont fait	they did it
n'est-ce pas ?	didn't he? (it/they etc), isn't it?, isn't that so?
est-ce qu'il est venu?	did he come?
ce n'est rien	it's nothing
il n'en est rien	it's nothing of the sort
il n'y est pour rien	he has nothing to do with it
il est médecin	he is a doctor
c'est un professeur	he is a teacher
c'est facile à faire	it's easy to do
c'est que j'étais malade	the thing is I was ill *(colloquial)*
à qui est ce livre ?	whose book is this?
quel jour sommes-nous ?	what's the date today?
quelle heure est-il ?	what time is it?
être en train de faire quelque chose	to be (in the process of) doing something
être sur le point de partir	to be about to leave
être au courant de	to know about
on était cinq à être prêts	five of us were ready
vous êtes combien ?	how many of you are there?
être en panne d'essence	to have run out of gas
c'était à moi de me plaindre	it was up to me to complain
je suis à vous	what can I do for you?
je ne sais plus où j'en suis	I don't know whether I'm coming or going

INDICATIVE

PRESENT	FUTURE	IMPERFECT
j'étudie	j'étudierai	j'étudiais
tu étudies	tu étudieras	tu étudiais
il étudie	il étudiera	il étudiait
nous étudions	nous étudierons	nous étudiions
vous étudiez	vous étudierez	vous étudiiez
ils étudient	ils étudieront	ils étudiaient

PASSE SIMPLE	PASSE COMPOSE	PLUPERFECT
j'étudiai	j'ai étudié	j'avais étudié
tu étudias	tu as étudié	tu avais étudié
il étudia	il a étudié	il avait étudié
nous étudiâmes	nous avons étudié	nous avions étudié
vous étudiâtes	vous avez étudié	vous aviez étudié
ils étudièrent	ils ont étudié	ils avaient étudié

PAST ANTERIOR	FUTURE PERFECT
j'eus étudié etc	j'aurai étudié etc
see page 22	*see page 22*

CONDITIONAL

PRESENT		
j'étudierais		
tu étudierais		
il étudierait		
nous étudierions		
vous étudieriez		
ils étudieraient		

SUBJUNCTIVE

PRESENT

j'étudie
tu étudies
il étudie
nous étudiions
vous étudiiez
ils étudient

PRESENT INFINITIVE

étudier

PAST INFINITIVE

avoir étudié

PAST

j'aurais étudié
tu aurais étudié
il aurait étudié
nous aurions étudié
vous auriez étudié
ils auraient étudié

IMPERFECT

j'étudiasse
tu étudiasses
il étudiât
nous étudiassions
vous étudiassiez
ils étudiassent

PRESENT PARTICIPLE

étudiant

PAST PARTICIPLE

étudié

PAST

j'aie étudié
tu aies étudié
il ait étudié
nous ayons étudié
vous ayez étudié
ils aient étudié

IMPERATIVE

étudie
étudions
étudiez

INDICATIVE

PRESENT	**FUTURE**	**IMPERFECT**
je m'évanouis	je m'évanouirai	je m'évanouissais
tu t'évanouis	tu t'évanouiras	tu t'évanouissais
il s'évanouit	il s'évanouira	il s'évanouissait
nous nous évanouissons	nous nous évanouirons	nous nous évanouissions
vous vous évanouissez	vous vous évanouirez	vous vous évanouissiez
ils s'évanouissent	ils s'évanouiront	ils s'évanouissaient

PASSE SIMPLE	**PASSE COMPOSE**	**PLUPERFECT**
je m'évanouis	je me suis évanoui	je m'étais évanoui
tu t'évanouis	tu t'es évanoui	tu t'étais évanoui
il s'évanouit	il s'est évanoui	il s'était évanoui
nous nous évanouîmes	nous nous sommes évanouis	nous nous étions évanouis
vous vous évanouîtes	vous vous êtes évanoui(s)	vous vous étiez évanoui(s)
ils s'évanouirent	ils se sont évanouis	ils s'étaient évanouis

PAST ANTERIOR	**FUTURE PERFECT**
je me fus évanoui etc	je me serai évanoui etc
see page 85	see page 85

CONDITIONAL

PRESENT	**SUBJUNCTIVE** **PRESENT**	**PRESENT INFINITIVE**
je m'évanouirais	je m'évanouisse	s'évanouir
tu t'évanouirais	tu t'évanouisses	
il s'évanouirait	il s'évanouisse	**PAST INFINITIVE**
nous nous évanouirions	nous nous évanouissions	s'être évanoui
vous vous évanouiriez	vous vous évanouissiez	
ils s'évanouiraient	ils s'évanouissent	

PAST	**IMPERFECT**	**PRESENT PARTICIPLE**
je me serais évanoui	je m'évanouisse	s'évanouissant
tu te serais évanoui	tu t'évanouisses	
il se serait évanoui	il s'évanouît	**PAST PARTICIPLE**
nous nous serions évanouis	nous nous évanouissions	évanoui
vous vous seriez évanoui(s)	vous vous évanouissiez	
ils se seraient évanouis	ils s'évanouissent	

	PAST	
	je me sois évanoui	
	tu te sois évanoui	
	il se soit évanoui	
IMPERATIVE	nous nous soyons évanouis	
évanouis-toi	vous vous soyez évanoui(s)	
évanouissons-nous	ils se soient évanouis	
évanouissez-vous		

FAIRE to do, to make

INDICATIVE
PRESENT
je fais
tu fais
il fait
nous faisons
vous faites
ils font

FUTURE
je ferai
tu feras
il fera
nous ferons
vous ferez
ils feront

IMPERFECT
je faisais
tu faisais
il faisait
nous faisions
vous faisiez
ils faisaient

PASSE SIMPLE
je fis
tu fis
il fit
nous fîmes
vous fîtes
ils firent

PASSE COMPOSE
j'ai fait
tu as fait
il a fait
nous avons fait
vous avez fait
ils ont fait

PLUPERFECT
j'avais fait
tu avais fait
il avait fait
nous avions fait
vous aviez fait
ils avaient fait

PAST ANTERIOR
j'eus fait etc
see page 22

FUTURE PERFECT
j'aurai fait etc
see page 22

CONDITIONAL
PRESENT
je ferais
tu ferais
il ferait
nous ferions
vous feriez
ils feraient

SUBJUNCTIVE
PRESENT
je fasse
tu fasses
il fasse
nous fassions
vous fassiez
ils fassent

PRESENT
INFINITIVE
faire

PAST
INFINITIVE
avoir fait

PAST
j'aurais fait
tu aurais fait
il aurait fait
nous aurions fait
vous auriez fait
ils auraient fait

IMPERFECT
je fisse
tu fisses
il fît
nous fissions
vous fissiez
ils fissent

PRESENT
PARTICIPLE
faisant

PAST
PARTICIPLE
fait

PAST
j'aie fait
tu aies fait
il ait fait
nous ayons fait
vous ayez fait
ils aient fait

IMPERATIVE
fais
faisons
faites

Note: **parfaire** is used only in the present indicative and compound tenses, and in the infinitive and past participle; **stupéfaire** is used only in the past participle and compound tense forms

NOTES

1 MEANING

transitive: to make, do; *intransitive:* to pretend; *impersonal:* to be *(weather)*;
reflexive: to make oneself, to become

2 CONSTRUCTIONS WITH PREPOSITIONS

se faire à	to become accustomed to
il ferait mieux de ...	he would do better to ...

See also introduction p. xxxiii on use of **faire** + infinitive.

3 USAGE

transitive (auxiliary **avoir**):

il a fait du café	he has made coffee

reflexive (auxiliary **être**):

elle s'est fait mal	she has hurt herself

When **faire** is followed by an infinitive, the past participle is invariable:

la maison qu'il a fait construire	the house he has had built

4 PHRASES AND IDIOMS

il fait un temps superbe	the weather is marvellous
il fait jour/nuit	it's daylight/dark
ça ne fait rien	it doesn't matter
ça fait une semaine qu'il est parti	he's been gone for a week
faire la vaisselle/le ménage	to do the dishes/the housework
faire de son mieux	to do one's best
faire semblant de	to pretend to
faire attention à	to pay attention to
faire le plein	to fill the tank
faire une promenade	to go for a walk
il fait bon se promener	it's good to go for a walk
il se fait tard	it is getting late
elle s'est faite belle	she's all done up
il ne s'en fait pas	he doesn't care
cela fait combien ?	how much is that?
faire venir le médecin	to send for the doctor
elle s'est fait couper les cheveux	she's had her hair cut *(ie her own hair)*
faites-la entrer	have her come in
faites come chez vous	make yourself at home

INDICATIVE

PRESENT	**FUTURE**	**IMPERFECT**
je finis	je finirai	je finissais
tu finis	tu finiras	tu finissais
il finit	il finira	il finissait
nous finissons	nous finirons	nous finissions
vous finissez	vous finirez	vous finissiez
ils finissent	ils finiront	ils finissaient

PASSE SIMPLE	**PASSE COMPOSE**	**PLUPERFECT**
je finis	j'ai fini	j'avais fini
tu finis	tu as fini	tu avais fini
il finit	il a fini	il avait fini
nous finîmes	nous avons fini	nous avions fini
vous finîtes	vous avez fini	vous aviez fini
ils finirent	ils ont fini	ils avaient fini

PAST ANTERIOR	**FUTURE PERFECT**
j'eus fini etc	j'aurai fini etc
see page 22	*see page 22*

CONDITIONAL

PRESENT	**SUBJUNCTIVE** **PRESENT**	**PRESENT** **INFINITIVE**
je finirais	je finisse	finir
tu finirais	tu finisses	
il finirait	il finisse	**PAST**
nous finirions	nous finissions	**INFINITIVE**
vous finiriez	vous finissiez	avoir fini
ils finiraient	ils finissent	

PAST	**IMPERFECT**	**PRESENT** **PARTICIPLE**
j'aurais fini	je finisse	finissant
tu aurais fini	tu finisses	
il aurait fini	il finît	**PAST**
nous aurions fini	nous finissions	**PARTICIPLE**
vous auriez fini	vous finissiez	fini
ils auraient fini	ils finissent	

PAST

j'aie fini
tu aies fini
il ait fini

IMPERATIVE

finis	nous ayons fini
finissons	vous ayez fini
finissez	ils aient fini

Note: **saillir** is used only in the 3rd person and in the infinitive, present and past participles

NOTES

I **MEANING**

transitive: to finish, to stop (doing); *intransitive:* to be finished, end up as

2 **CONSTRUCTIONS WITH PREPOSITIONS**

en finir avec quelque chose	to have done with
finir par (faire)	to end by doing
finir de (faire)	to finish doing

3 **PHRASES AND IDIOMS**

il a fini par accepter	he ended up by accepting
finir en beauté	to finish gloriously
finir dans la misère	to end up in poverty
finir ses jours à Paris	to end one's days in Paris
finir son verre	to empty one's glass
le film finit bien/mal	the film has a happy/sad ending
il finit mal	he comes to a bad end
il a fini acteur	he ended up (by being) an actor
ça n'en finit plus	there's no end in sight
il faut en finir	it has to be settled
les cours finiront en mai	classes finish in May
le jour finissait	the day was drawing to a close
il n'en finissait pas de raconter des histoires	he told story after story
il y avait un débat à n'en plus finir	there was an interminable debate
il a des jambes qui n'en finissent plus	he's all legs
tout est bien qui finit bien	all's well that ends well

INDICATIVE

PRESENT	**FUTURE**	**IMPERFECT**
je fouille	je fouillerai	je fouillais
tu fouilles	tu fouilleras	tu fouillais
il fouille	il fouillera	il fouillait
nous fouillons	nous fouillerons	nous fouillions
vous fouillez	vous fouillerez	vous fouilliez
ils fouillent	ils fouilleront	ils fouillaient

PASSE SIMPLE	**PASSE COMPOSE**	**PLUPERFECT**
je fouillai	j'ai fouillé	j'avais fouillé
tu fouillas	tu as fouillé	tu avais fouillé
il fouilla	il a fouillé	il avait fouillé
nous fouillâmes	nous avons fouillé	nous avions fouillé
vous fouillâtes	vous avez fouillé	vous aviez fouillé
ils fouillèrent	ils ont fouillé	ils avaient fouillé

PAST ANTERIOR	**FUTURE PERFECT**
j'eus fouillé etc	j'aurai fouillé etc
see page 22	*see page 22*

CONDITIONAL / *SUBJUNCTIVE*

PRESENT	**PRESENT**	*PRESENT INFINITIVE*
je fouillerais	je fouille	fouiller
tu fouillerais	tu fouilles	
il fouillerait	il fouille	*PAST INFINITIVE*
nous fouillerions	nous fouillions	avoir fouillé
vous fouilleriez	vous fouilliez	
ils fouilleraient	ils fouillent	

PAST	**IMPERFECT**	*PRESENT PARTICIPLE*
j'aurais fouillé	je fouillasse	fouillant
tu aurais fouillé	tu fouillasses	
il aurait fouillé	il fouillât	*PAST PARTICIPLE*
nous aurions fouillé	nous fouillassions	fouillé
vous auriez fouillé	vous fouillassiez	
ils auraient fouillé	ils fouillassent	

PAST

j'aie fouillé
tu aies fouillé
il ait fouillé
nous ayons fouillé
vous ayez fouillé
ils aient fouillé

IMPERATIVE

fouille
fouillons
fouillez

FOUTRE to put, to do (colloquial) 91

INDICATIVE

PRESENT	FUTURE	IMPERFECT
je fous	je foutrai	je foutais
tu fous	tu foutras	tu foutais
il fout	il foutra	il foutait
nous foutons	nous foutrons	nous foutions
vous foutez	vous foutrez	vous foutiez
ils foutent	ils foutront	ils foutaient

PASSE SIMPLE	PASSE COMPOSE	PLUPERFECT
	j'ai foutu	j'avais foutu
	tu as foutu	tu avais foutu
	il a foutu	il avait foutu
	nous avons foutu	nous avions foutu
	vous avez foutu	vous aviez foutu
	ils ont foutu	ils avaient foutu

PAST ANTERIOR	FUTURE PERFECT
	j'aurai foutu etc
	see page 22

CONDITIONAL

SUBJUNCTIVE

CONDITIONAL PRESENT	SUBJUNCTIVE PRESENT	PRESENT INFINITIVE
je foutrais	je foute	foutre
tu foutrais	tu foutes	
il foutrait	il foute	PAST INFINITIVE
nous foutrions	nous foutions	avoir foutu
vous foutriez	vous foutiez	
ils foutraient	ils foutent	

PAST	IMPERFECT	PRESENT PARTICIPLE
j'aurais foutu		foutant
tu aurais foutu		
il aurait foutu		PAST PARTICIPLE
nous aurions foutu		foutu
vous auriez foutu		
ils auraient foutu		

PAST

j'aie foutu
tu aies foutu
il ait foutu
nous ayons foutu
vous ayez foutu
ils aient foutu

IMPERATIVE

fous
foutons
foutez

INDICATIVE

PRESENT	FUTURE	IMPERFECT
je fuis	je fuirai	je fuyais
tu fuis	tu fuiras	tu fuyais
il fuit	il fuira	il fuyait
nous fuyons	nous fuirons	nous fuyions
vous fuyez	vous fuirez	vous fuyiez
ils fuient	ils fuiront	ils fuyaient

PASSE SIMPLE	PASSE COMPOSE	PLUPERFECT
je fuis	j'ai fui	j'avais fui
tu fuis	tu as fui	tu avais fui
il fuit	il a fui	il avait fui
nous fuîmes	nous avons fui	nous avions fui
vous fuîtes	vous avez fui	vous aviez fui
ils fuirent	ils ont fui	ils avaient fui

PAST ANTERIOR	FUTURE PERFECT
j'eus fui etc	j'aurai fui etc
see page 22	*see page 22*

CONDITIONAL

PRESENT	SUBJUNCTIVE PRESENT	PRESENT INFINITIVE
je fuirais	je fuie	fuir
tu fuirais	tu fuies	
il fuirait	il fuie	PAST INFINITIVE
nous fuirions	nous fuyions	
vous fuiriez	vous fuyiez	avoir fui
ils fuiraient	ils fuient	

PAST	IMPERFECT	PRESENT PARTICIPLE
j'aurais fui	je fuisse	fuyant
tu aurais fui	tu fuisses	
il aurait fui	il fuît	PAST PARTICIPLE
nous aurions fui	nous fuissions	
vous auriez fui	vous fuissiez	fui
ils auraient fui	ils fuissent	

PAST

j'aie fui
tu aies fui
il ait fui
nous ayons fui
vous ayez fui
ils aient fui

IMPERATIVE

fuis
fuyons
fuyez

INDICATIVE

PRESENT	FUTURE	IMPERFECT
je gagne	je gagnerai	je gagnais
tu gagnes	tu gagneras	tu gagnais
il gagne	il gagnera	il gagnait
nous gagnons	nous gagnerons	nous gagnions
vous gagnez	vous gagnerez	vous gagniez
ils gagnent	ils gagneront	ils gagnaient

PASSE SIMPLE	PASSE COMPOSE	PLUPERFECT
je gagnai	j'ai gagné	j'avais gagné
tu gagnas	tu as gagné	tu avais gagné
il gagna	il a gagné	il avait gagné
nous gagnâmes	nous avons gagné	nous avions gagné
vous gagnâtes	vous avez gagné	vous aviez gagné
ils gagnèrent	ils ont gagné	ils avaient gagné

PAST ANTERIOR	FUTURE PERFECT
j'eus gagné etc	j'aurai gagné etc
see page 22	see page 22

CONDITIONAL

PRESENT
je gagnerais
tu gagnerais
il gagnerait
nous gagnerions
vous gagneriez
ils gagneraient

PAST
j'aurais gagné
tu aurais gagné
il aurait gagné
nous aurions gagné
vous auriez gagné
ils auraient gagné

SUBJUNCTIVE

PRESENT
je gagne
tu gagnes
il gagne
nous gagnions
vous gagniez
ils gagnent

IMPERFECT
je gagnasse
tu gagnasses
il gagnât
nous gagnassions
vous gagnassiez
ils gagnassent

PAST
j'aie gagné
tu aies gagné
il ait gagné
nous ayons gagné
vous ayez gagné
ils aient gagné

PRESENT INFINITIVE
gagner

PAST INFINITIVE
avoir gagné

PRESENT PARTICIPLE
gagnant

PAST PARTICIPLE
gagné

IMPERATIVE
gagne
gagnons
gagnez

S'HABITUER to get accustomed

INDICATIVE
PRESENT

je m'habitue
tu t'habitues
il s'habitue
nous nous habituons
vous vous habituez
ils s'habituent

FUTURE

je m'habituerai
tu t'habitueras
il s'habituera
nous nous habituerons
vous vous habituerez
ils s'habitueront

IMPERFECT

je m'habituais
tu t'habituais
il s'habituait
nous nous habituions
vous vous habituiez
ils s'habituaient

PASSE SIMPLE

je m'habituai
tu t'habituas
il s'habitua
nous nous habituâmes
vous vous habituâtes
ils s'habituèrent

PASSE COMPOSE

je me suis habitué
tu t'es habitué
il s'est habitué
nous nous sommes habitués
vous vous êtes habitué(s)
ils se sont habitués

PLUPERFECT

je m'étais habitué
tu t'étais habitué
il s'était habitué
nous nous étions habitués
vous vous étiez habitué(s)
ils s'étaient habitués

PAST ANTERIOR

je me fus habitué etc
see page 85

FUTURE PERFECT

je me serai habitué etc
see page 85

CONDITIONAL
PRESENT

je m'habituerais
tu t'habituerais
il s'habituerait
nous nous habituerions
vous vous habitueriez
ils s'habitueraient

SUBJUNCTIVE
PRESENT

je m'habitue
tu t'habitues
il s'habitue
nous nous habituions
vous vous habituiez
ils s'habituent

PRESENT INFINITIVE

s'habituer

PAST INFINITIVE

s'être habitué

PAST

je me serais habitué
tu te serais habitué
il se serait habitué
nous nous serions habitués
vous vous seriez habitué(s)
ils se seraient habitués

IMPERFECT

je m'habituasse
tu t'habituasses
il s'habituât
nous nous habituassions
vous vous habituassiez
ils s'habituassent

PRESENT PARTICIPLE

s'habituant

PAST PARTICIPLE

habitué

PAST

je me sois habitué
tu te sois habitué
il se soit habitué
nous nous soyons habitués
vous vous soyez habitué(s)
ils se soient habitués

IMPERATIVE

habitue-toi
habituons-nous
habituez-vous

INDICATIVE

PRESENT	FUTURE	IMPERFECT
je hais	je haïrai	je haïssais
tu hais	tu haïras	tu haïssais
il hait	il haïra	il haïssait
nous haïssons	nous haïrons	nous haïssions
vous haïssez	vous haïrez	vous haïssiez
ils haïssent	ils haïront	ils haïssaient

PASSE SIMPLE	PASSE COMPOSE	PLUPERFECT
je haïs	j'ai haï	j'avais haï
tu haïs	tu as haï	tu avais haï
il haït	il a haï	il avait haï
nous haïmes	nous avons haï	nous avions haï
vous haïtes	vous avez haï	vous aviez haï
ils haïrent	ils ont haï	ils avaient haï

PAST ANTERIOR	FUTURE PERFECT
j'eus haï etc	j'aurai haï etc
see page 22	see page 22

CONDITIONAL

PRESENT	SUBJUNCTIVE PRESENT	PRESENT INFINITIVE
je haïrais	je haïsse	haïr
tu haïrais	tu haïsses	
il haïrait	il haïsse	PAST INFINITIVE
nous haïrions	nous haïssions	avoir haï
vous haïriez	vous haïssiez	
ils haïraient	ils haïssent	

PAST	IMPERFECT	PRESENT PARTICIPLE
j'aurais haï	je haïsse	haïssant
tu aurais haï	tu haïsses	
il aurait haï	il haït	PAST PARTICIPLE
nous aurions haï	nous haïssions	haï (haïe)
vous auriez haï	vous haïssiez	
ils auraient haï	ils haïssent	

	PAST	
	j'aie haï	
	tu aies haï	
IMPERATIVE	il ait haï	
hais	nous ayons haï	
haïssons	vous ayez haï	
haïssez	ils aient haï	

INDICATIVE

PRESENT	FUTURE	IMPERFECT
j'hésite	j'hésiterai	j'hésitais
tu hésites	tu hésiteras	tu hésitais
il hésite	il hésitera	il hésitait
nous hésitons	nous hésiterons	nous hésitions
vous hésitez	vous hésiterez	vous hésitiez
ils hésitent	ils hésiteront	ils hésitaient

PASSE SIMPLE	PASSE COMPOSE	PLUPERFECT
j'hésitai	j'ai hésité	j'avais hésité
tu hésitas	tu as hésité	tu avais hésité
il hésita	il a hésité	il avait hésité
nous hésitâmes	nous avons hésité	nous avions hésité
vous hésitâtes	vous avez hésité	vous aviez hésité
ils hésitèrent	ils ont hésité	ils avaient hésité

PAST ANTERIOR	FUTURE PERFECT
j'eus hésité etc	j'aurai hésité etc
see page 22	see page 22

CONDITIONAL

PRESENT	SUBJUNCTIVE PRESENT	PRESENT INFINITIVE
j'hésiterais	j'hésite	hésiter
tu hésiterais	tu hésites	
il hésiterait	il hésite	**PAST INFINITIVE**
nous hésiterions	nous hésitions	avoir hésité
vous hésiteriez	vous hésitiez	
ils hésiteraient	ils hésitent	

PAST	IMPERFECT	PRESENT PARTICIPLE
j'aurais hésité	j'hésitasse	hésitant
tu aurais hésité	tu hésitasses	
il aurait hésité	il hésitât	**PAST PARTICIPLE**
nous aurions hésité	nous hésitassions	hésité
vous auriez hésité	vous hésitassiez	
ils auraient hésité	ils hésitassent	

PAST

j'aie hésité
tu aies hésité
il ait hésité
nous ayons hésité
vous ayez hésité
ils aient hésité

IMPERATIVE

hésite
hésitons
hésitez

INCLURE to include

INDICATIVE

PRESENT	FUTURE	IMPERFECT
j'inclus	j'inclurai	j'incluais
tu inclus	tu incluras	tu incluais
il inclut	il inclura	il incluait
nous incluons	nous inclurons	nous incluions
vous incluez	vous inclurez	vous incluiez
ils incluent	ils incluront	ils incluaient

PASSE SIMPLE	PASSE COMPOSE	PLUPERFECT
j'inclus	j'ai inclus	j'avais inclus
tu inclus	tu as inclus	tu avais inclus
il inclut	il a inclus	il avait inclus
nous inclûmes	nous avons inclus	nous avions inclus
vous inclûtes	vous avez inclus	vous aviez inclus
ils inclurent	ils ont inclus	ils avaient inclus

PAST ANTERIOR	FUTURE PERFECT
j'eus inclus etc	j'aurai inclus etc
see page 22	see page 22

CONDITIONAL

CONDITIONAL PRESENT	SUBJUNCTIVE PRESENT	PRESENT INFINITIVE
j'inclurais	j'inclue	inclure
tu inclurais	tu inclues	
il inclurait	il inclue	PAST INFINITIVE
nous inclurions	nous incluions	avoir inclus
vous incluriez	vous incluiez	
ils incluraient	ils incluent	

PAST	IMPERFECT	PRESENT PARTICIPLE
j'aurais inclus	j'inclusse	incluant
tu aurais inclus	tu inclusses	
il aurait inclus	il inclût	PAST PARTICIPLE
nous aurions inclus	nous inclussions	inclus
vous auriez inclus	vous inclussiez	
ils auraient inclus	ils inclussent	

	PAST	
	j'aie inclus	
	tu aies inclus	
IMPERATIVE	il ait inclus	
inclus	nous ayons inclus	
incluons	vous ayez inclus	
incluez	ils aient inclus	

INDICATIVE
PRESENT

j'indique
tu indiques
il indique
nous indiquons
vous indiquez
ils indiquent

FUTURE

j'indiquerai
tu indiqueras
il indiquera
nous indiquerons
vous indiquerez
ils indiqueront

IMPERFECT

j'indiquais
tu indiquais
il indiquait
nous indiquions
vous indiquiez
ils indiquaient

PASSE SIMPLE

j'indiquai
tu indiquas
il indiqua
nous indiquâmes
vous indiquâtes
ils indiquèrent

PASSE COMPOSE

j'ai indiqué
tu as indiqué
il a indiqué
nous avons indiqué
vous avez indiqué
ils ont indiqué

PLUPERFECT

j'avais indiqué
tu avais indiqué
il avait indiqué
nous avions indiqué
vous aviez indiqué
ils avaient indiqué

PAST ANTERIOR

j'eus indiqué etc
see page 22

FUTURE PERFECT

j'aurai indiqué etc
see page 22

CONDITIONAL
PRESENT

j'indiquerais
tu indiquerais
il indiquerait
nous indiquerions
vous indiqueriez
ils indiqueraient

SUBJUNCTIVE
PRESENT

j'indique
tu indiques
il indique
nous indiquions
vous indiquiez
ils indiquent

PRESENT INFINITIVE

indiquer

PAST INFINITIVE

avoir indiqué

PAST

j'aurais indiqué
tu aurais indiqué
il aurait indiqué
nous aurions indiqué
vous auriez indiqué
ils auraient indiqué

IMPERFECT

j'indiquasse
tu indiquasses
il indiquât
nous indiquassions
vous indiquassiez
ils indiquassent

PRESENT PARTICIPLE

indiquant

PAST PARTICIPLE

indiqué

PAST

j'aie indiqué
tu aies indiqué
il ait indiqué
nous ayons indiqué
vous ayez indiqué
ils aient indiqué

IMPERATIVE

indique
indiquons
indiquez

INDICATIVE

PRESENT	**FUTURE**	**IMPERFECT**
j'interdis	j'interdirai	j'interdisais
tu interdis	tu interdiras	tu interdisais
il interdit	il interdira	il interdisait
nous interdisons	nous interdirons	nous interdisions
vous interdisez	vous interdirez	vous interdisiez
ils interdisent	ils interdiront	ils interdisaient

PASSE SIMPLE	**PASSE COMPOSE**	**PLUPERFECT**
j'interdis	j'ai interdit	j'avais interdit
tu interdis	tu as interdit	tu avais interdit
il interdit	il a interdit	il avait interdit
nous interdîmes	nous avons interdit	nous avions interdit
vous interdîtes	vous avez interdit	vous aviez interdit
ils interdirent	ils ont interdit	ils avaient interdit

PAST ANTERIOR	**FUTURE PERFECT**
j'eus interdit etc	j'aurai interdit etc
see page 22	*see page 22*

CONDITIONAL

SUBJUNCTIVE

PRESENT	**PRESENT**	*PRESENT INFINITIVE*
j'interdirais	j'interdise	interdire
tu interdirais	tu interdises	
il interdirait	il interdise	*PAST INFINITIVE*
nous interdirions	nous interdisions	avoir interdit
vous interdiriez	vous interdisiez	
ils interdiraient	ils interdisent	

PAST	**IMPERFECT**	*PRESENT PARTICIPLE*
j'aurais interdit	j'interdisse	interdisant
tu aurais interdit	tu interdisses	
il aurait interdit	il interdît	*PAST PARTICIPLE*
nous aurions interdit	nous interdissions	interdit
vous auriez interdit	vous interdissiez	
ils auraient interdit	ils interdissent	

	PAST
	j'aie interdit
	tu aies interdit
IMPERATIVE	il ait interdit
interdis	nous ayons interdit
interdisons	vous ayez interdit
interdisez	ils aient interdit

INDICATIVE

PRESENT

j'interromps
tu interromps
il interrompt
nous interrompons
vous interrompez
ils interrompent

FUTURE

j'interromprai
tu interrompras
il interrompra
nous interromprons
vous interromprez
ils interrompront

IMPERFECT

j'interrompais
tu interrompais
il interrompait
nous interrompions
vous interrompiez
ils interrompaient

PASSE SIMPLE

j'interrompis
tu interrompis
il interrompit
nous interrompîmes
vous interrompîtes
ils interrompirent

PASSE COMPOSE

j'ai interrompu
tu as interrompu
il a interrompu
nous avons interrompu
vous avez interrompu
ils ont interrompu

PLUPERFECT

j'avais interrompu
tu avais interrompu
il avait interrompu
nous avions interrompu
vous aviez interrompu
ils avaient interrompu

PAST ANTERIOR

j'eus interrompu etc
see page 22

FUTURE PERFECT

j'aurai interrompu etc
see page 22

CONDITIONAL

PRESENT

j'interromprais
tu interromprais
il interromprait
nous interromprions
vous interrompriez
ils interrompraient

SUBJUNCTIVE

PRESENT

j'interrompe
tu interrompes
il interrompe
nous interrompions
vous interrompiez
ils interrompent

PRESENT INFINITIVE

interrompre

PAST INFINITIVE

avoir interrompu

PAST

j'aurais interrompu
tu aurais interrompu
il aurait interrompu
nous aurions interrompu
vous auriez interrompu
ils auraient interrompu

IMPERFECT

j'interrompisse
tu interrompisses
il interrompît
nous interrompissions
vous interrompissiez
ils interrompissent

PRESENT PARTICIPLE

interrompant

PAST PARTICIPLE

interrompu

PAST

j'aie interrompu
tu aies interrompu
il ait interrompu
nous ayons interrompu
vous ayez interrompu
ils aient interrompu

IMPERATIVE

interromps
interrompons
interrompez

INTRODUIRE to introduce 101

INDICATIVE

PRESENT	FUTURE	IMPERFECT
j'introduis	j'introduirai	j'introduisais
tu introduis	tu introduiras	tu introduisais
il introduit	il introduira	il introduisait
nous introduisons	nous introduirons	nous introduisions
vous introduisez	vous introduirez	vous introduisiez
ils introduisent	ils introduiront	ils introduisaient

PASSE SIMPLE	PASSE COMPOSE	PLUPERFECT
j'introduisis	j'ai introduit	j'avais introduit
tu introduisis	tu as introduit	tu avais introduit
il introduisit	il a introduit	il avait introduit
nous introduisîmes	nous avons introduit	nous avions introduit
vous introduisîtes	vous avez introduit	vous aviez introduit
ils introduisirent	ils ont introduit	ils avaient introduit

PAST ANTERIOR	FUTURE PERFECT
j'eus introduit etc	j'aurai introduit etc
see page 22	see page 22

CONDITIONAL / SUBJUNCTIVE

CONDITIONAL PRESENT	SUBJUNCTIVE PRESENT	PRESENT INFINITIVE
j'introduirais	j'introduise	introduire
tu introduirais	tu introduises	
il introduirait	il introduise	PAST INFINITIVE
nous introduirions	nous introduisions	avoir introduit
vous introduiriez	vous introduisiez	
ils introduiraient	ils introduisent	

PAST	IMPERFECT	PRESENT PARTICIPLE
j'aurais introduit	j'introduisisse	introduisant
tu aurais introduit	tu introduisisses	
il aurait introduit	il introduisît	PAST PARTICIPLE
nous aurions introduit	nous introduisissions	introduit
vous auriez introduit	vous introduisissiez	
ils auraient introduit	ils introduisissent	

PAST

j'aie introduit
tu aies introduit
il ait introduit
nous ayons introduit
vous ayez introduit
ils aient introduit

IMPERATIVE

introduis
introduisons
introduisez

INDICATIVE

PRESENT
je jette
tu jettes
il jette
nous jetons
vous jetez
ils jettent

FUTURE
je jetterai
tu jetteras
il jettera
nous jetterons
vous jetterez
ils jetteront

IMPERFECT
je jetais
tu jetais
il jetait
nous jetions
vous jetiez
ils jetaient

PASSE SIMPLE
je jetai
tu jetas
il jeta
nous jetâmes
vous jetâtes
ils jetèrent

PASSE COMPOSE
j'ai jeté
tu as jeté
il a jeté
nous avons jeté
vous avez jeté
ils ont jeté

PLUPERFECT
j'avais jeté
tu avais jeté
il avait jeté
nous avions jeté
vous aviez jeté
ils avaient jeté

PAST ANTERIOR
j'eus jeté etc
see page 22

FUTURE PERFECT
j'aurai jeté etc
see page 22

CONDITIONAL

PRESENT
je jetterais
tu jetterais
il jetterait
nous jetterions
vous jetteriez
ils jetteraient

SUBJUNCTIVE

PRESENT
je jette
tu jettes
il jette
nous jetions
vous jetiez
ils jettent

PRESENT INFINITIVE
jeter

PAST INFINITIVE
avoir jeté

PAST
j'aurais jeté
tu aurais jeté
il aurait jeté
nous aurions jeté
vous auriez jeté
ils auraient jeté

IMPERFECT
je jetasse
tu jetasses
il jetât
nous jetassions
vous jetassiez
ils jetassent

PRESENT PARTICIPLE
jetant

PAST PARTICIPLE
jeté

PAST
j'aie jeté
tu aies jeté
il ait jeté
nous ayons jeté
vous ayez jeté
ils aient jeté

IMPERATIVE

jette
jetons
jetez

INDICATIVE

PRESENT	**FUTURE**	**IMPERFECT**
je joins	je joindrai	je joignais
tu joins	tu joindras	tu joignais
il joint	il joindra	il joignait
nous joignons	nous joindrons	nous joignions
vous joignez	vous joindrez	vous joigniez
ils joignent	ils joindront	ils joignaient

PASSE SIMPLE	**PASSE COMPOSE**	**PLUPERFECT**
je joignis	j'ai joint	j'avais joint
tu joignis	tu as joint	tu avais joint
il joignit	il a joint	il avait joint
nous joignîmes	nous avons joint	nous avions joint
vous joignîtes	vous avez joint	vous aviez joint
ils joignirent	ils ont joint	ils avaient joint

PAST ANTERIOR	**FUTURE PERFECT**
j'eus joint etc	j'aurai joint etc
see page 22	*see page 22*

CONDITIONAL / *SUBJUNCTIVE*

PRESENT	**PRESENT**	*PRESENT INFINITIVE*
je joindrais	je joigne	joindre
tu joindrais	tu joignes	
il joindrait	il joigne	*PAST INFINITIVE*
nous joindrions	nous joignions	avoir joint
vous joindriez	vous joigniez	
ils joindraient	ils joignent	

PAST	**IMPERFECT**	*PRESENT PARTICIPLE*
j'aurais joint	je joignisse	joignant
tu aurais joint	tu joignisses	
il aurait joint	il joignît	*PAST PARTICIPLE*
nous aurions joint	nous joignissions	joint
vous auriez joint	vous joignissiez	
ils auraient joint	ils joignissent	

PAST

j'aie joint
tu aies joint
il ait joint
nous ayons joint
vous ayez joint
ils aient joint

IMPERATIVE

joins
joignons
joignez

INDICATIVE

PRESENT	FUTURE	IMPERFECT
je joue	je jouerai	je jouais
tu joues	tu joueras	tu jouais
il joue	il jouera	il jouait
nous jouons	nous jouerons	nous jouions
vous jouez	vous jouerez	vous jouiez
ils jouent	ils joueront	ils jouaient

PASSE SIMPLE	PASSE COMPOSE	PLUPERFECT
je jouai	j'ai joué	j'avais joué
tu jouas	tu as joué	tu avais joué
il joua	il a joué	il avait joué
nous jouâmes	nous avons joué	nous avions joué
vous jouâtes	vous avez joué	vous aviez joué
ils jouèrent	ils ont joué	ils avaient joué

PAST ANTERIOR	FUTURE PERFECT
j'eus joué etc	j'aurai joué etc
see page 22	see page 22

CONDITIONAL

PRESENT	SUBJUNCTIVE PRESENT	PRESENT INFINITIVE
je jouerais	je joue	jouer
tu jouerais	tu joues	
il jouerait	il joue	PAST INFINITIVE
nous jouerions	nous jouions	
vous joueriez	vous jouiez	avoir joué
ils joueraient	ils jouent	

PAST	IMPERFECT	PRESENT PARTICIPLE
j'aurais joué	je jouasse	jouant
tu aurais joué	tu jouasses	
il aurait joué	il jouât	PAST PARTICIPLE
nous aurions joué	nous jouassions	
vous auriez joué	vous jouassiez	joué
ils auraient joué	ils jouassent	

PAST

j'aie joué
tu aies joué
il ait joué
nous ayons joué
vous ayez joué
ils aient joué

IMPERATIVE

joue
jouons
jouez

JUGER to judge

INDICATIVE

PRESENT	FUTURE	IMPERFECT
je juge	je jugerai	je jugeais
tu juges	tu jugeras	tu jugeais
il juge	il jugera	il jugeait
nous jugeons	nous jugerons	nous jugions
vous jugez	vous jugerez	vous jugiez
ils jugent	ils jugeront	ils jugeaient

PASSE SIMPLE	PASSE COMPOSE	PLUPERFECT
je jugeai	j'ai jugé	j'avais jugé
tu jugeas	tu as jugé	tu avais jugé
il jugea	il a jugé	il avait jugé
nous jugeâmes	nous avons jugé	nous avions jugé
vous jugeâtes	vous avez jugé	vous aviez jugé
ils jugèrent	ils ont jugé	ils avaient jugé

PAST ANTERIOR	FUTURE PERFECT
j'eus jugé etc	j'aurai jugé etc
see page 22	see page 22

CONDITIONAL

SUBJUNCTIVE

PRESENT	PRESENT	PRESENT INFINITIVE
je jugerais	je juge	juger
tu jugerais	tu juges	
il jugerait	il juge	PAST INFINITIVE
nous jugerions	nous jugions	avoir jugé
vous jugeriez	vous jugiez	
ils jugeraient	ils jugent	

PAST	IMPERFECT	PRESENT PARTICIPLE
j'aurais jugé	je jugeasse	jugeant
tu aurais jugé	tu jugeasses	
il aurait jugé	il jugeât	PAST PARTICIPLE
nous aurions jugé	nous jugeassions	jugé
vous auriez jugé	vous jugeassiez	
ils auraient jugé	ils jugeassent	

	PAST	
	j'aie jugé	
	tu aies jugé	
	il ait jugé	
IMPERATIVE	nous ayons jugé	
juge	vous ayez jugé	
jugeons	ils aient jugé	
jugez		

INDICATIVE

PRESENT	**FUTURE**	**IMPERFECT**
je lance	je lancerai	je lançais
tu lances	tu lanceras	tu lançais
il lance	il lancera	il lançait
nous lançons	nous lancerons	nous lancions
vous lancez	vous lancerez	vous lanciez
ils lancent	ils lanceront	ils lançaient

PASSE SIMPLE	**PASSE COMPOSE**	**PLUPERFECT**
je lançai	j'ai lancé	j'avais lancé
tu lanças	tu as lancé	tu avais lancé
il lança	il a lancé	il avait lancé
nous lançâmes	nous avons lancé	nous avions lancé
vous lançâtes	vous avez lancé	vous aviez lancé
ils lancèrent	ils ont lancé	ils avaient lancé

PAST ANTERIOR	**FUTURE PERFECT**
j'eus lancé etc	j'aurai lancé etc
see page 22	*see page 22*

CONDITIONAL

PRESENT	*SUBJUNCTIVE* **PRESENT**	*PRESENT INFINITIVE*
je lancerais	je lance	lancer
tu lancerais	tu lances	
il lancerait	il lance	*PAST INFINITIVE*
nous lancerions	nous lancions	avoir lancé
vous lanceriez	vous lanciez	
ils lanceraient	ils lancent	

PAST	**IMPERFECT**	*PRESENT PARTICIPLE*
j'aurais lancé	je lançasse	lançant
tu aurais lancé	tu lançasses	
il aurait lancé	il lançât	*PAST PARTICIPLE*
nous aurions lancé	nous lançassions	lancé
vous auriez lancé	vous lançassiez	
ils auraient lancé	ils lançassent	

	PAST	
	j'aie lancé	
	tu aies lancé	
	il ait lancé	
IMPERATIVE	nous ayons lancé	
lance	vous ayez lancé	
lançons	ils aient lancé	
lancez		

LEVER to lift

INDICATIVE

PRESENT	FUTURE	IMPERFECT
je lève	je lèverai	je levais
tu lèves	tu lèveras	tu levais
il lève	il lèvera	il levait
nous levons	nous lèverons	nous levions
vous levez	vous lèverez	vous leviez
ils lèvent	ils lèveront	ils levaient

PASSE SIMPLE	PASSE COMPOSE	PLUPERFECT
je levai	j'ai levé	j'avais levé
tu levas	tu as levé	tu avais levé
il leva	il a levé	il avait levé
nous levâmes	nous avons levé	nous avions levé
vous levâtes	vous avez levé	vous aviez levé
ils levèrent	ils ont levé	ils avaient levé

PAST ANTERIOR	FUTURE PERFECT
j'eus levé etc	j'aurai levé etc
see page 22	see page 22

CONDITIONAL

PRESENT
je lèverais
tu lèverais
il lèverait
nous lèverions
vous lèveriez
ils lèveraient

PAST
j'aurais levé
tu aurais levé
il aurait levé
nous aurions levé
vous auriez levé
ils auraient levé

IMPERATIVE

lève
levons
levez

SUBJUNCTIVE

PRESENT
je lève
tu lèves
il lève
nous levions
vous leviez
ils lèvent

IMPERFECT
je levasse
tu levasses
il levât
nous levassions
vous levassiez
ils levassent

PAST
j'aie levé
tu aies levé
il ait levé
nous ayons levé
vous ayez levé
ils aient levé

PRESENT INFINITIVE

lever

PAST INFINITIVE

avoir levé

PRESENT PARTICIPLE

levant

PAST PARTICIPLE

levé

INDICATIVE

PRESENT	FUTURE	IMPERFECT
je lis	je lirai	je lisais
tu lis	tu liras	tu lisais
il lit	il lira	il lisait
nous lisons	nous lirons	nous lisions
vous lisez	vous lirez	vous lisiez
ils lisent	ils liront	ils lisaient

PASSE SIMPLE	PASSE COMPOSE	PLUPERFECT
je lus	j'ai lu	j'avais lu
tu lus	tu as lu	tu avais lu
il lut	il a lu	il avait lu
nous lûmes	nous avons lu	nous avions lu
vous lûtes	vous avez lu	vous aviez lu
ils lurent	ils ont lu	ils avaient lu

PAST ANTERIOR	FUTURE PERFECT
j'eus lu etc	j'aurai lu etc
see page 22	see page 22

CONDITIONAL

PRESENT	SUBJUNCTIVE PRESENT	PRESENT INFINITIVE
je lirais	je lise	lire
tu lirais	tu lises	
il lirait	il lise	PAST INFINITIVE
nous lirions	nous lisions	avoir lu
vous liriez	vous lisiez	
ils liraient	ils lisent	

PAST	IMPERFECT	PRESENT PARTICIPLE
j'aurais lu	je lusse	lisant
tu aurais lu	tu lusses	
il aurait lu	il lût	PAST PARTICIPLE
nous aurions lu	nous lussions	lu
vous auriez lu	vous lussiez	
ils auraient lu	ils lussent	

PAST

j'aie lu
tu aies lu
il ait lu
nous ayons lu
vous ayez lu
ils aient lu

IMPERATIVE

lis
lisons
lisez

MANGER to eat

INDICATIVE

PRESENT	FUTURE	IMPERFECT
je mange	je mangerai	je mangeais
tu manges	tu mangeras	tu mangeais
il mange	il mangera	il mangeait
nous mangeons	nous mangerons	nous mangions
vous mangez	vous mangerez	vous mangiez
ils mangent	ils mangeront	ils mangeaient

PASSE SIMPLE	PASSE COMPOSE	PLUPERFECT
je mangeai	j'ai mangé	j'avais mangé
tu mangeas	tu as mangé	tu avais mangé
il mangea	il a mangé	il avait mangé
nous mangeâmes	nous avons mangé	nous avions mangé
vous mangeâtes	vous avez mangé	vous aviez mangé
ils mangèrent	ils ont mangé	ils avaient mangé

PAST ANTERIOR	FUTURE PERFECT
j'eus mangé etc	j'aurai mangé etc
see page 22	see page 22

CONDITIONAL

PRESENT	SUBJUNCTIVE PRESENT	PRESENT INFINITIVE
je mangerais	je mange	manger
tu mangerais	tu manges	
il mangerait	il mange	PAST INFINITIVE
nous mangerions	nous mangions	avoir mangé
vous mangeriez	vous mangiez	
ils mangeraient	ils mangent	

PAST	IMPERFECT	PRESENT PARTICIPLE
j'aurais mangé	je mangeasse	mangeant
tu aurais mangé	tu mangeasses	
il aurait mangé	il mangeât	PAST PARTICIPLE
nous aurions mangé	nous mangeassions	mangé
vous auriez mangé	vous mangeassiez	
ils auraient mangé	ils mangeassent	

PAST

j'aie mangé
tu aies mangé
il ait mangé
nous ayons mangé
vous ayez mangé
ils aient mangé

IMPERATIVE

mange
mangeons
mangez

INDICATIVE

PRESENT	**FUTURE**	**IMPERFECT**
je maudis	je maudirai	je maudissais
tu maudis	tu maudiras	tu maudissais
il maudit	il maudira	il maudissait
nous maudissons	nous maudirons	nous maudissions
vous maudissez	vous maudirez	vous maudissiez
ils maudissent	ils maudiront	ils maudissaient

PASSE SIMPLE	**PASSE COMPOSE**	**PLUPERFECT**
je maudis	j'ai maudit	j'avais maudit
tu maudis	tu as maudit	tu avais maudit
il maudit	il a maudit	il avait maudit
nous maudîmes	nous avons maudit	nous avions maudit
vous maudîtes	vous avez maudit	vous aviez maudit
ils maudirent	ils ont maudit	ils avaient maudit

PAST ANTERIOR	**FUTURE PERFECT**
j'eus maudit etc	j'aurai maudit etc
see page 22	*see page 22*

CONDITIONAL	*SUBJUNCTIVE*	*PRESENT*
PRESENT	**PRESENT**	*INFINITIVE*
je maudirais	je maudisse	maudire
tu maudirais	tu maudisses	
il maudirait	il maudisse	*PAST*
nous maudirions	nous maudissions	*INFINITIVE*
vous maudiriez	vous maudissiez	avoir maudit
ils maudiraient	ils maudissent	

PAST	**IMPERFECT**	*PRESENT*
j'aurais maudit	je maudisse	*PARTICIPLE*
tu aurais maudit	tu maudisses	maudissant
il aurait maudit	il maudît	
nous aurions maudit	nous maudissions	*PAST*
vous auriez maudit	vous maudissiez	*PARTICIPLE*
ils auraient maudit	ils maudissent	maudit

PAST
j'aie maudit
tu aies maudit

IMPERATIVE	il ait maudit
maudis	nous ayons maudit
maudissons	vous ayez maudit
maudissez	ils aient maudit

INDICATIVE

PRESENT	FUTURE	IMPERFECT
je me méfie	je me méfierai	je me méfiais
tu te méfies	tu te méfieras	tu te méfiais
il se méfie	il se méfiera	il se méfiait
nous nous méfions	nous nous méfierons	nous nous méfiions
vous vous méfiez	vous vous méfierez	vous vous méfiiez
ils se méfient	ils se méfieront	ils se méfiaient

PASSE SIMPLE	PASSE COMPOSE	PLUPERFECT
je me méfiai	je me suis méfié	je m'étais méfié
tu te méfias	tu t'es méfié	tu t'étais méfié
il se méfia	il s'est méfié	il s'était méfié
nous nous méfiâmes	nous nous sommes méfiés	nous nous étions méfiés
vous vous méfiâtes	vous vous êtes méfié(s)	vous vous étiez méfié(s)
ils se méfièrent	ils se sont méfiés	ils s'étaient méfiés

PAST ANTERIOR	FUTURE PERFECT
je me fus méfié etc	je me serai méfié etc
see page 85	see page 85

CONDITIONAL / SUBJUNCTIVE

CONDITIONAL PRESENT	SUBJUNCTIVE PRESENT	PRESENT INFINITIVE
je me méfierais	je me méfie	se méfier
tu te méfierais	tu te méfies	
il se méfierait	il se méfie	PAST INFINITIVE
nous nous méfierions	nous nous méfiions	s'être méfié
vous vous méfieriez	vous vous méfiiez	
ils se méfieraient	ils se méfient	

PAST	IMPERFECT	PRESENT PARTICIPLE
je me serais méfié	je me méfiasse	se méfiant
tu te serais méfié	tu te méfiasses	
il se serait méfié	il se méfiât	PAST PARTICIPLE
nous nous serions méfiés	nous nous méfiassions	méfié
vous vous seriez méfié(s)	vous vous méfiassiez	
ils se seraient méfiés	ils se méfiassent	

PAST

je me sois méfié
tu te sois méfié
il se soit méfié
nous nous soyons méfiés
vous vous soyez méfié(s)
ils se soient méfiés

IMPERATIVE

méfie-toi
méfions-nous
méfiez-vous

INDICATIVE

PRESENT	**FUTURE**	**IMPERFECT**
je mène	je mènerai	je menais
tu mènes	tu mèneras	tu menais
il mène	il mènera	il menait
nous menons	nous mènerons	nous menions
vous menez	vous mènerez	vous meniez
ils mènent	ils mèneront	ils menaient

PASSE SIMPLE	**PASSE COMPOSE**	**PLUPERFECT**
je menai	j'ai mené	j'avais mené
tu menas	tu as mené	tu avais mené
il mena	il a mené	il avait mené
nous menâmes	nous avons mené	nous avions mené
vous menâtes	vous avez mené	vous aviez mené
ils menèrent	ils ont mené	ils avaient mené

PAST ANTERIOR	**FUTURE PERFECT**
j'eus mené etc	j'aurai mené etc
see page 22	*see page 22*

CONDITIONAL

PRESENT	**SUBJUNCTIVE** PRESENT	**PRESENT** *INFINITIVE*
je mènerais	je mène	mener
tu mènerais	tu mènes	
il mènerait	il mène	*PAST*
nous mènerions	nous menions	*INFINITIVE*
vous mèneriez	vous meniez	avoir mené
ils mèneraient	ils mènent	

PAST	**IMPERFECT**	**PRESENT** *PARTICIPLE*
j'aurais mené	je menasse	menant
tu aurais mené	tu menasses	
il aurait mené	il menât	*PAST*
nous aurions mené	nous menassions	*PARTICIPLE*
vous auriez mené	vous menassiez	mené
ils auraient mené	ils menassent	

	PAST	
	j'aie mené	
	tu aies mené	
IMPERATIVE	il ait mené	
mène	nous ayons mené	
menons	vous ayez mené	
menez	ils aient mené	

MENTIR to lie

INDICATIVE

PRESENT	FUTURE	IMPERFECT
je mens	je mentirai	je mentais
tu mens	tu mentiras	tu mentais
il ment	il mentira	il mentait
nous mentons	nous mentirons	nous mentions
vous mentez	vous mentirez	vous mentiez
ils mentent	ils mentiront	ils mentaient

PASSE SIMPLE	PASSE COMPOSE	PLUPERFECT
je mentis	j'ai menti	j'avais menti
tu mentis	tu as menti	tu avais menti
il mentit	il a menti	il avait menti
nous mentîmes	nous avons menti	nous avions menti
vous mentîtes	vous avez menti	vous aviez menti
ils mentirent	ils ont menti	ils avaient menti

PAST ANTERIOR	FUTURE PERFECT
j'eus menti etc	j'aurai menti etc
see page 22	see page 22

CONDITIONAL

PRESENT	SUBJUNCTIVE PRESENT	PRESENT INFINITIVE
je mentirais	je mente	mentir
tu mentirais	tu mentes	
il mentirait	il mente	PAST INFINITIVE
nous mentirions	nous mentions	
vous mentiriez	vous mentiez	avoir menti
ils mentiraient	ils mentent	

PAST	IMPERFECT	PRESENT PARTICIPLE
j'aurais menti	je mentisse	mentant
tu aurais menti	tu mentisses	
il aurait menti	il mentît	PAST PARTICIPLE
nous aurions menti	nous mentissions	
vous auriez menti	vous mentissiez	menti
ils auraient menti	ils mentissent	

PAST

j'aie menti
tu aies menti
il ait menti
nous ayons menti
vous ayez menti
ils aient menti

IMPERATIVE

mens
mentons
mentez

METTRE to put

INDICATIVE

PRESENT	FUTURE	IMPERFECT
je mets	je mettrai	je mettais
tu mets	tu mettras	tu mettais
il met	il mettra	il mettait
nous mettons	nous mettrons	nous mettions
vous mettez	vous mettrez	vous mettiez
ils mettent	ils mettront	ils mettaient

PASSE SIMPLE	PASSE COMPOSE	PLUPERFECT
je mis	j'ai mis	j'avais mis
tu mis	tu as mis	tu avais mis
il mit	il a mis	il avait mis
nous mîmes	nous avons mis	nous avions mis
vous mîtes	vous avez mis	vous aviez mis
ils mirent	ils ont mis	ils avaient mis

PAST ANTERIOR	FUTURE PERFECT
j'eus mis etc	j'aurai mis etc
see page 22	*see page 22*

CONDITIONAL

PRESENT	SUBJUNCTIVE PRESENT	PRESENT INFINITIVE
je mettrais	je mette	mettre
tu mettrais	tu mettes	
il mettrait	il mette	PAST INFINITIVE
nous mettrions	nous mettions	avoir mis
vous mettriez	vous mettiez	
ils mettraient	ils mettent	

PAST	IMPERFECT	PRESENT PARTICIPLE
j'aurais mis	je misse	mettant
tu aurais mis	tu misses	
il aurait mis	il mît	PAST PARTICIPLE
nous aurions mis	nous missions	mis
vous auriez mis	vous missiez	
ils auraient mis	ils missent	

	PAST
	j'aie mis
	tu aies mis
	il ait mis
IMPERATIVE	nous ayons mis
mets	vous ayez mis
mettons	ils aient mis
mettez	

NOTES

1 MEANING

transitive: to put, switch on; *reflexive:* to begin; to put on *(clothes)*

2 CONSTRUCTIONS WITH PREPOSITIONS

mettre quelque chose à cuire	to put something on to cook
se mettre à travailler/au travail	to begin working/work

3 USAGE

transitive (auxiliary **avoir**):

il a mis la table	he has set the table

reflexive (auxiliary **être**):

elle s'est mise à trembler	she began to tremble

4 PHRASES AND IDIOMS

mettre l'électricité	to switch on the electricity
mettre le prix	to pay the price
mettre l'occasion à profit	to profit from the opportunity
mettre quelqu'un à la porte	to throw someone out
mettre la main à la pâte	to lend a hand
mettre la machine en marche	to start up the machine
se mettre d'accord	to come to an agreement
mettre deux heures pour venir	to take two hours to get here
se mettre de l'huile sur les mains	to get oil on one's hands
mettre la main sur ...	to lay one's hands on ...
mettre les points sur les i	to dot one's i's and cross one's t's
je n'ai rien à me mettre	I have nothing to put on
mets ton imperméable	put your raincoat on
mis à part	except/with the exception of
je ne savais plus où me mettre	I didn't know where to hide myself
elle a mis la tête à la fenêtre	she stuck her head out of the window
(mettez) les mains en l'air !	(put your) hands up!
se mettre au régime	to go on a diet
on s'en est mis jusque-là	we stuffed ourselves
mettez-vous à l'aise	make yourself comfortable
je vous mettrai au pas	I'll bring you into line

115   MONTER to go up

INDICATIVE

PRESENT
je monte
tu montes
il monte
nous montons
vous montez
ils montent

FUTURE
je monterai
tu monteras
il montera
nous monterons
vous monterez
ils monteront

IMPERFECT
je montais
tu montais
il montait
nous montions
vous montiez
ils montaient

PASSE SIMPLE
je montai
tu montas
il monta
nous montâmes
vous montâtes
ils montèrent

PASSE COMPOSE
je suis monté
tu es monté
il est monté
nous sommes montés
vous êtes monté(s)
ils sont montés

PLUPERFECT
j'étais monté
tu étais monté
il était monté
nous étions montés
vous étiez monté(s)
ils étaient montés

PAST ANTERIOR
je fus monté etc
see page 85

FUTURE PERFECT
je serai monté etc
see page 85

CONDITIONAL

PRESENT
je monterais
tu monterais
il monterait
nous monterions
vous monteriez
ils monteraient

PAST
je serais monté
tu serais monté
il serait monté
nous serions montés
vous seriez monté(s)
ils seraient montés

SUBJUNCTIVE

PRESENT
je monte
tu montes
il monte
nous montions
vous montiez
ils montent

IMPERFECT
je montasse
tu montasses
il montât
nous montassions
vous montassiez
ils montassent

PAST
je sois monté
tu sois monté
il soit monté
nous soyons montés
vous soyez monté(s)
ils soient montés

PRESENT INFINITIVE
monter

PAST INFINITIVE
être monté

PRESENT PARTICIPLE
montant

PAST PARTICIPLE
monté

IMPERATIVE
monte
montons
montez

MONTRER to show

INDICATIVE

PRESENT	**FUTURE**	**IMPERFECT**
je montre	je montrerai	je montrais
tu montres	tu montreras	tu montrais
il montre	il montrera	il montrait
nous montrons	nous montrerons	nous montrions
vous montrez	vous montrerez	vous montriez
ils montrent	ils montreront	ils montraient

PASSE SIMPLE	**PASSE COMPOSE**	**PLUPERFECT**
je montrai	j'ai montré	j'avais montré
tu montras	tu as montré	tu avais montré
il montra	il a montré	il avait montré
nous montrâmes	nous avons montré	nous avions montré
vous montrâtes	vous avez montré	vous aviez montré
ils montrèrent	ils ont montré	ils avaient montré

PAST ANTERIOR	**FUTURE PERFECT**
j'eus montré etc	j'aurai montré etc
see page 22	see page 22

CONDITIONAL / SUBJUNCTIVE

CONDITIONAL **PRESENT**	**SUBJUNCTIVE** **PRESENT**	**PRESENT** **INFINITIVE**
je montrerais	je montre	montrer
tu montrerais	tu montres	
il montrerait	il montre	**PAST** **INFINITIVE**
nous montrerions	nous montrions	avoir montré
vous montreriez	vous montriez	
ils montreraient	ils montrent	

PAST	**IMPERFECT**	**PRESENT** **PARTICIPLE**
j'aurais montré	je montrasse	montrant
tu aurais montré	tu montrasses	
il aurait montré	il montrât	**PAST** **PARTICIPLE**
nous aurions montré	nous montrassions	montré
vous auriez montré	vous montrassiez	
ils auraient montré	ils montrassent	

PAST

j'aie montré
tu aies montré
il ait montré
nous ayons montré
vous ayez montré
ils aient montré

IMPERATIVE

montre
montrons
montrez

INDICATIVE

PRESENT	**FUTURE**	**IMPERFECT**
je mords	je mordrai	je mordais
tu mords	tu mordras	tu mordais
il mord	il mordra	il mordait
nous mordons	nous mordrons	nous mordions
vous mordez	vous mordrez	vous mordiez
ils mordent	ils mordront	ils mordaient

PASSE SIMPLE	**PASSE COMPOSE**	**PLUPERFECT**
je mordis	j'ai mordu	j'avais mordu
tu mordis	tu as mordu	tu avais mordu
il mordit	il a mordu	il avait mordu
nous mordîmes	nous avons mordu	nous avions mordu
vous mordîtes	vous avez mordu	vous aviez mordu
ils mordirent	ils ont mordu	ils avaient mordu

PAST ANTERIOR	**FUTURE PERFECT**
j'eus mordu etc	j'aurai mordu etc
see page 22	see page 22

CONDITIONAL

PRESENT	SUBJUNCTIVE **PRESENT**	PRESENT *INFINITIVE*
je mordrais	je morde	mordre
tu mordrais	tu mordes	
il mordrait	il morde	*PAST*
nous mordrions	nous mordions	*INFINITIVE*
vous mordriez	vous mordiez	avoir mordu
ils mordraient	ils mordent	

PAST	**IMPERFECT**	PRESENT *PARTICIPLE*
j'aurais mordu	je mordisse	mordant
tu aurais mordu	tu mordisses	
il aurait mordu	il mordît	*PAST*
nous aurions mordu	nous mordissions	*PARTICIPLE*
vous auriez mordu	vous mordissiez	mordu
ils auraient mordu	ils mordissent	

	PAST	
	j'aie mordu	
	tu aies mordu	
IMPERATIVE	il ait mordu	
mords	nous ayons mordu	
mordons	vous ayez mordu	
mordez	ils aient mordu	

INDICATIVE

PRESENT	FUTURE	IMPERFECT
je mouds	je moudrai	je moulais
tu mouds	tu moudras	tu moulais
il moud	il moudra	il moulait
nous moulons	nous moudrons	nous moulions
vous moulez	vous moudrez	vous mouliez
ils moulent	ils moudront	ils moulaient

PASSE SIMPLE	PASSE COMPOSE	PLUPERFECT
je moulus	j'ai moulu	j'avais moulu
tu moulus	tu as moulu	tu avais moulu
il moulut	il a moulu	il avait moulu
nous moulûmes	nous avons moulu	nous avions moulu
vous moulûtes	vous avez moulu	vous aviez moulu
ils moulurent	ils ont moulu	ils avaient moulu

PAST ANTERIOR	FUTURE PERFECT
j'eus moulu etc	j'aurai moulu etc
see page 22	see page 22

CONDITIONAL

PRESENT	SUBJUNCTIVE PRESENT	PRESENT INFINITIVE
je moudrais	je moule	moudre
tu moudrais	tu moules	
il moudrait	il moule	PAST INFINITIVE
nous moudrions	nous moulions	avoir moulu
vous moudriez	vous mouliez	
ils moudraient	ils moulent	

PAST	IMPERFECT	PRESENT PARTICIPLE
j'aurais moulu	je moulusse	moulant
tu aurais moulu	tu moulusses	
il aurait moulu	il moulût	PAST PARTICIPLE
nous aurions moulu	nous moulussions	moulu
vous auriez moulu	vous moulussiez	
ils auraient moulu	ils moulussent	

PAST

j'aie moulu
tu aies moulu
il ait moulu
nous ayons moulu
vous ayez moulu
ils aient moulu

IMPERATIVE

mouds
moulons
moulez

INDICATIVE

PRESENT	**FUTURE**	**IMPERFECT**
je meurs	je mourrai	je mourais
tu meurs	tu mourras	tu mourais
il meurt	il mourra	il mourait
nous mourons	nous mourrons	nous mourions
vous mourez	vous mourrez	vous mouriez
ils meurent	ils mourront	ils mouraient

PASSE SIMPLE	**PASSE COMPOSE**	**PLUPERFECT**
je mourus	je suis mort	j'étais mort
tu mourus	tu es mort	tu étais mort
il mourut	il est mort	il était mort
nous mourûmes	nous sommes morts	nous étions morts
vous mourûtes	vous êtes mort(s)	vous étiez mort(s)
ils moururent	ils sont morts	ils étaient morts

PAST ANTERIOR	**FUTURE PERFECT**
je fus mort etc	je serai mort etc
see page 85	see page 85

CONDITIONAL

PRESENT	**SUBJUNCTIVE** **PRESENT**	**PRESENT INFINITIVE**
je mourrais	je meure	mourir
tu mourrais	tu meures	
il mourrait	il meure	**PAST INFINITIVE**
nous mourrions	nous mourions	être mort
vous mourriez	vous mouriez	
ils mourraient	ils meurent	

PAST	**IMPERFECT**	**PRESENT PARTICIPLE**
je serais mort	je mourusse	mourant
tu serais mort	tu mourusses	
il serait mort	il mourût	**PAST PARTICIPLE**
nous serions morts	nous mourussions	mort
vous seriez mort(s)	vous mourussiez	
ils seraient morts	ils mourussent	

PAST

je sois mort
tu sois mort
il soit mort
nous soyons morts
vous soyez mort(s)
ils soient morts

IMPERATIVE

meurs
mourons
mourez

MOUVOIR to move

INDICATIVE

PRESENT	FUTURE	IMPERFECT
je meus	je mouvrai	je mouvais
tu meus	tu mouvras	tu mouvais
il meut	il mouvra	il mouvait
nous mouvons	nous mouvrons	nous mouvions
vous mouvez	vous mouvrez	vous mouviez
ils meuvent	ils mouvront	ils mouvaient

PASSE SIMPLE	PASSE COMPOSE	PLUPERFECT
je mus	j'ai mû	j'avais mû
tu mus	tu as mû	tu avais mû
il mut	il a mû	il avait mû
nous mûmes	nous avons mû	nous avions mû
vous mûtes	vous avez mû	vous aviez mû
ils murent	ils ont mû	ils avaient mû

PAST ANTERIOR	FUTURE PERFECT
j'eus mû etc	j'aurai mû etc
see page 22	see page 22

CONDITIONAL

PRESENT	SUBJUNCTIVE PRESENT	PRESENT INFINITIVE
je mouvrais	je meuve	mouvoir
tu mouvrais	tu meuves	
il mouvrait	il meuve	PAST INFINITIVE
nous mouvrions	nous mouvions	avoir mû
vous mouvriez	vous mouviez	
ils mouvraient	ils meuvent	

PAST	IMPERFECT	PRESENT PARTICIPLE
j'aurais mû	je musse	mouvant
tu aurais mû	tu musses	
il aurait mû	il mût	PAST PARTICIPLE
nous aurions mû	nous mussions	mû, mue, mus
vous auriez mû	vous mussiez	
ils auraient mû	ils mussent	

	PAST	
	j'aie mû	
	tu aies mû	
	il ait mû	
IMPERATIVE	nous ayons mû	
meus	vous ayez mû	
mouvons	ils aient mû	
mouvez		

INDICATIVE

PRESENT	FUTURE	IMPERFECT
je nais	je naîtrai	je naissais
tu nais	tu naîtras	tu naissais
il naît	il naîtra	il naissait
nous naissons	nous naîtrons	nous naissions
vous naissez	vous naîtrez	vous naissiez
ils naissent	ils naîtront	ils naissaient

PASSE SIMPLE	PASSE COMPOSE	PLUPERFECT
je naquis	je suis né	j'étais né
tu naquis	tu es né	tu étais né
il naquit	il est né	il était né
nous naquîmes	nous sommes nés	nous étions nés
vous naquîtes	vous êtes né(s)	vous étiez né(s)
ils naquirent	ils sont nés	ils étaient nés

PAST ANTERIOR	FUTURE PERFECT
je fus né etc	je serai né etc
see page 85	*see page 85*

CONDITIONAL

PRESENT	SUBJUNCTIVE PRESENT	PRESENT INFINITIVE
je naîtrais	je naisse	naître
tu naîtrais	tu naisses	
il naîtrait	il naisse	PAST INFINITIVE
nous naîtrions	nous naissions	être né
vous naîtriez	vous naissiez	
ils naîtraient	ils naissent	

PAST	IMPERFECT	PRESENT PARTICIPLE
je serais né	je naquisse	naissant
tu serais né	tu naquisses	
il serait né	il naquît	PAST PARTICIPLE
nous serions nés	nous naquissions	né
vous seriez né(s)	vous naquissiez	
ils seraient nés	ils naquissent	

PAST
je sois né
tu sois né
il soit né

IMPERATIVE

nais
naissons
naissez

nous soyons nés
vous soyez né(s)
ils soient nés

Note: **renaître** has no past participle or compound tenses

NETTOYER to clean

122

INDICATIVE

PRESENT	FUTURE	IMPERFECT
je nettoie	je nettoierai	je nettoyais
tu nettoies	tu nettoieras	tu nettoyais
il nettoie	il nettoiera	il nettoyait
nous nettoyons	nous nettoierons	nous nettoyions
vous nettoyez	vous nettoierez	vous nettoyiez
ils nettoient	ils nettoieront	ils nettoyaient

PASSE SIMPLE	PASSE COMPOSE	PLUPERFECT
je nettoyai	j'ai nettoyé	j'avais nettoyé
tu nettoyas	tu as nettoyé	tu avais nettoyé
il nettoya	il a nettoyé	il avait nettoyé
nous nettoyâmes	nous avons nettoyé	nous avions nettoyé
vous nettoyâtes	vous avez nettoyé	vous aviez nettoyé
ils nettoyèrent	ils ont nettoyé	ils avaient nettoyé

PAST ANTERIOR	FUTURE PERFECT
j'eus nettoyé etc	j'aurai nettoyé etc
see page 22	*see page 22*

CONDITIONAL

PRESENT

je nettoierais
tu nettoierais
il nettoierait
nous nettoierions
vous nettoieriez
ils nettoieraient

PAST

j'aurais nettoyé
tu aurais nettoyé
il aurait nettoyé
nous aurions nettoyé
vous auriez nettoyé
ils auraient nettoyé

IMPERATIVE

nettoie
nettoyons
nettoyez

SUBJUNCTIVE

PRESENT

je nettoie
tu nettoies
il nettoie
nous nettoyions
vous nettoyiez
ils nettoient

IMPERFECT

je nettoyasse
tu nettoyasses
il nettoyât
nous nettoyassions
vous nettoyassiez
ils nettoyassent

PAST

j'aie nettoyé
tu aies nettoyé
il ait nettoyé
nous ayons nettoyé
vous ayez nettoyé
ils aient nettoyé

PRESENT INFINITIVE

nettoyer

PAST INFINITIVE

avoir nettoyé

PRESENT PARTICIPLE

nettoyant

PAST PARTICIPLE

nettoyé

INDICATIVE

PRESENT	FUTURE	IMPERFECT
je nuis	je nuirai	je nuisais
tu nuis	tu nuiras	tu nuisais
il nuit	il nuira	il nuisait
nous nuisons	nous nuirons	nous nuisions
vous nuisez	vous nuirez	vous nuisiez
ils nuisent	ils nuiront	ils nuisaient

PASSE SIMPLE	PASSE COMPOSE	PLUPERFECT
je nuisis	j'ai nui	j'avais nul
tu nuisis	tu as nui	tu avais nui
il nuisit	il a nui	il avait nui
nous nuisîmes	nous avons nui	nous avions nui
vous nuisîtes	vous avez nui	vous aviez nui
ils nuisirent	ils ont nui	ils avaient nui

PAST ANTERIOR	FUTURE PERFECT
j'eus nui etc	j'aurai nui etc
see page 22	*see page 22*

CONDITIONAL

PRESENT		
je nuirais		
tu nuirais		
il nuirait		
nous nuirions		
vous nuiriez		
ils nuiraient		

PAST		
j'aurais nui		
tu aurais nui		
il aurait nui		
nous aurions nui		
vous auriez nui		
ils auraient nui		

SUBJUNCTIVE

PRESENT		
je nuise		
tu nuises		
il nuise		
nous nuisions		
vous nuisiez		
ils nuisent		

IMPERFECT		
je nuisisse		
tu nuisisses		
il nuisît		
nous nuisissions		
vous nuisissiez		
ils nuisissent		

PAST		
j'aie nui		
tu aies nui		
il ait nui		
nous ayons nui		
vous ayez nui		
ils aient nui		

PRESENT INFINITIVE

nuire

PAST INFINITIVE

avoir nui

PRESENT PARTICIPLE

nuisant

PAST PARTICIPLE

nui

IMPERATIVE

nuis
nuisons
nuisez

OBEIR to obey   124

INDICATIVE
PRESENT

j'obéis
tu obéis
il obéit
nous obéissons
vous obéissez
ils obéissent

FUTURE

j'obéirai
tu obéiras
il obéira
nous obéirons
vous obéirez
ils obéiront

IMPERFECT

j'obéissais
tu obéissais
il obéissait
nous obéissions
vous obéissiez
ils obéissaient

PASSE SIMPLE

j'obéis
tu obéis
il obéit
nous obéîmes
vous obéîtes
ils obéirent

PASSE COMPOSE

j'ai obéi
tu as obéi
il a obéi
nous avons obéi
vous avez obéi
ils ont obéi

PLUPERFECT

j'avais obéi
tu avais obéi
il avait obéi
nous avions obéi
vous aviez obéi
ils avaient obéi

PAST ANTERIOR

j'eus obéi etc
see page 22

FUTURE PERFECT

j'aurai obéi etc
see page 22

CONDITIONAL
PRESENT

j'obéirais
tu obéirais
il obéirait
nous obéirions
vous obéiriez
ils obéiraient

SUBJUNCTIVE
PRESENT

j'obéisse
tu obéisses
il obéisse
nous obéissions
vous obéissiez
ils obéissent

*PRESENT
INFINITIVE*

obéir

*PAST
INFINITIVE*

avoir obéi

PAST

j'aurais obéi
tu aurais obéi
il aurait obéi
nous aurions obéi
vous auriez obéi
ils auraient obéi

IMPERFECT

j'obéisse
tu obéisses
il obéît
nous obéissions
vous obéissiez
ils obéissent

*PRESENT
PARTICIPLE*

obéissant

*PAST
PARTICIPLE*

obéi

PAST

j'aie obéi
tu aies obéi
il ait obéi
nous ayons obéi
vous ayez obéi
ils aient obéi

IMPERATIVE

obéis
obéissons
obéissez

INDICATIVE

PRESENT
j'obtiens
tu obtiens
il obtient
nous obtenons
vous obtenez
ils obtiennent

FUTURE
j'obtiendrai
tu obtiendras
il obtiendra
nous obtiendrons
vous obtiendrez
ils obtiendront

IMPERFECT
j'obtenais
tu obtenais
il obtenait
nous obtenions
vous obteniez
ils obtenaient

PASSE SIMPLE
j'obtins
tu obtins
il obtint
nous obtînmes
vous obtîntes
ils obtinrent

PASSE COMPOSE
j'ai obtenu
tu as obtenu
il a obtenu
nous avons obtenu
vous avez obtenu
ils ont obtenu

PLUPERFECT
j'avais obtenu
tu avais obtenu
il avait obtenu
nous avions obtenu
vous aviez obtenu
ils avaient obtenu

PAST ANTERIOR
j'eus obtenu etc
see page 22

FUTURE PERFECT
j'aurai obtenu etc
see page 22

CONDITIONAL

PRESENT
j'obtiendrais
tu obtiendrais
il obtiendrait
nous obtiendrions
vous obtiendriez
ils obtiendraient

SUBJUNCTIVE

PRESENT
j'obtienne
tu obtiennes
il obtienne
nous obtenions
vous obteniez
ils obtiennent

PRESENT INFINITIVE
obtenir

PAST INFINITIVE
avoir obtenu

PAST
j'aurais obtenu
tu aurais obtenu
il aurait obtenu
nous aurions obtenu
vous auriez obtenu
ils auraient obtenu

IMPERFECT
j'obtinsse
tu obtinsses
il obtînt
nous obtinssions
vous obtinssiez
ils obtinssent

PRESENT PARTICIPLE
obtenant

PAST PARTICIPLE
obtenu

PAST
j'aie obtenu
tu aies obtenu
il ait obtenu
nous ayons obtenu
vous ayez obtenu
ils aient obtenu

IMPERATIVE
obtiens
obtenons
obtenez

OFFRIR to offer

INDICATIVE

PRESENT	**FUTURE**	**IMPERFECT**
j'offre	j'offrirai	j'offrais
tu offres	tu offriras	tu offrais
il offre	il offrira	il offrait
nous offrons	nous offrirons	nous offrions
vous offrez	vous offrirez	vous offriez
ils offrent	ils offriront	ils offraient

PASSE SIMPLE	**PASSE COMPOSE**	**PLUPERFECT**
j'offris	j'ai offert	j'avais offert
tu offris	tu as offert	tu avais offert
il offrit	il a offert	il avait offert
nous offrîmes	nous avons offert	nous avions offert
vous offrîtes	vous avez offert	vous aviez offert
ils offrirent	ils ont offert	ils avaient offert

PAST ANTERIOR	**FUTURE PERFECT**
j'eus offert etc	j'aurai offert etc
see page 22	see page 22

CONDITIONAL

	SUBJUNCTIVE	*PRESENT INFINITIVE*
PRESENT	**PRESENT**	offrir
j'offrirais	j'offre	
tu offrirais	tu offres	
il offrirait	il offre	*PAST INFINITIVE*
nous offririons	nous offrions	avoir offert
vous offririez	vous offriez	
ils offriraient	ils offrent	

PAST	**IMPERFECT**	*PRESENT PARTICIPLE*
j'aurais offert	j'offrisse	offrant
tu aurais offert	tu offrisses	
il aurait offert	il offrît	*PAST PARTICIPLE*
nous aurions offert	nous offrissions	offert
vous auriez offert	vous offrissiez	
ils auraient offert	ils offrissent	

	PAST
	j'aie offert
	tu aies offert
IMPERATIVE	il ait offert
offre	nous ayons offert
offrons	vous ayez offert
offrez	ils aient offert

OUBLIER to forget

INDICATIVE

PRESENT

j'oublie
tu oublies
il oublie
nous oublions
vous oubliez
ils oublient

FUTURE

j'oublierai
tu oublieras
il oubliera
nous oublierons
vous oublierez
ils oublieront

IMPERFECT

j'oubliais
tu oubliais
il oubliait
nous oubliions
vous oubliiez
ils oubliaient

PASSE SIMPLE

j'oubliai
tu oublias
il oublia
nous oubliâmes
vous oubliâtes
ils oublièrent

PASSE COMPOSE

j'ai oublié
tu as oublié
il a oublié
nous avons oublié
vous avez oublié
ils ont oublié

PLUPERFECT

j'avais oublié
tu avais oublié
il avait oublié
nous avions oublié
vous aviez oublié
ils avaient oublié

PAST ANTERIOR

j'eus oublié etc
see page 22

FUTURE PERFECT

j'aurai oublié etc
see page 22

CONDITIONAL

PRESENT

j'oublierais
tu oublierais
il oublierait
nous oublierions
vous oublieriez
ils oublieraient

SUBJUNCTIVE

PRESENT

j'oublie
tu oublies
il oublie
nous oubliions
vous oubliiez
ils oublient

PRESENT INFINITIVE

oublier

PAST INFINITIVE

avoir oublié

PAST

j'aurais oublié
tu aurais oublié
il aurait oublié
nous aurions oublié
vous auriez oublié
ils auraient oublié

IMPERFECT

j'oubliasse
tu oubliasses
il oubliât
nous oubliassions
vous oubliassiez
ils oubliassent

PRESENT PARTICIPLE

oubliant

PAST PARTICIPLE

oublié

PAST

j'aie oublié
tu aies oublié
il ait oublié
nous ayons oublié
vous ayez oublié
ils aient oublié

IMPERATIVE

oublie
oublions
oubliez

OUVRIR to open

INDICATIVE

PRESENT	FUTURE	IMPERFECT
j'ouvre	j'ouvrirai	j'ouvrais
tu ouvres	tu ouvriras	tu ouvrais
il ouvre	il ouvrira	il ouvrait
nous ouvrons	nous ouvrirons	nous ouvrions
vous ouvrez	vous ouvrirez	vous ouvriez
ils ouvrent	ils ouvriront	ils ouvraient

PASSE SIMPLE	PASSE COMPOSE	PLUPERFECT
j'ouvris	j'ai ouvert	j'avais ouvert
tu ouvris	tu as ouvert	tu avais ouvert
il ouvrit	il a ouvert	il avait ouvert
nous ouvrîmes	nous avons ouvert	nous avions ouvert
vous ouvrîtes	vous avez ouvert	vous aviez ouvert
ils ouvrirent	ils ont ouvert	ils avaient ouvert

PAST ANTERIOR	FUTURE PERFECT
j'eus ouvert etc	j'aurai ouvert etc
see page 22	*see page 22*

CONDITIONAL   SUBJUNCTIVE

PRESENT	PRESENT	PRESENT INFINITIVE
j'ouvrirais	j'ouvre	ouvrir
tu ouvrirais	tu ouvres	
il ouvrirait	il ouvre	*PAST INFINITIVE*
nous ouvririons	nous ouvrions	avoir ouvert
vous ouvririez	vous ouvriez	
ils ouvriraient	ils ouvrent	

PAST	IMPERFECT	PRESENT PARTICIPLE
j'aurais ouvert	j'ouvrisse	ouvrant
tu aurais ouvert	tu ouvrisses	
il aurait ouvert	il ouvrît	*PAST PARTICIPLE*
nous aurions ouvert	nous ouvrissions	ouvert
vous auriez ouvert	vous ouvrissiez	
ils auraient ouvert	ils ouvrissent	

PAST

j'aie ouvert
tu aies ouvert
il ait ouvert
nous ayons ouvert
vous ayez ouvert
ils aient ouvert

IMPERATIVE

ouvre
ouvrons
ouvrez

PARAITRE to seem

INDICATIVE

PRESENT	FUTURE	IMPERFECT
je parais	je paraîtrai	je paraissais
tu parais	tu paraîtras	tu paraissais
il paraît	il paraîtra	il paraissait
nous paraissons	nous paraîtrons	nous paraissions
vous paraissez	vous paraîtrez	vous paraissiez
ils paraissent	ils paraîtront	ils paraissaient

PASSE SIMPLE	PASSE COMPOSE	PLUPERFECT
je parus	j'ai paru	j'avais paru
tu parus	tu as paru	tu avais paru
il parut	il a paru	il avait paru
nous parûmes	nous avons paru	nous avions paru
vous parûtes	vous avez paru	vous aviez paru
ils parurent	ils ont paru	ils avaient paru

PAST ANTERIOR	FUTURE PERFECT
j'eus paru etc	j'aurai paru etc
see page 22	*see page 22*

CONDITIONAL

CONDITIONAL PRESENT	SUBJUNCTIVE PRESENT	PRESENT INFINITIVE
je paraîtrais	je paraisse	paraître
tu paraîtrais	tu paraisses	
il paraîtrait	il paraisse	PAST INFINITIVE
nous paraîtrions	nous paraissions	avoir paru
vous paraîtriez	vous paraissiez	
ils paraîtraient	ils paraissent	

PAST	IMPERFECT	PRESENT PARTICIPLE
j'aurais paru	je parusse	paraissant
tu aurais paru	tu parusses	
il aurait paru	il parût	PAST PARTICIPLE
nous aurions paru	nous parussions	paru
vous auriez paru	vous parussiez	
ils auraient paru	ils parussent	

	PAST	
	j'aie paru	
	tu aies paru	
IMPERATIVE	il ait paru	Note: **paraître** takes **être**
parais	nous ayons paru	as it's auxiliary when it
paraissons	vous ayez paru	means "to publish"; **être** is
paraissez	ils aient paru	also used with **apparaître**

PARTIR to go away

INDICATIVE

PRESENT	FUTURE	IMPERFECT
je pars	je partirai	je partais
tu pars	tu partiras	tu partais
il part	il partira	il partait
nous partons	nous partirons	nous partions
vous partez	vous partirez	vous partiez
ils partent	ils partiront	ils partaient

PASSE SIMPLE	PASSE COMPOSE	PLUPERFECT
je partis	je suis parti	j'étais parti
tu partis	tu es parti	tu étais parti
il partit	il est parti	il était parti
nous partîmes	nous sommes partis	nous étions partis
vous partîtes	vous êtes parti(s)	vous étiez parti(s)
ils partirent	ils sont partis	ils étaient partis

PAST ANTERIOR	FUTURE PERFECT
je fus parti etc	je serai parti etc
see page 85	see page 85

CONDITIONAL

PRESENT	SUBJUNCTIVE PRESENT	PRESENT INFINITIVE
je partirais	je parte	partir
tu partirais	tu partes	
il partirait	il parte	PAST INFINITIVE
nous partirions	nous partions	être parti
vous partiriez	vous partiez	
ils partiraient	ils partent	

PAST	IMPERFECT	PRESENT PARTICIPLE
je serais parti	je partisse	partant
tu serais parti	tu partisses	
il serait parti	il partît	PAST PARTICIPLE
nous serions partis	nous partissions	parti
vous seriez parti(s)	vous partissiez	
ils seraient partis	ils partissent	

PAST

je sois parti
tu sois parti
il soit parti

IMPERATIVE

pars	nous soyons partis
partons	vous soyez parti(s)
partez	ils soient partis

Note: **repartir** takes **avoir** as its auxiliary when it means "to reply"

INDICATIVE

PRESENT	**FUTURE**	**IMPERFECT**
je passe	je passerai	je passais
tu passes	tu passeras	tu passais
il passe	il passera	il passait
nous passons	nous passerons	nous passions
vous passez	vous passerez	vous passiez
ils passent	ils passeront	ils passaient

PASSE SIMPLE	**PASSE COMPOSE**	**PLUPERFECT**
je passai	j'ai passé	j'avais passé
tu passas	tu as passé	tu avais passé
il passa	il a passé	il avait passé
nous passâmes	nous avons passé	nous avions passé
vous passâtes	vous avez passé	vous aviez passé
ils passèrent	ils ont passé	ils avaient passé

PAST ANTERIOR	**FUTURE PERFECT**
j'eus passé etc	j'aurai passé etc
see page 22	*see page 22*

CONDITIONAL

PRESENT

je passerais
tu passerais
il passerait
nous passerions
vous passeriez
ils passeraient

PAST

j'aurais passé
tu aurais passé
il aurait passé
nous aurions passé
vous auriez passé
ils auraient passé

SUBJUNCTIVE

PRESENT

je passe
tu passes
il passe
nous passions
vous passiez
ils passent

IMPERFECT

je passasse
tu passasses
il passât
nous passassions
vous passassiez
ils passassent

PAST

j'aie passé
tu aies passé
il ait passé
nous ayons passé
vous ayez passé
ils aient passé

IMPERATIVE

passe
passons
passez

PRESENT INFINITIVE

passer

PAST INFINITIVE

avoir passé

PRESENT PARTICIPLE

passant

PAST PARTICIPLE

passé

Note: **repasser** can take **être** when it means "to come/go past again"

NOTES

1 MEANING

intransitive: to pass, to pass by; *transitive:* to pass; *reflexive:* to take place, to happen, to do without

2 CONSTRUCTIONS WITH PREPOSITIONS

passer quelque chose à quelqu'un	to pass something to someone
passer pour riche	to be supposed to be rich
passer sur les détails	to skip the details
passer de X à Y	to pass from X to Y
passer par la porte/la fenêtre	to go through the door/the window

3 USAGE

intransitive (auxiliary **être**):

When the emphasis is on the state, **être** is used:

le danger est passé	the danger is over

When the emphasis is on the action, **avoir** may be used:

la journée avait passé sans problème	the day passed without any problems

transitive (auxiliary **avoir**):

il a passé le sel	he passed the salt

reflexive (auxiliary **être**):

que s'est-il passé ?	what happened?

4 PHRASES AND IDIOMS

je suis passé devant la boutique	I passed the shop
passer chez quelqu'un	to call in on someone
passer à table	to sit down at the table
passer un examen	to sit an exam
passer la frontière	to cross the border
passer de la drogue	to smuggle drugs
en passant	in passing
passer à la radio	to be on the radio
passer une radio	to have an X-ray
je lui passerai un coup de fil	I'll give him a call
je vous passe le poste 420	I'm putting you through to extension 420
le plus dur est passé	the worst is over
ça fait du bien par où ça passe	it's just what the doctor ordered

INDICATIVE

PRESENT	FUTURE	IMPERFECT
je paie	je paierai	je payais
tu paies	tu paieras	tu payais
il paie	il paiera	il payait
nous payons	nous paierons	nous payions
vous payez	vous paierez	vous payiez
ils paient	ils paieront	ils payaient

PASSE SIMPLE	PASSE COMPOSE	PLUPERFECT
je payai	j'ai payé	j'avais payé
tu payas	tu as payé	tu avais payé
il paya	il a payé	il avait payé
nous payâmes	nous avons payé	nous avions payé
vous payâtes	vous avez payé	vous aviez payé
ils payèrent	ils ont payé	ils avaient payé

PAST ANTERIOR	FUTURE PERFECT
j'eus payé etc	j'aurai payé etc
see page 22	see page 22

CONDITIONAL

PRESENT	SUBJUNCTIVE PRESENT	PRESENT INFINITIVE
je paierais	je paie	payer
tu paierais	tu paies	
il paierait	il paie	**PAST INFINITIVE**
nous paierions	nous payions	avoir payé
vous paieriez	vous payiez	
ils paieraient	ils paient	

PAST	IMPERFECT	PRESENT PARTICIPLE
j'aurais payé	je payasse	payant
tu aurais payé	tu payasses	
il aurait payé	il payât	**PAST PARTICIPLE**
nous aurions payé	nous payassions	payé
vous auriez payé	vous payassiez	
ils auraient payé	ils payassent	

PAST

j'aie payé
tu aies payé
il ait payé
nous ayons payé
vous ayez payé
ils aient payé

IMPERATIVE

paie
payons
payez

Note: **i** can be replaced by **y** before the endings:
-e
-es
-ent
-erai
-erais

NOTES

I MEANING

transitive: to pay, pay for; *intransitive:* to pay; *reflexive:* to get, to treat oneself to

2 CONSTRUCTIONS WITH PREPOSITIONS

payer quelque chose à quelqu'un to pay someone something.

Note that **payer quelque chose** means *to pay for something.*

3 USAGE

transitive and intransitive (auxiliary **avoir**):

il a payé son repas	he paid for his meal
l'enseignement ne paie pas	teaching does not pay (well)

reflexive (auxiliary **être**):

il s'est payé un bon repas	he treated himself to a slap-up meal

4 PHRASES AND IDIOMS

payer comptant	to pay cash
payer rubis sur l'ongle	to pay cash on the nail
payer en espèces	to pay in cash
payer en nature	to pay in kind
ça ne paie pas de mine	it's not much to look at
payer les pots cassés	to pay for the damage, to carry the can
payer à boire	to buy someone a drink
partir sans payer	to leave without paying
payer de sa poche	to pay out of one's own pocket
se payer la tête du garçon	to take the mickey out of the waiter
payer pour quelqu'un	to carry the can for someone
je paie pour ses erreurs	I'm paying for his mistakes
il me le paiera	he'll pay for this
c'est moi qui le lui ai payé	I paid for it for him
je l'ai payé 250 francs	I paid 250 francs for it
je me suis payé une bonne grippe	I got a bad dose of the flu

INDICATIVE

PRESENT	FUTURE	IMPERFECT
je peins	je peindrai	je peignais
tu peins	tu peindras	tu peignais
il peint	il peindra	il peignait
nous peignons	nous peindrons	nous peignions
vous peignez	vous peindrez	vous peigniez
ils peignent	ils peindront	ils peignaient

PASSE SIMPLE	PASSE COMPOSE	PLUPERFECT
je peignis	j'ai peint	j'avais peint
tu peignis	tu as peint	tu avais peint
il peignit	il a peint	il avait peint
nous peignîmes	nous avons peint	nous avions peint
vous peignîtes	vous avez peint	vous aviez peint
ils peignirent	ils ont peint	ils avaient peint

PAST ANTERIOR	FUTURE PERFECT
j'eus peint etc	j'aurai peint etc
see page 22	*see page 22*

CONDITIONAL

SUBJUNCTIVE

PRESENT	PRESENT	PRESENT INFINITIVE
je peindrais	je peigne	peindre
tu peindrais	tu peignes	
il peindrait	il peigne	*PAST INFINITIVE*
nous peindrions	nous peignions	avoir peint
vous peindriez	vous peigniez	
ils peindraient	ils peignent	

PAST	IMPERFECT	PRESENT PARTICIPLE
j'aurais peint	je peignisse	peignant
tu aurais peint	tu peignisses	
il aurait peint	il peignît	*PAST PARTICIPLE*
nous aurions peint	nous peignissions	peint
vous auriez peint	vous peignissiez	
ils auraient peint	ils peignissent	

	PAST	
	j'aie peint	
	tu aies peint	
	il ait peint	
IMPERATIVE	nous ayons peint	
peins	vous ayez peint	
peignons	ils aient peint	
peignez		

PELER to peel

INDICATIVE

PRESENT	FUTURE	IMPERFECT
je pèle	je pèlerai	je pelais
tu pèles	tu pèleras	tu pelais
il pèle	il pèlera	il pelait
nous pelons	nous pèlerons	nous pelions
vous pelez	vous pèlerez	vous peliez
ils pèlent	ils pèleront	ils pelaient

PASSE SIMPLE	PASSE COMPOSE	PLUPERFECT
je pelai	j'ai pelé	j'avais pelé
tu pelas	tu as pelé	tu avais pelé
il pela	il a pelé	il avait pelé
nous pelâmes	nous avons pelé	nous avions pelé
vous pelâtes	vous avez pelé	vous aviez pelé
ils pelèrent	ils ont pelé	ils avaient pelé

PAST ANTERIOR	FUTURE PERFECT
j'eus pelé etc	j'aurai pelé etc
see page 22	see page 22

CONDITIONAL

PRESENT	SUBJUNCTIVE PRESENT	PRESENT INFINITIVE
je pèlerais	je pèle	peler
tu pèlerais	tu pèles	
il pèlerait	il pèle	PAST INFINITIVE
nous pèlerions	nous pelions	avoir pelé
vous pèleriez	vous peliez	
ils pèleraient	ils pèlent	

PAST	IMPERFECT	PRESENT PARTICIPLE
j'aurais pelé	je pelasse	pelant
tu aurais pelé	tu pelasses	
il aurait pelé	il pelât	PAST PARTICIPLE
nous aurions pelé	nous pelassions	pelé
vous auriez pelé	vous pelassiez	
ils auraient pelé	ils pelassent	

PAST

j'aie pelé
tu aies pelé
il ait pelé
nous ayons pelé
vous ayez pelé
ils aient pelé

IMPERATIVE

pèle
pelons
pelez

INDICATIVE

PRESENT	**FUTURE**	**IMPERFECT**
je perds	je perdrai	je perdais
tu perds	tu perdras	tu perdais
il perd	il perdra	il perdait
nous perdons	nous perdrons	nous perdions
vous perdez	vous perdrez	vous perdiez
ils perdent	ils perdront	ils perdaient

PASSE SIMPLE	**PASSE COMPOSE**	**PLUPERFECT**
je perdis	j'ai perdu	j'avais perdu
tu perdis	tu as perdu	tu avais perdu
il perdit	il a perdu	il avait perdu
nous perdîmes	nous avons perdu	nous avions perdu
vous perdîtes	vous avez perdu	vous aviez perdu
ils perdirent	ils ont perdu	ils avaient perdu

PAST ANTERIOR	**FUTURE PERFECT**
j'eus perdu etc	j'aurai perdu etc
see page 22	*see page 22*

CONDITIONAL

SUBJUNCTIVE

PRESENT	**PRESENT**	**PRESENT INFINITIVE**
je perdrais	je perde	perdre
tu perdrais	tu perdes	
il perdrait	il perde	**PAST INFINITIVE**
nous perdrions	nous perdions	avoir perdu
vous perdriez	vous perdiez	
ils perdraient	ils perdent	

PAST	**IMPERFECT**	**PRESENT PARTICIPLE**
j'aurais perdu	je perdisse	perdant
tu aurais perdu	tu perdisses	
il aurait perdu	il perdît	**PAST PARTICIPLE**
nous aurions perdu	nous perdissions	perdu
vous auriez perdu	vous perdissiez	
ils auraient perdu	ils perdissent	

PAST

j'aie perdu
tu aies perdu
il ait perdu
nous ayons perdu
vous ayez perdu
ils aient perdu

IMPERATIVE

perds
perdons
perdez

INDICATIVE

PRESENT	FUTURE	IMPERFECT
je permets	je permettrai	je permettais
tu permets	tu permettras	tu permettais
il permet	il permettra	il permettait
nous permettons	nous permettrons	nous permettions
vous permettez	vous permettrez	vous permettiez
ils permettent	ils permettront	ils permettaient

PASSE SIMPLE	PASSE COMPOSE	PLUPERFECT
je permis	j'ai permis	j'avais permis
tu permis	tu as permis	tu avais permis
il permit	il a permis	il avait permis
nous permîmes	nous avons permis	nous avions permis
vous permîtes	vous avez permis	vous aviez permis
ils permirent	ils ont permis	ils avaient permis

PAST ANTERIOR	FUTURE PERFECT
j'eus permis etc	j'aurai permis etc
see page 22	*see page 22*

CONDITIONAL

PRESENT			
je permettrais			
tu permettrais			
il permettrait			
nous permettrions			
vous permettriez			
ils permettraient			

SUBJUNCTIVE

PRESENT		PRESENT INFINITIVE
je permette		permettre
tu permettes		
il permette		*PAST INFINITIVE*
nous permettions		avoir permis
vous permettiez		
ils permettent		

PAST

j'aurais permis	IMPERFECT	PRESENT PARTICIPLE
tu aurais permis	je permisse	permettant
il aurait permis	tu permisses	
nous aurions permis	il permît	*PAST PARTICIPLE*
vous auriez permis	nous permissions	permis
ils auraient permis	vous permissiez	
	ils permissent	

PAST

j'aie permis
tu aies permis
il ait permis
nous ayons permis
vous ayez permis
ils aient permis

IMPERATIVE

permets
permettons
permettez

INDICATIVE

PRESENT	FUTURE	IMPERFECT
je pèse	je pèserai	je pesais
tu pèses	tu pèseras	tu pesais
il pèse	il pèsera	il pesait
nous pesons	nous pèserons	nous pesions
vous pesez	vous pèserez	vous pesiez
ils pèsent	ils pèseront	ils pesaient

PASSE SIMPLE	PASSE COMPOSE	PLUPERFECT
je pesai	j'ai pesé	j'avais pesé
tu pesas	tu as pesé	tu avais pesé
il pesa	il a pesé	il avait pesé
nous pesâmes	nous avons pesé	nous avions pesé
vous pesâtes	vous avez pesé	vous aviez pesé
ils pesèrent	ils ont pesé	ils avaient pesé

PAST ANTERIOR	FUTURE PERFECT
j'eus pesé etc	j'aurai pesé etc
see page 22	see page 22

CONDITIONAL

PRESENT	SUBJUNCTIVE PRESENT	
je pèserais	je pèse	**PRESENT INFINITIVE**
tu pèserais	tu pèses	peser
il pèserait	il pèse	
nous pèserions	nous pesions	**PAST INFINITIVE**
vous pèseriez	vous pesiez	avoir pesé
ils pèseraient	ils pèsent	

PAST	IMPERFECT	
j'aurais pesé	je pesasse	**PRESENT PARTICIPLE**
tu aurais pesé	tu pesasses	pesant
il aurait pesé	il pesât	
nous aurions pesé	nous pesassions	**PAST PARTICIPLE**
vous auriez pesé	vous pesassiez	pesé
ils auraient pesé	ils pesassent	

	PAST	
	j'aie pesé	
	tu aies pesé	
IMPERATIVE	il ait pesé	
pèse	nous ayons pesé	
pesons	vous ayez pesé	
pesez	ils aient pesé	

Note: **dépecer** conjugates like **peser**, but with **ç** following the pattern of **placer**

INDICATIVE

PRESENT	FUTURE	IMPERFECT
je pince	je pincerai	je pinçais
tu pinces	tu pinceras	tu pinçais
il pince	il pincera	il pinçait
nous pinçons	nous pincerons	nous pincions
vous pincez	vous pincerez	vous pinciez
ils pincent	ils pinceront	ils pinçaient

PASSE SIMPLE	PASSE COMPOSE	PLUPERFECT
je pinçai	j'ai pincé	j'avais pincé
tu pinças	tu as pincé	tu avais pincé
il pinça	il a pincé	il avait pincé
nous pinçâmes	nous avons pincé	nous avions pincé
vous pinçâtes	vous avez pincé	vous aviez pincé
ils pincèrent	ils ont pincé	ils avaient pincé

PAST ANTERIOR	FUTURE PERFECT
j'eus pincé etc	j'aurai pincé etc
see page 22	*see page 22*

CONDITIONAL

SUBJUNCTIVE

PRESENT	PRESENT	PRESENT INFINITIVE
je pincerais	je pince	pincer
tu pincerais	tu pinces	
il pincerait	il pince	PAST INFINITIVE
nous pincerions	nous pincions	avoir pincé
vous pinceriez	vous pinciez	
ils pinceraient	ils pincent	

PAST	IMPERFECT	PRESENT PARTICIPLE
j'aurais pincé	je pinçasse	pinçant
tu aurais pincé	tu pinçasses	
il aurait pincé	il pinçât	PAST PARTICIPLE
nous aurions pincé	nous pinçassions	pincé
vous auriez pincé	vous pinçassiez	
ils auraient pincé	ils pinçassent	

	PAST
	j'aie pincé
	tu aies pincé
IMPERATIVE	il ait pincé
pince	nous ayons pincé
pinçons	vous ayez pincé
pincez	ils aient pincé

INDICATIVE
PRESENT

je place
tu places
il place
nous plaçons
vous placez
ils placent

FUTURE

je placerai
tu placeras
il placera
nous placerons
vous placerez
ils placeront

IMPERFECT

je plaçais
tu plaçais
il plaçait
nous placions
vous placiez
ils plaçaient

PASSE SIMPLE

je plaçai
tu plaças
il plaça
nous plaçâmes
vous plaçâtes
ils placèrent

PASSE COMPOSE

j'ai placé
tu as placé
il a placé
nous avons placé
vous avez placé
ils ont placé

PLUPERFECT

j'avais placé
tu avais placé
il avait placé
nous avions placé
vous aviez placé
ils avaient placé

PAST ANTERIOR

j'eus placé etc
see page 22

FUTURE PERFECT

j'aurai placé etc
see page 22

CONDITIONAL
PRESENT

je placerais
tu placerais
il placerait
nous placerions
vous placeriez
ils placeraient

SUBJUNCTIVE
PRESENT

je place
tu places
il place
nous placions
vous placiez
ils placent

PRESENT
INFINITIVE

placer

PAST
INFINITIVE

avoir placé

PAST

j'aurais placé
tu aurais placé
il aurait placé
nous aurions placé
vous auriez placé
ils auraient placé

IMPERFECT

je plaçasse
tu plaçasses
il plaçât
nous plaçassions
vous plaçassiez
ils plaçassent

PRESENT
PARTICIPLE

plaçant

PAST
PARTICIPLE

placé

PAST

j'aie placé
tu aies placé
il ait placé
nous ayons placé
vous ayez placé
ils aient placé

IMPERATIVE

place
plaçons
placez

Note: conjugation of
dépecer follows **peser**,
but pattern of **ç** follows
placer

PLAINDRE to pity

INDICATIVE

PRESENT
je plains
tu plains
il plaint
nous plaignons
vous plaignez
ils plaignent

FUTURE
je plaindrai
tu plaindras
il plaindra
nous plaindrons
vous plaindrez
ils plaindront

IMPERFECT
je plaignais
tu plaignais
il plaignait
nous plaignions
vous plaigniez
ils plaignaient

PASSE SIMPLE
je plaignis
tu plaignis
il plaignit
nous plaignîmes
vous plaignîtes
ils plaignirent

PASSE COMPOSE
j'ai plaint
tu as plaint
il a plaint
nous avons plaint
vous avez plaint
ils ont plaint

PLUPERFECT
j'avais plaint
tu avais plaint
il avait plaint
nous avions plaint
vous aviez plaint
ils avaient plaint

PAST ANTERIOR
j'eus plaint etc
see page 22

FUTURE PERFECT
j'aurai plaint etc
see page 22

CONDITIONAL

PRESENT
je plaindrais
tu plaindrais
il plaindrait
nous plaindrions
vous plaindriez
ils plaindraient

SUBJUNCTIVE

PRESENT
je plaigne
tu plaignes
il plaigne
nous plaignions
vous plaigniez
ils plaignent

PRESENT INFINITIVE
plaindre

PAST INFINITIVE
avoir plaint

PAST
j'aurais plaint
tu aurais plaint
il aurait plaint
nous aurions plaint
vous auriez plaint
ils auraient plaint

IMPERFECT
je plaignisse
tu plaignisses
il plaignît
nous plaignissions
vous plaignissiez
ils plaignissent

PRESENT PARTICIPLE
plaignant

PAST PARTICIPLE
plaint

PAST
j'aie plaint
tu aies plaint
il ait plaint
nous ayons plaint
vous ayez plaint
ils aient plaint

IMPERATIVE
plains
plaignons
plaignez

141   **PLAIRE** to please

INDICATIVE

PRESENT
je plais
tu plais
il plaît
nous plaisons
vous plaisez
ils plaisent

FUTURE
je plairai
tu plairas
il plaira
nous plairons
vous plairez
ils plairont

IMPERFECT
je plaisais
tu plaisais
il plaisait
nous plaisions
vous plaisiez
ils plaisaient

PASSE SIMPLE
je plus
tu plus
il plut
nous plûmes
vous plûtes
ils plurent

PASSE COMPOSE
j'ai plu
tu as plu
il a plu
nous avons plu
vous avez plu
ils ont plu

PLUPERFECT
j'avais plu
tu avais plu
il avait plu
nous avions plu
vous aviez plu
ils avaient plu

PAST ANTERIOR
j'eus plu etc
see page 22

FUTURE PERFECT
j'aurai plu etc
see page 22

CONDITIONAL

PRESENT
je plairais
tu plairais
il plairait
nous plairions
vous plairiez
ils plairaient

SUBJUNCTIVE

PRESENT
je plaise
tu plaises
il plaise
nous plaisions
vous plaisiez
ils plaisent

PRESENT INFINITIVE
plaire

PAST INFINITIVE
avoir plu

PAST
j'aurais plu
tu aurais plu
il aurait plu
nous aurions plu
vous auriez plu
ils auraient plu

IMPERFECT
je plusse
tu plusses
il plût
nous plussions
vous plussiez
ils plussent

PRESENT PARTICIPLE
plaisant

PAST PARTICIPLE
plu

PAST
j'aie plu
tu aies plu
il ait plu
nous ayons plu
vous ayez plu
ils aient plu

IMPERATIVE
plais
plaisons
plaisez

PLIER to bend

INDICATIVE

PRESENT	FUTURE	IMPERFECT
je plie	je plierai	je pliais
tu plies	tu plieras	tu pliais
il plie	il pliera	il pliait
nous plions	nous plierons	nous pliions
vous pliez	vous plierez	vous pliiez
ils plient	ils plieront	ils pliaient

PASSE SIMPLE	PASSE COMPOSE	PLUPERFECT
je pliai	j'ai plié	j'avais plié
tu plias	tu as plié	tu avais plié
il plia	il a plié	il avait plié
nous pliâmes	nous avons plié	nous avions plié
vous pliâtes	vous avez plié	vous aviez plié
ils plièrent	ils ont plié	ils avaient plié

PAST ANTERIOR	FUTURE PERFECT
j'eus plié etc	j'aurai plié etc
see page 22	see page 22

CONDITIONAL

PRESENT	SUBJUNCTIVE PRESENT	PRESENT INFINITIVE
je plierais	je plie	plier
tu plierais	tu plies	
il plierait	il plie	PAST INFINITIVE
nous plierions	nous pliions	avoir plié
vous plieriez	vous pliiez	
ils plieraient	ils plient	

PAST	IMPERFECT	PRESENT PARTICIPLE
j'aurais plié	je pliasse	pliant
tu aurais plié	tu pliasses	
il aurait plié	il pliât	PAST PARTICIPLE
nous aurions plié	nous pliassions	plié
vous auriez plié	vous pliassiez	
ils auraient plié	ils pliassent	

	PAST
	j'aie plié
	tu aies plié
IMPERATIVE	il ait plié
plie	nous ayons plié
plions	vous ayez plié
pliez	ils aient plié

INDICATIVE
PRESENT
je plonge
tu plonges
il plonge
nous plongeons
vous plongez
ils plongent

FUTURE
je plongerai
tu plongeras
il plongera
nous plongerons
vous plongerez
ils plongeront

IMPERFECT
je plongeais
tu plongeais
il plongeait
nous plongions
vous plongiez
ils plongeaient

PASSE SIMPLE
je plongeai
tu plongeas
Il plongea
nous plongeâmes
vous plongeâtes
ils plongèrent

PASSE COMPOSE
j'ai plongé
tu as plongé
il a plongé
nous avons plongé
vous avez plongé
ils ont plongé

PLUPERFECT
j'avais plongé
tu avais plongé
il avait plongé
nous avions plongé
vous aviez plongé
ils avaient plongé

PAST ANTERIOR
j'eus plongé etc
see page 22

FUTURE PERFECT
j'aurai plongé etc
see page 22

CONDITIONAL
PRESENT
je plongerais
tu plongerais
il plongerait
nous plongerions
vous plongeriez
ils plongeraient

SUBJUNCTIVE
PRESENT
je plonge
tu plonges
il plonge
nous plongions
vous plongiez
ils plongent

PRESENT INFINITIVE
plonger

PAST INFINITIVE
avoir plongé

PAST
j'aurais plongé
tu aurais plongé
il aurait plongé
nous aurions plongé
vous auriez plongé
ils auraient plongé

IMPERFECT
je plongeasse
tu plongeasses
il plongeât
nous plongeassions
vous plongeassiez
ils plongeassent

PRESENT PARTICIPLE
plongeant

PAST PARTICIPLE
plongé

PAST
j'aie plongé
tu aies plongé
il ait plongé
nous ayons plongé
vous ayez plongé
ils aient plongé

IMPERATIVE
plonge
plongeons
plongez

POSSEDER to own

INDICATIVE

PRESENT
je possède
tu possèdes
il possède
nous possédons
vous possédez
ils possèdent

FUTURE
je posséderai
tu posséderas
il possédera
nous posséderons
vous posséderez
ils posséderont

IMPERFECT
je possédais
tu possédais
il possédait
nous possédions
vous possédiez
ils possédaient

PASSE SIMPLE
je possédai
tu possédas
il posséda
nous possédâmes
vous possédâtes
ils possédèrent

PASSE COMPOSE
j'ai possédé
tu as possédé
il a possédé
nous avons possédé
vous avez possédé
ils ont possédé

PLUPERFECT
j'avais possédé
tu avais possédé
il avait possédé
nous avions possédé
vous aviez possédé
ils avaient possédé

PAST ANTERIOR
j'eus possédé etc
see page 22

FUTURE PERFECT
j'aurai possédé etc
see page 22

CONDITIONAL

PRESENT
je posséderais
tu posséderais
il posséderait
nous posséderions
vous posséderiez
ils posséderaient

PAST
j'aurais possédé
tu aurais possédé
il aurait possédé
nous aurions possédé
vous auriez possédé
ils auraient possédé

SUBJUNCTIVE

PRESENT
je possède
tu possèdes
il possède
nous possédions
vous possédiez
ils possèdent

IMPERFECT
je possédasse
tu possédasses
il possédât
nous possédassions
vous possédassiez
ils possédassent

PAST
j'aie possédé
tu aies possédé
il ait possédé
nous ayons possédé
vous ayez possédé
ils aient possédé

PRESENT INFINITIVE
posséder

PAST INFINITIVE
avoir possédé

PRESENT PARTICIPLE
possédant

PAST PARTICIPLE
possédé

IMPERATIVE

possède
possédons
possédez

POURVOIR to provide

INDICATIVE

PRESENT

je pourvois
tu pourvois
il pourvoit
nous pourvoyons
vous pourvoyez
ils pourvoient

FUTURE

je pourvoirai
tu pourvoiras
il pourvoira
nous pourvoirons
vous pourvoirez
ils pourvoiront

IMPERFECT

je pourvoyais
tu pourvoyais
il pourvoyait
nous pourvoyions
vous pourvoyiez
ils pourvoyaient

PASSE SIMPLE

je pourvus
tu pourvus
il pourvut
nous pourvûmes
vous pourvûtes
ils pourvurent

PASSE COMPOSE

j'ai pourvu
tu as pourvu
il a pourvu
nous avons pourvu
vous avez pourvu
ils ont pourvu

PLUPERFECT

j'avais pourvu
tu avais pourvu
il avait pourvu
nous avions pourvu
vous aviez pourvu
ils avaient pourvu

PAST ANTERIOR

j'eus pourvu etc
see page 22

FUTURE PERFECT

j'aurai pourvu etc
see page 22

CONDITIONAL

PRESENT

je pourvoirais
tu pourvoirais
il pourvoirait
nous pourvoirions
vous pourvoiriez
ils pourvoiraient

PAST

j'aurais pourvu
tu aurais pourvu
il aurait pourvu
nous aurions pourvu
vous auriez pourvu
ils auraient pourvu

SUBJUNCTIVE

PRESENT

je pourvoie
tu pourvoies
il pourvoie
nous pourvoyions
vous pourvoyiez
ils pourvoient

IMPERFECT

je pourvusse
tu pourvusses
il pourvût
nous pourvussions
vous pourvussiez
ils pourvussent

PAST

j'aie pourvu
tu aies pourvu
il ait pourvu
nous ayons pourvu
vous ayez pourvu
ils aient pourvu

IMPERATIVE

pourvois
pourvoyons
pourvoyez

PRESENT INFINITIVE

pourvoir

PAST INFINITIVE

avoir pourvu

PRESENT PARTICIPLE

pourvoyant

PAST PARTICIPLE

pourvu

INDICATIVE

PRESENT	FUTURE	IMPERFECT
je pousse	je pousserai	je poussais
tu pousses	tu pousseras	tu poussais
il pousse	il poussera	il poussait
nous poussons	nous pousserons	nous poussions
vous poussez	vous pousserez	vous poussiez
ils poussent	ils pousseront	ils poussaient

PASSE SIMPLE	PASSE COMPOSE	PLUPERFECT
je poussai	j'ai poussé	j'avais poussé
tu poussas	tu as poussé	tu avais poussé
il poussa	il a poussé	il avait poussé
nous poussâmes	nous avons poussé	nous avions poussé
vous poussâtes	vous avez poussé	vous aviez poussé
ils poussèrent	ils ont poussé	ils avaient poussé

PAST ANTERIOR	FUTURE PERFECT
j'eus poussé etc	j'aurai poussé etc
see page 22	see page 22

CONDITIONAL

PRESENT	SUBJUNCTIVE PRESENT	PRESENT INFINITIVE
je pousserais	je pousse	pousser
tu pousserais	tu pousses	
il pousserait	il pousse	PAST INFINITIVE
nous pousserions	nous poussions	avoir poussé
vous pousseriez	vous poussiez	
ils pousseraient	ils poussent	

PAST	IMPERFECT	PRESENT PARTICIPLE
j'aurais poussé	je poussasse	poussant
tu aurais poussé	tu poussasses	
il aurait poussé	il poussât	PAST PARTICIPLE
nous aurions poussé	nous poussassions	poussé
vous auriez poussé	vous poussassiez	
ils auraient poussé	ils poussassent	

PAST

j'aie poussé
tu aies poussé
il ait poussé
nous ayons poussé
vous ayez poussé
ils aient poussé

IMPERATIVE

pousse
poussons
poussez

POUVOIR to be able to

147

INDICATIVE

PRESENT
je peux/je puis
tu peux
il peut
nous pouvons
vous pouvez
ils peuvent

FUTURE
je pourrai
tu pourras
il pourra
nous pourrons
vous pourrez
ils pourront

IMPERFECT
je pouvais
tu pouvais
il pouvait
nous pouvions
vous pouviez
ils pouvaient

PASSE SIMPLE
je pus
tu pus
il put
nous pûmes
vous pûtes
ils purent

PASSE COMPOSE
j'ai pu
tu as pu
il a pu
nous avons pu
vous avez pu
ils ont pu

PLUPERFECT
j'avais pu
tu avais pu
il avait pu
nous avions pu
vous aviez pu
ils avaient pu

PAST ANTERIOR
j'eus pu etc
see page 22

FUTURE PERFECT
j'aurai pu etc
see page 22

CONDITIONAL

PRESENT
je pourrais
tu pourrais
il pourrait
nous pourrions
vous pourriez
ils pourraient

SUBJUNCTIVE

PRESENT
je puisse
tu puisses
il puisse
nous puissions
vous puissiez
ils puissent

PRESENT INFINITIVE
pouvoir

PAST INFINITIVE
avoir pu

PAST
j'aurais pu
tu aurais pu
il aurait pu
nous aurions pu
vous auriez pu
ils auraient pu

IMPERFECT
je pusse
tu pusses
il pût
nous pussions
vous pussiez
ils pussent

PRESENT PARTICIPLE
pouvant

PAST PARTICIPLE
pu

PAST
j'aie pu
tu aies pu
il ait pu
nous ayons pu
vous ayez pu
ils aient pu

IMPERATIVE

NOTES

1   MEANING

to be able to, can, to be allowed to

2   USAGE

transitive (auxiliary **avoir**):

Note that **pouvoir** is followed by the infinitive without a preposition:

il a pu venir	he was able to come
je peux le faire	I can do it

reflexive: the impersonal **il se peut** takes the subjunctive:

il se peut que je parte	I may leave

In phrases such as *would have been able to have done, would have been able to do, could have done,* the *past conditional + present infinitive* are used.

The first person interrogative is **est-ce que je peux ... ?** or **puis-je ... ?**

3   PHRASES AND IDIOMS

je n'en peux plus	I can't stand it any longer, I can't go on any longer
je n'y peux rien	I can't do anything about it
il peut y avoir ...	there may be ...
il pourrait y avoir du monde	there might be a lot of people
cela se peut	that's as may be
cela se pourrait bien	that's quite possible
cela peut se faire	that can be done
il se peut que cela se fasse	that may be done
il peut bien faire cela	that's the least he can do
personne ne peut rien sur lui	no one can influence him
il pouvait sortir	he could go out
il pourrait sortir	he might go out
il a pu sortir	he could go out, he was allowed to go out, he may have gone out
il aurait pu sortir	he could have gone out
il avait pu sortir	he could have gone out
elle a été on ne peut plus aimable	she couldn't have been kinder
advienne que pourra	come what may
sauve qui peut	every man for himself

INDICATIVE

PRESENT

je pratique
tu pratiques
il pratique
nous pratiquons
vous pratiquez
ils pratiquent

FUTURE

je pratiquerai
tu pratiqueras
il pratiquera
nous pratiquerons
vous pratiquerez
ils pratiqueront

IMPERFECT

je pratiquais
tu pratiquais
il pratiquait
nous pratiquions
vous pratiquiez
ils pratiquaient

PASSE SIMPLE

je pratiquai
tu pratiquas
il pratiqua
nous pratiquâmes
vous pratiquâtes
ils pratiquèrent

PASSE COMPOSE

j'ai pratiqué
tu as pratiqué
il a pratiqué
nous avons pratiqué
vous avez pratiqué
ils ont pratiqué

PLUPERFECT

j'avais pratiqué
tu avais pratiqué
il avait pratiqué
nous avions pratiqué
vous aviez pratiqué
ils avaient pratiqué

PAST ANTERIOR

j'eus pratiqué etc
see page 22

FUTURE PERFECT

j'aurai pratiqué etc
see page 22

CONDITIONAL

PRESENT

je pratiquerais
tu pratiquerais
il pratiquerait
nous pratiquerions
vous pratiqueriez
ils pratiqueraient

SUBJUNCTIVE

PRESENT

je pratique
tu pratiques
il pratique
nous pratiquions
vous pratiquiez
ils pratiquent

*PRESENT
INFINITIVE*

pratiquer

*PAST
INFINITIVE*

avoir pratiqué

PAST

j'aurais pratiqué
tu aurais pratiqué
il aurait pratiqué
nous aurions pratiqué
vous auriez pratiqué
ils auraient pratiqué

IMPERFECT

je pratiquasse
tu pratiquasses
il pratiquât
nous pratiquassions
vous pratiquassiez
ils pratiquassent

*PRESENT
PARTICIPLE*

pratiquant

*PAST
PARTICIPLE*

pratiqué

PAST

j'aie pratiqué
tu aies pratiqué
il ait pratiqué
nous ayons pratiqué
vous ayez pratiqué
ils aient pratiqué

IMPERATIVE

pratique
pratiquons
pratiquez

PREFERER to prefer

INDICATIVE

PRESENT	FUTURE	IMPERFECT
je préfère	je préférerai	je préférais
tu préfères	tu préféreras	tu préférais
il préfère	il préférera	il préférait
nous préférons	nous préférerons	nous préférions
vous préférez	vous préférerez	vous préfériez
ils préfèrent	ils préféreront	ils préféraient

PASSE SIMPLE	PASSE COMPOSE	PLUPERFECT
je préférai	j'ai préféré	j'avais préféré
tu préféras	tu as préféré	tu avais préféré
il préféra	il a préféré	il avait préféré
nous préférâmes	nous avons préféré	nous avions préféré
vous préférâtes	vous avez préféré	vous aviez préféré
ils préférèrent	ils ont préféré	ils avaient préféré

PAST ANTERIOR	FUTURE PERFECT
j'eus préféré etc	j'aurai préféré etc
see page 22	see page 22

CONDITIONAL

PRESENT	SUBJUNCTIVE PRESENT	PRESENT INFINITIVE
je préférerais	je préfère	préférer
tu préférerais	tu préfères	
il préférerait	il préfère	PAST INFINITIVE
nous préférerions	nous préférions	avoir préféré
vous préféreriez	vous préfériez	
ils préféreraient	ils préfèrent	

PAST	IMPERFECT	PRESENT PARTICIPLE
j'aurais préféré	je préférasse	préférant
tu aurais préféré	tu préférasses	
il aurait préféré	il préférât	PAST PARTICIPLE
nous aurions préféré	nous préférassions	préféré
vous auriez préféré	vous préférassiez	
ils auraient préféré	ils préférassent	

PAST

j'aie préféré
tu aies préféré
il ait préféré
nous ayons préféré
vous ayez préféré
ils aient préféré

IMPERATIVE

préfère
préférons
préférez

PRENDRE to take

INDICATIVE

PRESENT	FUTURE	IMPERFECT
je prends	je prendrai	je prenais
tu prends	tu prendras	tu prenais
il prend	il prendra	il prenait
nous prenons	nous prendrons	nous prenions
vous prenez	vous prendrez	vous preniez
ils prennent	ils prendront	ils prenaient

PASSE SIMPLE	PASSE COMPOSE	PLUPERFECT
je pris	j'ai pris	j'avais pris
tu pris	tu as pris	tu avais pris
il prit	il a pris	il avait pris
nous prîmes	nous avons pris	nous avions pris
vous prîtes	vous avez pris	vous aviez pris
ils prirent	ils ont pris	ils avaient pris

PAST ANTERIOR	FUTURE PERFECT
j'eus pris etc	j'aurai pris etc
see page 22	see page 22

CONDITIONAL

SUBJUNCTIVE

CONDITIONAL PRESENT	SUBJUNCTIVE PRESENT	PRESENT INFINITIVE
je prendrais	je prenne	prendre
tu prendrais	tu prennes	
il prendrait	il prenne	PAST INFINITIVE
nous prendrions	nous prenions	avoir pris
vous prendriez	vous preniez	
ils prendraient	ils prennent	

PAST	IMPERFECT	PRESENT PARTICIPLE
j'aurais pris	je prisse	prenant
tu aurais pris	tu prisses	
il aurait pris	il prît	PAST PARTICIPLE
nous aurions pris	nous prissions	pris
vous auriez pris	vous prissiez	
ils auraient pris	ils prissent	

PAST

j'aie pris
tu aies pris
il ait pris
nous ayons pris
vous ayez pris
ils aient pris

IMPERATIVE

prends
prenons
prenez

NOTES

1 MEANING

transitive: to take, catch, have; *intransitive:* to take; *reflexive:* to take oneself

2 CONSTRUCTIONS WITH PREPOSITIONS

prendre quelque chose à quelqu'un	to take something from someone
prendre sur soi (de + *infinitive*)	to take it on oneself (to ...)
s'en prendre à + *noun*	to attack

3 USAGE

transitive (auxiliary **avoir**):

il a pris l'autobus	he caught the bus

reflexive (auxiliary **être**):

je m'y suis mal pris	I set about it badly

4 PHRASES AND IDIOMS

prendre part à la manifestation	to take part in the demonstration
prendre l'argent dans le tiroir	to take the money from the drawer
prendre la faute sur soi	to take the blame for
le ciment n'a pas pris	the cement has not set
qu'est-ce qui te prend ?	what's the matter with you?
prendre quelqu'un sur le fait	to catch someone red-handed
on m'a pris mon portefeuille	my wallet has been stolen
c'est à prendre ou à laisser	take it or leave it
à tout prendre	all in all
prendre quelqu'un en amitié/ en grippe	to take a liking/dislike to someone
prendre la parole	to begin to speak
prendre les devants	to make the first move
savoir s'y prendre	to know how to do something
prendre à gauche/à droite	to turn left/right
à prendre avant les repas	to be taken before meals
prendre le temps de	to take the time to
prendre le taureau par les cornes	to take the bull by the horns

151   PREVALOIR to prevail

INDICATIVE

PRESENT
je prévaux
tu prévaux
il prévaut
nous prévalons
vous prévalez
ils prévalent

FUTURE
je prévaudrai
tu prévaudras
il prévaudra
nous prévaudrons
vous prévaudrez
ils prévaudront

IMPERFECT
je prévalais
tu prévalais
il prévalait
nous prévalions
vous prévaliez
ils prévalaient

PASSE SIMPLE
je prévalus
tu prévalus
il prévalut
nous prévalûmes
vous prévalûtes
ils prévalurent

PASSE COMPOSE
j'ai prévalu
tu as prévalu
il a prévalu
nous avons prévalu
vous avez prévalu
ils ont prévalu

PLUPERFECT
j'avais prévalu
tu avais prévalu
il avait prévalu
nous avions prévalu
vous aviez prévalu
ils avaient prévalu

PAST ANTERIOR
j'eus prévalu etc
see page 22

FUTURE PERFECT
j'aurai prévalu etc
see page 22

CONDITIONAL

PRESENT
je prévaudrais
tu prévaudrais
il prévaudrait
nous prévaudrions
vous prévaudriez
ils prévaudraient

SUBJUNCTIVE

PRESENT
je prévale
tu prévales
il prévale
nous prévalions
vous prévaliez
ils prévalent

PRESENT INFINITIVE
prévaloir

PAST INFINITIVE
avoir prévalu

PAST
j'aurais prévalu
tu aurais prévalu
il aurait prévalu
nous aurions prévalu
vous auriez prévalu
ils auraient prévalu

IMPERFECT
je prévalusse
tu prévalusses
il prévalût
nous prévalussions
vous prévalussiez
ils prévalussent

PRESENT PARTICIPLE
prévalant

PAST PARTICIPLE
prévalu

PAST
j'aie prévalu
tu aies prévalu
il ait prévalu
nous ayons prévalu
vous ayez prévalu
ils aient prévalu

IMPERATIVE
prévaux
prévalons
prévalez

INDICATIVE

PRESENT	FUTURE	IMPERFECT
je préviens	je préviendrai	je prévenais
tu préviens	tu préviendras	tu prévenais
il prévient	il préviendra	il prévenait
nous prévenons	nous préviendrons	nous prévenions
vous prévenez	vous préviendrez	vous préveniez
ils préviennent	ils préviendront	ils prévenaient

PASSE SIMPLE	PASSE COMPOSE	PLUPERFECT
je prévins	j'ai prévenu	j'avais prévenu
tu prévins	tu as prévenu	tu avais prévenu
il prévint	il a prévenu	il avait prévenu
nous prévînmes	nous avons prévenu	nous avions prévenu
vous prévîntes	vous avez prévenu	vous aviez prévenu
ils prévinrent	ils ont prévenu	ils avaient prévenu

PAST ANTERIOR	FUTURE PERFECT
j'eus prévenu etc	j'aurai prévenu etc
see page 22	*see page 22*

CONDITIONAL

SUBJUNCTIVE

PRESENT	PRESENT	PRESENT INFINITIVE
je préviendrais	je prévienne	prévenir
tu préviendrais	tu préviennes	
il préviendrait	il prévienne	PAST INFINITIVE
nous préviendrions	nous prévenions	avoir prévenu
vous préviendriez	vous préveniez	
ils préviendraient	ils préviennent	

PAST	IMPERFECT	PRESENT PARTICIPLE
j'aurais prévenu	je prévinsse	prévenant
tu aurais prévenu	tu prévinsses	
il aurait prévenu	il prévînt	PAST PARTICIPLE
nous aurions prévenu	nous prévinssions	prévenu
vous auriez prévenu	vous prévinssiez	
ils auraient prévenu	ils prévinssent	

	PAST	
	j'aie prévenu	
	tu aies prévenu	
IMPERATIVE	il ait prévenu	
préviens	nous ayons prévenu	*Note:* when **convenir**
prévenons	vous ayez prévenu	means "to agree", it takes
prévenez	ils aient prévenu	the auxiliary **être**

153   **PROMETTRE** to promise

INDICATIVE

PRESENT
je promets
tu promets
il promet
nous promettons
vous promettez
ils promettent

FUTURE
je promettrai
tu promettras
il promettra
nous promettrons
vous promettrez
ils promettront

IMPERFECT
je promettais
tu promettais
il promettait
nous promettions
vous promettiez
ils promettaient

PASSE SIMPLE
je promis
tu promis
il promit
nous promîmes
vous promîtes
ils promirent

PASSE COMPOSE
j'ai promis
tu as promis
il a promis
nous avons promis
vous avez promis
ils ont promis

PLUPERFECT
j'avais promis
tu avais promis
il avait promis
nous avions promis
vous aviez promis
ils avaient promis

PAST ANTERIOR
j'eus promis etc
see page 22

FUTURE PERFECT
j'aurai promis etc
see page 22

CONDITIONAL

PRESENT
je promettrais
tu promettrais
il promettrait
nous promettrions
vous promettriez
ils promettraient

PAST
j'aurais promis
tu aurais promis
il aurait promis
nous aurions promis
vous auriez promis
ils auraient promis

SUBJUNCTIVE

PRESENT
je promette
tu promettes
il promette
nous promettions
vous promettiez
ils promettent

IMPERFECT
je promisse
tu promisses
il promît
nous promissions
vous promissiez
ils promissent

PAST
j'aie promis
tu aies promis
il ait promis
nous ayons promis
vous ayez promis
ils aient promis

PRESENT INFINITIVE
promettre

PAST INFINITIVE
avoir promis

PRESENT PARTICIPLE
promettant

PAST PARTICIPLE
promis

IMPERATIVE
promets
promettons
promettez

PROMOUVOIR to promote

INDICATIVE

PRESENT	FUTURE	IMPERFECT
je promeus		
tu promeus		
il promeut		
nous promouvons		
vous promouvez		
ils promeuvent		

PASSE SIMPLE	PASSE COMPOSE	PLUPERFECT
je promus	j'ai promu	j'avais promu
tu promus	tu as promu	tu avais promu
il promut	il a promu	il avait promu
nous promûmes	nous avons promu	nous avions promu
vous promûtes	vous avez promu	vous aviez promu
ils promurent	ils ont promu	ils avaient promu

PAST ANTERIOR	FUTURE PERFECT
j'eus promu etc	j'aurai promu etc
see page 22	see page 22

CONDITIONAL	SUBJUNCTIVE	
PRESENT	PRESENT	**PRESENT INFINITIVE** promouvoir
		PAST INFINITIVE avoir promu

PAST	IMPERFECT	**PRESENT PARTICIPLE**
j'aurais promu		
tu aurais promu		**PAST PARTICIPLE** promu
il aurait promu		
nous aurions promu		
vous auriez promu		
ils auraient promu		

	PAST
	j'aie promu
	tu aies promu
IMPERATIVE	il ait promu
	nous ayons promu
	vous ayez promu
	ils aient promu

PROTEGER to protect

INDICATIVE

PRESENT

je protège
tu protèges
il protège
nous protégeons
vous protégez
ils protègent

FUTURE

je protégerai
tu protégeras
il protégera
nous protégerons
vous protégerez
ils protégeront

IMPERFECT

je protégeais
tu protégeais
il protégeait
nous protégions
vous protégiez
ils protégeaient

PASSE SIMPLE

je protégeai
tu protégeas
il protégea
nous protégeâmes
vous protégeâtes
ils protégèrent

PASSE COMPOSE

j'ai protégé
tu as protégé
il a protégé
nous avons protégé
vous avez protégé
ils ont protégé

PLUPERFECT

j'avais protégé
tu avais protégé
il avait protégé
nous avions protégé
vous aviez protégé
ils avaient protégé

PAST ANTERIOR

j'eus protégé etc
see page 22

FUTURE PERFECT

j'aurai protégé etc
see page 22

CONDITIONAL

PRESENT

je protégerais
tu protégerais
il protégerait
nous protégerions
vous protégeriez
ils protégeraient

SUBJUNCTIVE

PRESENT

je protège
tu protèges
il protège
nous protégions
vous protégiez
ils protègent

PRESENT INFINITIVE

protéger

PAST INFINITIVE

avoir protégé

PAST

j'aurais protégé
tu aurais protégé
il aurait protégé
nous aurions protégé
vous auriez protégé
ils auraient protégé

IMPERFECT

je protégeasse
tu protégeasses
il protégeât
nous protégeassions
vous protégeassiez
ils protégeassent

PRESENT PARTICIPLE

protégeant

PAST PARTICIPLE

protégé

PAST

j'aie protégé
tu aies protégé
il ait protégé
nous ayons protégé
vous ayez protégé
ils aient protégé

IMPERATIVE

protège
protégeons
protégez

RANGER to tidy 156

INDICATIVE

PRESENT	FUTURE	IMPERFECT
je range	je rangerai	je rangeais
tu ranges	tu rangeras	tu rangeais
il range	il rangera	il rangeait
nous rangeons	nous rangerons	nous rangions
vous rangez	vous rangerez	vous rangiez
ils rangent	ils rangeront	ils rangeaient

PASSE SIMPLE	PASSE COMPOSE	PLUPERFECT
je rangeai	j'ai rangé	j'avais rangé
tu rangeas	tu as rangé	tu avais rangé
il rangea	il a rangé	il avait rangé
nous rangeâmes	nous avons rangé	nous avions rangé
vous rangeâtes	vous avez rangé	vous aviez rangé
ils rangèrent	ils ont rangé	ils avaient rangé

PAST ANTERIOR	FUTURE PERFECT
j'eus rangé etc	j'aurai rangé etc
see page 22	see page 22

CONDITIONAL

PRESENT	SUBJUNCTIVE PRESENT	PRESENT INFINITIVE
je rangerais	je range	ranger
tu rangerais	tu ranges	
il rangerait	il range	**PAST INFINITIVE**
nous rangerions	nous rangions	avoir rangé
vous rangeriez	vous rangiez	
ils rangeraient	ils rangent	

PAST	IMPERFECT	PRESENT PARTICIPLE
j'aurais rangé	je rangeasse	rangeant
tu aurais rangé	tu rangeasses	
il aurait rangé	il rangeât	**PAST PARTICIPLE**
nous aurions rangé	nous rangeassions	rangé
vous auriez rangé	vous rangeassiez	
ils auraient rangé	ils rangeassent	

PAST

j'aie rangé
tu aies rangé
il ait rangé
nous ayons rangé
vous ayez rangé
ils aient rangé

IMPERATIVE

range
rangeons
rangez

INDICATIVE

PRESENT	FUTURE	IMPERFECT
je rapièce	je rapiécerai	je rapiéçais
tu rapièces	tu rapiéceras	tu rapiéçais
il rapièce	il rapiécera	il rapiéçait
nous rapiéçons	nous rapiécerons	nous rapiécions
vous rapiécez	vous rapiécerez	vous rapiéciez
ils rapiècent	ils rapiéceront	ils rapiéçaient

PASSE SIMPLE	PASSE COMPOSE	PLUPERFECT
je rapiéçai	j'ai rapiécé	j'avais rapiécé
tu rapiéças	tu as rapiécé	tu avais rapiécé
il rapiéça	il a rapiécé	il avait rapiécé
nous rapiéçâmes	nous avons rapiécé	nous avions rapiécé
vous rapiéçâtes	vous avez rapiécé	vous aviez rapiécé
ils rapiécèrent	ils ont rapiécé	ils avaient rapiécé

PAST ANTERIOR	FUTURE PERFECT
j'eus rapiécé etc	j'aurai rapiécé etc
see page 22	see page 22

CONDITIONAL

SUBJUNCTIVE

PRESENT	PRESENT	PRESENT INFINITIVE
je rapiécerais	je rapièce	rapiécer
tu rapiécerais	tu rapièces	
il rapiécerait	il rapièce	PAST INFINITIVE
nous rapiécerions	nous rapiécions	avoir rapiécé
vous rapiéceriez	vous rapiéciez	
ils rapiéceraient	ils rapiècent	

PAST	IMPERFECT	PRESENT PARTICIPLE
j'aurais rapiécé	je rapiéçasse	rapiéçant
tu aurais rapiécé	tu rapiéçasses	
il aurait rapiécé	il rapiéçât	PAST PARTICIPLE
nous aurions rapiécé	nous rapiéçassions	rapiécé
vous auriez rapiécé	vous rapiéçassiez	
ils auraient rapiécé	ils rapiéçassent	

	PAST
	j'aie rapiécé
	tu aies rapiécé
IMPERATIVE	il ait rapiécé
rapièce	nous ayons rapiécé
rapiéçons	vous ayez rapiécé
rapiécez	ils aient rapiécé

RECEVOIR to receive

INDICATIVE

PRESENT	FUTURE	IMPERFECT
je reçois	je recevrai	je recevais
tu reçois	tu recevras	tu recevais
il reçoit	il recevra	il recevait
nous recevons	nous recevrons	nous recevions
vous recevez	vous recevrez	vous receviez
ils reçoivent	ils recevront	ils recevaient

PASSE SIMPLE	PASSE COMPOSE	PLUPERFECT
je reçus	j'ai reçu	j'avais reçu
tu reçus	tu as reçu	tu avais reçu
il reçut	il a reçu	il avait reçu
nous reçûmes	nous avons reçu	nous avions reçu
vous reçûtes	vous avez reçu	vous aviez reçu
ils reçurent	ils ont reçu	ils avaient reçu

PAST ANTERIOR	FUTURE PERFECT
j'eus reçu etc	j'aurai reçu etc
see page 22	*see page 22*

CONDITIONAL

PRESENT	SUBJUNCTIVE PRESENT	PRESENT INFINITIVE
je recevrais	je reçoive	recevoir
tu recevrais	tu reçoives	
il recevrait	il reçoive	*PAST INFINITIVE*
nous recevrions	nous recevions	avoir reçu
vous recevriez	vous receviez	
ils recevraient	ils reçoivent	

PAST	IMPERFECT	PRESENT PARTICIPLE
j'aurais reçu	je reçusse	recevant
tu aurais reçu	tu reçusses	
il aurait reçu	il reçût	*PAST PARTICIPLE*
nous aurions reçu	nous reçussions	reçu
vous auriez reçu	vous reçussiez	
ils auraient reçu	ils reçussent	

	PAST	
	j'aie reçu	
	tu aies reçu	
IMPERATIVE	il ait reçu	
reçois	nous ayons reçu	
recevons	vous ayez reçu	
recevez	ils aient reçu	

REFLECHIR to reflect

INDICATIVE

PRESENT	FUTURE	IMPERFECT
je réfléchis	je réfléchirai	je réfléchissais
tu réfléchis	tu réfléchiras	tu réfléchissais
il réfléchit	il réfléchira	il réfléchissait
nous réfléchissons	nous réfléchirons	nous réfléchissions
vous réfléchissez	vous réfléchirez	vous réfléchissiez
ils réfléchissent	ils réfléchiront	ils réfléchissaient

PASSE SIMPLE	PASSE COMPOSE	PLUPERFECT
je réfléchis	j'ai réfléchi	j'avais réfléchi
tu réfléchis	tu as réfléchi	tu avais réfléchi
il réfléchit	il a réfléchi	il avait réfléchi
nous réfléchîmes	nous avons réfléchi	nous avions réfléchi
vous réfléchîtes	vous avez réfléchi	vous aviez réfléchi
ils réfléchirent	ils ont réfléchi	ils avaient réfléchi

PAST ANTERIOR	FUTURE PERFECT
j'eus réfléchi etc	j'aurai réfléchi etc
see page 22	*see page 22*

CONDITIONAL

PRESENT	SUBJUNCTIVE PRESENT	PRESENT INFINITIVE
je réfléchirais	je réfléchisse	réfléchir
tu réfléchirais	tu réfléchisses	
il réfléchirait	il réfléchisse	PAST INFINITIVE
nous réfléchirions	nous réfléchissions	avoir réfléchi
vous réfléchiriez	vous réfléchissiez	
ils réfléchiraient	ils réfléchissent	

PAST	IMPERFECT	PRESENT PARTICIPLE
j'aurais réfléchi	je réfléchisse	réfléchissant
tu aurais réfléchi	tu réfléchisses	
il aurait réfléchi	il réfléchît	PAST PARTICIPLE
nous aurions réfléchi	nous réfléchissions	réfléchi
vous auriez réfléchi	vous réfléchissiez	
ils auraient réfléchi	ils réfléchissent	

PAST
j'aie réfléchi
tu aies réfléchi
il ait réfléchi
nous ayons réfléchi
vous ayez réfléchi
ils aient réfléchi

IMPERATIVE
réfléchis
réfléchissons
réfléchissez

REMERCIER to thank

INDICATIVE

PRESENT	FUTURE	IMPERFECT
je remercie	je remercierai	je remerciais
tu remercies	tu remercieras	tu remerciais
il remercie	il remerciera	il remerciait
nous remercions	nous remercierons	nous remerciions
vous remerciez	vous remercierez	vous remerciiez
ils remercient	ils remercieront	ils remerciaient

PASSE SIMPLE	PASSE COMPOSE	PLUPERFECT
je remerciai	j'ai remercié	j'avais remercié
tu remercias	tu as remercié	tu avais remercié
il remercia	il a remercié	il avait remercié
nous remerciâmes	nous avons remercié	nous avions remercié
vous remerciâtes	vous avez remercié	vous aviez remercié
ils remercièrent	ils ont remercié	ils avaient remercié

PAST ANTERIOR	FUTURE PERFECT
j'eus remercié etc	j'aurai remercié etc
see page 22	see page 22

CONDITIONAL / SUBJUNCTIVE

CONDITIONAL PRESENT	SUBJUNCTIVE PRESENT	PRESENT INFINITIVE
je remercierais	je remercie	remercier
tu remercierais	tu remercies	
il remercierait	il remercie	PAST INFINITIVE
nous remercierions	nous remerciions	avoir remercié
vous remercieriez	vous remerciiez	
ils remercieraient	ils remercient	

PAST	IMPERFECT	PRESENT PARTICIPLE
j'aurais remercié	je remerciasse	remerciant
tu aurais remercié	tu remerciasses	
il aurait remercié	il remerciât	PAST PARTICIPLE
nous aurions remercié	nous remerciassions	remercié
vous auriez remercié	vous remerciassiez	
ils auraient remercié	ils remerciassent	

	PAST	
	j'aie remercié	
	tu aies remercié	
IMPERATIVE	il ait remercié	
remercie	nous ayons remercié	
remercions	vous ayez remercié	
remerciez	ils aient remercié	

RENDRE to give back

INDICATIVE

PRESENT	FUTURE	IMPERFECT
je rends	je rendrai	je rendais
tu rends	tu rendras	tu rendais
il rend	il rendra	il rendait
nous rendons	nous rendrons	nous rendions
vous rendez	vous rendrez	vous rendiez
ils rendent	ils rendront	ils rendaient

PASSE SIMPLE	PASSE COMPOSE	PLUPERFECT
je rendis	j'ai rendu	j'avais rendu
tu rendis	tu as rendu	tu avais rendu
il rendit	il a rendu	il avait rendu
nous rendîmes	nous avons rendu	nous avions rendu
vous rendîtes	vous avez rendu	vous aviez rendu
ils rendirent	ils ont rendu	ils avaient rendu

PAST ANTERIOR	FUTURE PERFECT
j'eus rendu etc	j'aurai rendu etc
see page 22	see page 22

CONDITIONAL

PRESENT	
je rendrais	
tu rendrais	
il rendrait	
nous rendrions	
vous rendriez	
ils rendraient	

PAST
j'aurais rendu
tu aurais rendu
il aurait rendu
nous aurions rendu
vous auriez rendu
ils auraient rendu

SUBJUNCTIVE

PRESENT
je rende
tu rendes
il rende
nous rendions
vous rendiez
ils rendent

IMPERFECT
je rendisse
tu rendisses
il rendît
nous rendissions
vous rendissiez
ils rendissent

PAST
j'aie rendu
tu aies rendu
il ait rendu
nous ayons rendu
vous ayez rendu
ils aient rendu

PRESENT INFINITIVE
rendre

PAST INFINITIVE
avoir rendu

PRESENT PARTICIPLE
rendant

PAST PARTICIPLE
rendu

IMPERATIVE
rends
rendons
rendez

NOTES

1   **MEANING**

transitive: to give back, to return, to make + *adjective*; *intransitive:* to give a crop *(of fruit)*; *reflexive:* to give up, to go to

2   **CONSTRUCTIONS WITH PREPOSITIONS**

rendre quelque chose à quelqu'un	to give something back to someone
rendre quelqu'un heureux	to make someone happy
se rendre à	to surrender to, to go to

3   **USAGE**

transitive and intransitive (auxiliary **avoir**):

il lui a rendu son livre	he gave her back her book

reflexive (auxiliary **être**):

il s'est rendu à Londres	he went to London

4   **PHRASES AND IDIOMS**

rendre service à	to be of service to
rendre visite à quelqu'un	to visit someone
rendre justice à quelqu'un de/que ...	to do someone justice for/that ...
se rendre compte de/que ...	to realise that ...
rendre le compliment	to return the compliment
rendre son tablier	to resign
rendre coup pour coup	to give as good as you get
rendre la monnaie à quelqu'un	to give someone their change
rendre quelqu'un heureux	to make someone happy
rends-toi utile	make yourself useful
se rendre malade	to make oneself ill
se rendre à l'évidence	to bow before the evidence
se rendre à pied à l'église	to go to the church on foot
se rendre à l'ennemi	to surrender to the enemy
rendre grâces à Dieu (de ...)	to give thanks to God (for ...)
il a rendu l'âme cette nuit	he gave up the ghost last night

162   RENTRER *to go home, to go in*

INDICATIVE

PRESENT	FUTURE	IMPERFECT
je rentre	je rentrerai	je rentrais
tu rentres	tu rentreras	tu rentrais
il rentre	il rentrera	il rentrait
nous rentrons	nous rentrerons	nous rentrions
vous rentrez	vous rentrerez	vous rentriez
ils rentrent	ils rentreront	ils rentraient

PASSE SIMPLE	PASSE COMPOSE	PLUPERFECT
je rentrai	je suis rentré	j'étais rentré
tu rentras	tu es rentré	tu étais rentré
il rentra	il est rentré	il était rentré
nous rentrâmes	nous sommes rentrés	nous étions rentrés
vous rentrâtes	vous êtes rentré(s)	vous étiez rentré(s)
ils rentrèrent	ils sont rentrés	ils étaient rentrés

PAST ANTERIOR	FUTURE PERFECT
je fus rentré etc	je serai rentré etc
see page 85	see page 85

CONDITIONAL

PRESENT	
je rentrerais	
tu rentrerais	
il rentrerait	
nous rentrerions	
vous rentreriez	
ils rentreraient	

PAST

je serais rentré
tu serais rentré
il serait rentré
nous serions rentrés
vous seriez rentré(s)
ils seraient rentrés

IMPERATIVE

rentre
rentrons
rentrez

SUBJUNCTIVE

PRESENT

je rentre
tu rentres
il rentre
nous rentrions
vous rentriez
ils rentrent

IMPERFECT

je rentrasse
tu rentrasses
il rentrât
nous rentrassions
vous rentrassiez
ils rentrassent

PAST

je sois rentré
tu sois rentré
il soit rentré
nous soyons rentrés
vous soyez rentré(s)
ils soient rentrés

PRESENT INFINITIVE

rentrer

PAST INFINITIVE

être rentré

PRESENT PARTICIPLE

rentrant

PAST PARTICIPLE

rentré

REPANDRE to spread

163

INDICATIVE

PRESENT	FUTURE	IMPERFECT
je répands	je répandrai	je répandais
tu répands	tu répandras	tu répandais
il répand	il répandra	il répandait
nous répandons	nous répandrons	nous répandions
vous répandez	vous répandrez	vous répandiez
ils répandent	ils répandront	ils répandaient

PASSE SIMPLE	PASSE COMPOSE	PLUPERFECT
je répandis	j'ai répandu	j'avais répandu
tu répandis	tu as répandu	tu avais répandu
il répandit	il a répandu	il avait répandu
nous répandîmes	nous avons répandu	nous avions répandu
vous répandîtes	vous avez répandu	vous aviez répandu
ils répandirent	ils ont répandu	ils avaient répandu

PAST ANTERIOR	FUTURE PERFECT
j'eus répandu etc	j'aurai répandu etc
see page 22	see page 22

CONDITIONAL

PRESENT

je répandrais
tu répandrais
il répandrait
nous répandrions
vous répandriez
ils répandraient

PAST

j'aurais répandu
tu aurais répandu
il aurait répandu
nous aurions répandu
vous auriez répandu
ils auraient répandu

SUBJUNCTIVE

PRESENT

je répande
tu répandes
il répande
nous répandions
vous répandiez
ils répandent

IMPERFECT

je répandisse
tu répandisses
il répandît
nous répandissions
vous répandissiez
ils répandissent

PAST

j'aie répandu
tu aies répandu
il ait répandu
nous ayons répandu
vous ayez répandu
ils aient répandu

IMPERATIVE

répands
répandons
répandez

PRESENT INFINITIVE

répandre

PAST INFINITIVE

avoir répandu

PRESENT PARTICIPLE

répandant

PAST PARTICIPLE

répandu

INDICATIVE

PRESENT
je réponds
tu réponds
il répond
nous répondons
vous répondez
ils répondent

FUTURE
je répondrai
tu répondras
il répondra
nous répondrons
vous répondrez
ils répondront

IMPERFECT
je répondais
tu répondais
il répondait
nous répondions
vous répondiez
ils répondaient

PASSE SIMPLE
je répondis
tu répondis
il répondit
nous répondîmes
vous répondîtes
ils répondirent

PASSE COMPOSE
j'ai répondu
tu as répondu
il a répondu
nous avons répondu
vous avez répondu
ils ont répondu

PLUPERFECT
j'avais répondu
tu avais répondu
il avait répondu
nous avions répondu
vous aviez répondu
ils avaient répondu

PAST ANTERIOR
j'eus répondu etc
see page 22

FUTURE PERFECT
j'aurai répondu etc
see page 22

CONDITIONAL

PRESENT
je répondrais
tu répondrais
il répondrait
nous répondrions
vous répondriez
ils répondraient

PAST
j'aurais répondu
tu aurais répondu
il aurait répondu
nous aurions répondu
vous auriez répondu
ils auraient répondu

SUBJUNCTIVE

PRESENT
je réponde
tu répondes
il réponde
nous répondions
vous répondiez
ils répondent

IMPERFECT
je répondisse
tu répondisses
il répondît
nous répondissions
vous répondissiez
ils répondissent

PAST
j'aie répondu
tu aies répondu
il ait répondu
nous ayons répondu
vous ayez répondu
ils aient répondu

PRESENT INFINITIVE
répondre

PAST INFINITIVE
avoir répondu

PRESENT PARTICIPLE
répondant

PAST PARTICIPLE
répondu

IMPERATIVE
réponds
répondons
répondez

RESOUDRE to solve

INDICATIVE

PRESENT
je résous
tu résous
il résout
nous résolvons
vous résolvez
ils résolvent

FUTURE
je résoudrai
tu résoudras
il résoudra
nous résoudrons
vous résoudrez
ils résoudront

IMPERFECT
je résolvais
tu résolvais
il résolvait
nous résolvions
vous résolviez
ils résolvaient

PASSE SIMPLE
je résolus
tu résolus
il résolut
nous résolûmes
vous résolûtes
ils résolurent

PASSE COMPOSE
j'ai résolu
tu as résolu
il a résolu
nous avons résolu
vous avez résolu
ils ont résolu

PLUPERFECT
j'avais résolu
tu avais résolu
il avait résolu
nous avions résolu
vous aviez résolu
ils avaient résolu

PAST ANTERIOR
j'eus résolu etc
see *page 22*

FUTURE PERFECT
j'aurai résolu etc
see *page 22*

CONDITIONAL

PRESENT
je résoudrais
tu résoudrais
il résoudrait
nous résoudrions
vous résoudriez
ils résoudraient

SUBJUNCTIVE

PRESENT
je résolve
tu résolves
il résolve
nous résolvions
vous résolviez
ils résolvent

PRESENT INFINITIVE
résoudre

PAST INFINITIVE
avoir résolu

PAST
j'aurais résolu
tu aurais résolu
il aurait résolu
nous aurions résolu
vous auriez résolu
ils auraient résolu

IMPERFECT
je résolusse
tu résolusses
il résolût
nous résolussions
vous résolussiez
ils résolussent

PRESENT PARTICIPLE
résolvant

PAST PARTICIPLE
résolu

PAST
j'aie résolu
tu aies résolu
il ait résolu
nous ayons résolu
vous ayez résolu
ils aient résolu

IMPERATIVE
résous
résolvons
résolvez

INDICATIVE

PRESENT	**FUTURE**	**IMPERFECT**
je reste	je resterai	je restais
tu restes	tu resteras	tu restais
il reste	il restera	il restait
nous restons	nous resterons	nous restions
vous restez	vous resterez	vous restiez
ils restent	ils resteront	ils restaient

PASSE SIMPLE	**PASSE COMPOSE**	**PLUPERFECT**
je restai	je suis resté	j'étais resté
tu restas	tu es resté	tu étais resté
il resta	il est resté	il était resté
nous restâmes	nous sommes restés	nous étions restés
vous restâtes	vous êtes resté(s)	vous étiez resté(s)
ils restèrent	ils sont restés	ils étaient restés

PAST ANTERIOR	**FUTURE PERFECT**
je fus resté etc	je serai resté etc
see page 85	see page 85

CONDITIONAL   *SUBJUNCTIVE*

PRESENT	**PRESENT**	*PRESENT INFINITIVE*
je resterais	je reste	rester
tu resterais	tu restes	
il resterait	il reste	*PAST INFINITIVE*
nous resterions	nous restions	être resté
vous resteriez	vous restiez	
ils resteraient	ils restent	

PAST	**IMPERFECT**	*PRESENT PARTICIPLE*
je serais resté	je restasse	restant
tu serais resté	tu restasses	
il serait resté	il restât	*PAST PARTICIPLE*
nous serions restés	nous restassions	resté
vous seriez resté(s)	vous restassiez	
ils seraient restés	ils restassent	

PAST

je sois resté
tu sois resté
il soit resté
nous soyons restés
vous soyez resté(s)
ils soient restés

IMPERATIVE

reste
restons
restez

RETOURNER to return

INDICATIVE

PRESENT	FUTURE	IMPERFECT
je retourne	je retournerai	je retournais
tu retournes	tu retourneras	tu retournais
il retourne	il retournera	il retournait
nous retournons	nous retournerons	nous retournions
vous retournez	vous retournerez	vous retourniez
ils retournent	ils retourneront	ils retournaient

PASSE SIMPLE	PASSE COMPOSE	PLUPERFECT
je retournai	je suis retourné	j'étais retourné
tu retournas	tu es retourné	tu étais retourné
il retourna	il est retourné	il était retourné
nous retournâmes	nous sommes retournés	nous étions retournés
vous retournâtes	vous êtes retourné(s)	vous étiez retourné(s)
ils retournèrent	ils sont retournés	ils étaient retournés

PAST ANTERIOR	FUTURE PERFECT
je fus retourné etc	je serai retourné etc
see page 85	see page 85

CONDITIONAL

SUBJUNCTIVE

PRESENT	PRESENT	PRESENT INFINITIVE
je retournerais	je retourne	retourner
tu retournerais	tu retournes	
il retournerait	il retourne	PAST INFINITIVE
nous retournerions	nous retournions	être retourné
vous retourneriez	vous retourniez	
ils retourneraient	ils retournent	

PAST	IMPERFECT	PRESENT PARTICIPLE
je serais retourné	je retournasse	retournant
tu serais retourné	tu retournasses	
il serait retourné	il retournât	PAST PARTICIPLE
nous serions retournés	nous retournassions	retourné
vous seriez retourné(s)	vous retournassiez	
ils seraient retournés	ils retournassent	

	PAST	
	je sois retourné	
	tu sois retourné	
IMPERATIVE	il soit retourné	
retourne	nous soyons retournés	
retournons	vous soyez retourné(s)	
retournez	ils soient retournés	

REUSSIR to succeed

INDICATIVE

PRESENT	FUTURE	IMPERFECT
je réussis	je réussirai	je réussissais
tu réussis	tu réussiras	tu réussissais
il réussit	il réussira	il réussissait
nous réussissons	nous réussirons	nous réussissions
vous réussissez	vous réussirez	vous réussissiez
ils réussissent	ils réussiront	ils réussissaient

PASSE SIMPLE	PASSE COMPOSE	PLUPERFECT
je réussis	j'ai réussi	j'avais réussi
tu réussis	tu as réussi	tu avais réussi
il réussit	il a réussi	il avait réussi
nous réussîmes	nous avons réussi	nous avions réussi
vous réussîtes	vous avez réussi	vous aviez réussi
ils réussirent	ils ont réussi	ils avaient réussi

PAST ANTERIOR	FUTURE PERFECT
j'eus réussi etc	j'aurai réussi etc
see page 22	see page 22

CONDITIONAL

SUBJUNCTIVE

PRESENT	PRESENT	PRESENT INFINITIVE
je réussirais	je réussisse	réussir
tu réussirais	tu réussisses	
il réussirait	il réussisse	PAST INFINITIVE
nous réussirions	nous réussissions	avoir réussi
vous réussiriez	vous réussissiez	
ils réussiraient	ils réussissent	

PAST	IMPERFECT	PRESENT PARTICIPLE
j'aurais réussi	je réussisse	réussissant
tu aurais réussi	tu réussisses	
il aurait réussi	il réussît	PAST PARTICIPLE
nous aurions réussi	nous réussissions	réussi
vous auriez réussi	vous réussissiez	
ils auraient réussi	ils réussissent	

	PAST	
	j'aie réussi	
	tu aies réussi	
IMPERATIVE	il ait réussi	
réussis	nous ayons réussi	
réussissons	vous ayez réussi	
réussissez	ils aient réussi	

INDICATIVE

PRESENT	FUTURE	IMPERFECT
je ris	je rirai	je riais
tu ris	tu riras	tu riais
il rit	il rira	il riait
nous rions	nous rirons	nous riions
vous riez	vous rirez	vous riiez
ils rient	ils riront	ils riaient

PASSE SIMPLE	PASSE COMPOSE	PLUPERFECT
je ris	j'ai ri	j'avais ri
tu ris	tu as ri	tu avais ri
il rit	il a ri	il avait ri
nous rîmes	nous avons ri	nous avions ri
vous rîtes	vous avez ri	vous aviez ri
ils rirent	ils ont ri	ils avaient ri

PAST ANTERIOR	FUTURE PERFECT
j'eus ri etc	j'aurai ri etc
see page 22	see page 22

CONDITIONAL

SUBJUNCTIVE

CONDITIONAL PRESENT	SUBJUNCTIVE PRESENT	PRESENT INFINITIVE
je rirais	je rie	rire
tu rirais	tu ries	
il rirait	il rie	PAST INFINITIVE
nous ririons	nous riions	avoir ri
vous ririez	vous riiez	
ils riraient	ils rient	

PAST	IMPERFECT	PRESENT PARTICIPLE
j'aurais ri	je risse	riant
tu aurais ri	tu risses	
il aurait ri	il rît	PAST PARTICIPLE
nous aurions ri	nous rissions	ri
vous auriez ri	vous rissiez	
ils auraient ri	ils rissent	

PAST

j'aie ri	
tu aies ri	
il ait ri	
nous ayons ri	
vous ayez ri	
ils aient ri	

IMPERATIVE

ris
rions
riez

INDICATIVE

PRESENT	FUTURE	IMPERFECT
je sais	je saurai	je savais
tu sais	tu sauras	tu savais
il sait	il saura	il savait
nous savons	nous saurons	nous savions
vous savez	vous saurez	vous saviez
ils savent	ils sauront	ils savaient

PASSE SIMPLE	PASSE COMPOSE	PLUPERFECT
je sus	j'ai su	j'avais su
tu sus	tu as su	tu avais su
il sut	il a su	il avait su
nous sûmes	nous avons su	nous avions su
vous sûtes	vous avez su	vous aviez su
ils surent	ils ont su	ils avaient su

PAST ANTERIOR	FUTURE PERFECT
j'eus su etc	j'aurai su etc
see page 22	see page 22

CONDITIONAL

PRESENT	SUBJUNCTIVE PRESENT	PRESENT INFINITIVE
je saurais	je sache	savoir
tu saurais	tu saches	
il saurait	il sache	PAST INFINITIVE
nous saurions	nous sachions	
vous sauriez	vous sachiez	avoir su
ils sauraient	ils sachent	

PAST	IMPERFECT	PRESENT PARTICIPLE
j'aurais su	je susse	sachant
tu aurais su	tu susses	
il aurait su	il sût	PAST PARTICIPLE
nous aurions su	nous sussions	
vous auriez su	vous sussiez	su
ils auraient su	ils sussent	

	PAST	
	j'aie su	
	tu aies su	
IMPERATIVE	il ait su	
sache	nous ayons su	
sachons	vous ayez su	
sachez	ils aient su	

NOTES

1 MEANING

transitive: to know (how to)

2 USAGE

Note the distinction between **savoir** and **pouvoir**, between knowing how to and physical ability:

je sais nager mais je ne peux plus à cause de ma blessure
I can (know how to) swim, but I cannot because of my injury

In many expressions, the second half of the negative is not used with **savoir**.

3 PHRASES AND IDIOMS

je l'ai su plus tard	I learned about it later
je vous saurais gré de ...	I would be grateful if you ...
rien, que je sache	nothing as far as I know
pas que je sache	not that I know
(pour autant) que je sache	as far as I know
vous n'êtes pas sans savoir que ...	you are not unaware that ...
sans le savoir	unknowingly
je ne saurais le faire	I couldn't do it
je ne sais que faire	I don't know what to do
je ne sais pas quoi faire	I don't know what to do
je ne savais quoi dire	I didn't know what to say
reste à savoir (si)	it remains to be seen (if)
à savoir	that is
je crois savoir que ...	I'm led to believe that ...
il m'a fait savoir que ...	he let me know that
ça finira bien par se savoir	it'll come out in the end
elle a un certain je ne sais quoi	she has a certain (indefinable) charm
elle est partie je ne sais où	she's gone off somewhere or other
il ne se savait pas malade	he did not know he was ill
il ne sait pas vivre	he doesn't know how to behave
il ne sait rien de rien	he doesn't know a thing
je ne savais sur quel pied danser	I didn't know what to do

INDICATIVE

PRESENT	FUTURE	IMPERFECT
je sèche	je sécherai	je séchais
tu sèches	tu sécheras	tu séchais
il sèche	il séchera	il séchait
nous séchons	nous sécherons	nous séchions
vous séchez	vous sécherez	vous séchiez
ils sèchent	ils sécheront	ils séchaient

PASSE SIMPLE	PASSE COMPOSE	PLUPERFECT
je séchai	j'ai séché	j'avais séché
tu séchas	tu as séché	tu avais séché
il sécha	il a séché	il avait séché
nous séchâmes	nous avons séché	nous avions séché
vous séchâtes	vous avez séché	vous aviez séché
ils séchèrent	ils ont séché	ils avaient séché

PAST ANTERIOR	FUTURE PERFECT
j'eus séché etc	j'aurai séché etc
see *page 22*	see *page 22*

CONDITIONAL / SUBJUNCTIVE

CONDITIONAL PRESENT	SUBJUNCTIVE PRESENT	PRESENT INFINITIVE
je sécherais	je sèche	sécher
tu sécherais	tu sèches	
il sécherait	il sèche	PAST INFINITIVE
nous sécherions	nous séchions	avoir séché
vous sécheriez	vous séchiez	
ils sécheraient	ils sèchent	

PAST	IMPERFECT	PRESENT PARTICIPLE
j'aurais séché	je séchasse	séchant
tu aurais séché	tu séchasses	
il aurait séché	il séchât	PAST PARTICIPLE
nous aurions séché	nous séchassions	séché
vous auriez séché	vous séchassiez	
ils auraient séché	ils séchassent	

PAST
j'aie séché
tu aies séché
il ait séché
nous ayons séché
vous ayez séché
ils aient séché

IMPERATIVE

sèche
séchons
séchez

SEMBLER to seem

INDICATIVE

PRESENT	FUTURE	IMPERFECT
je semble	je semblerai	je semblais
tu sembles	tu sembleras	tu semblais
il semble	il semblera	il semblait
nous semblons	nous semblerons	nous semblions
vous semblez	vous semblerez	vous sembliez
ils semblent	ils sembleront	ils semblaient

PASSE SIMPLE	PASSE COMPOSE	PLUPERFECT
je semblai	je ai semblé	j'avais semblé
tu semblas	tu as semblé	tu avais semblé
il sembla	il a semblé	il avait semblé
nous semblâmes	nous avons semblé	nous avions semblé
vous semblâtes	vous avez semblé	vous aviez semblé
ils semblèrent	ils ont semblé	ils avaient semblé

PAST ANTERIOR	FUTURE PERFECT
je eus semblé etc	je aurai semblé etc
see page 22	*see page 22*

CONDITIONAL

SUBJUNCTIVE

PRESENT	PRESENT	PRESENT INFINITIVE
je semblerais	je semble	sembler
tu semblerais	tu sembles	
il semblerait	il semble	PAST INFINITIVE
nous semblerions	nous semblions	avoir semblé
vous sembleriez	vous sembliez	
ils sembleraient	ils semblent	

PAST	IMPERFECT	PRESENT PARTICIPLE
j'aurais semblé	je semblasse	semblant
tu aurais semblé	tu semblasses	
il aurait semblé	il semblât	PAST PARTICIPLE
nous aurions semblé	nous semblassions	semblé
vous auriez semblé	vous semblassiez	
ils auraient semblé	ils semblassent	

PAST

j'aie semblé

IMPERATIVE

semble

semblons

semblez

tu aies semblé	
il ait semblé	
nous ayons semblé	
vous ayez semblé	
ils aient semblé	

INDICATIVE

PRESENT	FUTURE	IMPERFECT
je sème	je sèmerai	je semais
tu sèmes	tu sèmeras	tu semais
il sème	il sèmera	il semait
nous semons	nous sèmerons	nous semions
vous semez	vous sèmerez	vous semiez
ils sèment	ils sèmeront	ils semaient

PASSE SIMPLE	PASSE COMPOSE	PLUPERFECT
je semai	j'ai semé	j'avais semé
tu semas	tu as semé	tu avais semé
il sema	il a semé	il avait semé
nous semâmes	nous avons semé	nous avions semé
vous semâtes	vous avez semé	vous aviez semé
ils semèrent	ils ont semé	ils avaient semé

PAST ANTERIOR	FUTURE PERFECT
j'eus semé etc	j'aurai semé etc
see page 22	*see page 22*

CONDITIONAL

SUBJUNCTIVE

PRESENT	PRESENT	PRESENT INFINITIVE
je sèmerais	je sème	semer
tu sèmerais	tu sèmes	
il sèmerait	il sème	PAST INFINITIVE
nous sèmerions	nous semions	avoir semé
vous sèmeriez	vous semiez	
ils sèmeraient	ils sèment	

PAST	IMPERFECT	PRESENT PARTICIPLE
j'aurais semé	je semasse	semant
tu aurais semé	tu semasses	
il aurait semé	il semât	PAST PARTICIPLE
nous aurions semé	nous semassions	semé
vous auriez semé	vous semassiez	
ils auraient semé	ils semassent	

PAST

j'aie semé
tu aies semé
il ait semé
nous ayons semé
vous ayez semé
ils aient semé

IMPERATIVE

sème
semons
semez

SENTIR to feel, to smell 174

INDICATIVE

PRESENT	FUTURE	IMPERFECT
je sens	je sentirai	je sentais
tu sens	tu sentiras	tu sentais
il sent	il sentira	il sentait
nous sentons	nous sentirons	nous sentions
vous sentez	vous sentirez	vous sentiez
ils sentent	ils sentiront	ils sentaient

PASSE SIMPLE	PASSE COMPOSE	PLUPERFECT
je sentis	j'ai senti	j'avais senti
tu sentis	tu as senti	tu avais senti
il sentit	il a senti	il avait senti
nous sentîmes	nous avons senti	nous avions senti
vous sentîtes	vous avez senti	vous aviez senti
ils sentirent	ils ont senti	ils avaient senti

PAST ANTERIOR	FUTURE PERFECT
j'eus senti etc	j'aurai senti etc
see page 22	see page 22

CONDITIONAL / SUBJUNCTIVE

PRESENT	PRESENT	PRESENT INFINITIVE
je sentirais	je sente	sentir
tu sentirais	tu sentes	
il sentirait	il sente	PAST INFINITIVE
nous sentirions	nous sentions	avoir senti
vous sentiriez	vous sentiez	
ils sentiraient	ils sentent	

PAST	IMPERFECT	PRESENT PARTICIPLE
j'aurais senti	je sentisse	sentant
tu aurais senti	tu sentisses	
il aurait senti	il sentît	PAST PARTICIPLE
nous aurions senti	nous sentissions	senti
vous auriez senti	vous sentissiez	
ils auraient senti	ils sentissent	

	PAST	
	j'aie senti	
	tu aies senti	
IMPERATIVE	il ait senti	
sens	nous ayons senti	
sentons	vous ayez senti	
sentez	ils aient senti	

INDICATIVE

PRESENT	FUTURE	IMPERFECT
je sers	je servirai	je servais
tu sers	tu serviras	tu servais
il sert	il servira	il servait
nous servons	nous servirons	nous servions
vous servez	vous servirez	vous serviez
ils servent	ils serviront	ils servaient

PASSE SIMPLE	PASSE COMPOSE	PLUPERFECT
je servis	j'ai servi	j'avais servi
tu servis	tu as servi	tu avais servi
il servit	il a servi	il avait servi
nous servîmes	nous avons servi	nous avions servi
vous servîtes	vous avez servi	vous aviez servi
ils servirent	ils ont servi	ils avaient servi

PAST ANTERIOR	FUTURE PERFECT
j'eus servi etc	j'aurai servi etc
see page 22	see page 22

CONDITIONAL

PRESENT		SUBJUNCTIVE PRESENT	PRESENT INFINITIVE
je servirais	je serve	servir
tu servirais	tu serves	
il servirait	il serve	PAST INFINITIVE
nous servirions	nous servions	avoir servi
vous serviriez	vous serviez	
ils serviraient	ils servent	

PAST	IMPERFECT	PRESENT PARTICIPLE
j'aurais servi	je servisse	servant
tu aurais servi	tu servisses	
il aurait servi	il servît	PAST PARTICIPLE
nous aurions servi	nous servissions	servi
vous auriez servi	vous servissiez	
ils auraient servi	ils servissent	

PAST

j'aie servi
tu aies servi
il ait servi
nous ayons servi
vous ayez servi
ils aient servi

IMPERATIVE

sers
servons
servez

INDICATIVE

PRESENT
je siège
tu sièges
il siège
nous siégeons
vous siégez
ils siègent

FUTURE
je siégerai
tu siégeras
il siégera
nous siégerons
vous siégerez
ils siégeront

IMPERFECT
je siégeais
tu siégeais
il siégeait
nous siégions
vous siégiez
ils siégeaient

PASSE SIMPLE
je siégeai
tu siégeas
il siégea
nous siégeâmes
vous siégeâtes
ils siégèrent

PASSE COMPOSE
j'ai siégé
tu as siégé
il a siégé
nous avons siégé
vous avez siégé
ils ont siégé

PLUPERFECT
j'avais siégé
tu avais siégé
il avait siégé
nous avions siégé
vous aviez siégé
ils avaient siégé

PAST ANTERIOR
j'eus siégé etc
see page 22

FUTURE PERFECT
j'aurai siégé etc
see page 22

CONDITIONAL

PRESENT
je siégerais
tu siégerais
il siégerait
nous siégerions
vous siégeriez
ils siégeraient

PAST
j'aurais siégé
tu aurais siégé
il aurait siégé
nous aurions siégé
vous auriez siégé
ils auraient siégé

SUBJUNCTIVE

PRESENT
je siège
tu sièges
il siège
nous siégions
vous siégiez
ils siègent

IMPERFECT
je siégeasse
tu siégeasses
il siégeât
nous siégeassions
vous siégeassiez
ils siégeassent

PAST
j'aie siégé
tu aies siégé
il ait siégé
nous ayons siégé
vous ayez siégé
ils aient siégé

PRESENT INFINITIVE
siéger

PAST INFINITIVE
avoir siégé

PRESENT PARTICIPLE
siégeant

PAST PARTICIPLE
siégé

IMPERATIVE

siège
siégeons
siégez

INDICATIVE

PRESENT	FUTURE	IMPERFECT
je sors	je sortirai	je sortais
tu sors	tu sortiras	tu sortais
il sort	il sortira	il sortait
nous sortons	nous sortirons	nous sortions
vous sortez	vous sortirez	vous sortiez
ils sortent	ils sortiront	ils sortaient

PASSE SIMPLE	PASSE COMPOSE	PLUPERFECT
je sortis	je suis sorti	j'étais sorti
tu sortis	tu es sorti	tu étais sorti
il sortit	il est sorti	il était sorti
nous sortîmes	nous sommes sortis	nous étions sortis
vous sortîtes	vous êtes sorti(s)	vous étiez sorti(s)
ils sortirent	ils sont sortis	ils étaient sortis

PAST ANTERIOR	FUTURE PERFECT
je fus sorti etc	je serai sorti etc
see page 85	see page 85

CONDITIONAL

PRESENT		
je sortirais		
tu sortirais		
il sortirait		
nous sortirions		
vous sortiriez		
ils sortiraient		

PAST

je serais sorti
tu serais sorti
il serait sorti
nous serions sortis
vous seriez sorti(s)
ils seraient sortis

SUBJUNCTIVE

PRESENT

je sorte
tu sortes
il sorte
nous sortions
vous sortiez
ils sortent

IMPERFECT

je sortisse
tu sortisses
il sortît
nous sortissions
vous sortissiez
ils sortissent

PAST

je sois sorti
tu sois sorti
il soit sorti
nous soyons sortis
vous soyez sorti(s)
ils soient sortis

IMPERATIVE

sors
sortons
sortez

PRESENT INFINITIVE

sortir

PAST INFINITIVE

être sorti

PRESENT PARTICIPLE

sortant

PAST PARTICIPLE

sorti

NOTES

1 MEANING

intransitive: to go out; *transitive:* to take out; *reflexive:* to get oneself out of

2 CONSTRUCTIONS WITH PREPOSITIONS

sortir is not usually followed by a preposition before the infinitive.

sortir de + *noun*	to go out of
se sortir de + *noun*	to get out of

3 USAGE

intransitive and reflexive (auxiliary **être**):

elle est sortie en courant	she ran outside
elle s'en est bien sortie (à l'examen etc)	she came out of it well *(exam etc)*

transitive (auxiliary **avoir**):

il a sorti son revolver de sa poche	he took his gun out of his pocket

4 PHRASES AND IDIOMS

on est sorti hier soir	we went out yesterday evening
sortir en voiture	to go out in the car
sortir de table	to leave the table
le film est sorti	the film is out, the film has been released
sortez vos livres	get out your books
faites sortir ces dames	show these ladies out
avoir du mal à s'en sortir	to have a hard time getting out of something
on n'est pas sorti de l'auberge	we're not out of the woods yet
sortir de ses gonds	to fly off the handle
sortir du sujet	to go off the subject
sortir des limites	to overstep the limits
cela te sortira	that will make a change for you
ça lui est complètement sorti de la tête	it went right out of his head

INDICATIVE
PRESENT
je me souviens
tu te souviens
il se souvient
nous nous souvenons
vous vous souvenez
ils se souviennent

FUTURE
je me souviendrai
tu te souviendras
il se souviendra
nous nous souviendrons
vous vous souviendrez
ils se souviendront

IMPERFECT
je me souvenais
tu te souvenais
il se souvenait
nous nous souvenions
vous vous souveniez
ils se souvenaient

PASSE SIMPLE
je me souvins
tu te souvins
il se souvint
nous nous souvînmes
vous vous souvîntes
ils se souvinrent

PASSE COMPOSE
je me suis souvenu
tu t'es souvenu
il s'est souvenu
nous nous sommes souvenus
vous vous êtes souvenu(s)
ils se sont souvenus

PLUPERFECT
je m'étais souvenu
tu t'étais souvenu
il s'était souvenu
nous nous étions souvenus
vous vous étiez souvenu(s)
ils s'étaient souvenus

PAST ANTERIOR
je me fus souvenu etc
see page 85

FUTURE PERFECT
je me serai souvenu etc
see page 85

CONDITIONAL
PRESENT
je me souviendrais
tu te souviendrais
il se souviendrait
nous nous souviendrions
vous vous souviendriez
ils se souviendraient

SUBJUNCTIVE
PRESENT
je me souvienne
tu te souviennes
il se souvienne
nous nous souvenions
vous vous souveniez
ils se souviennent

PRESENT INFINITIVE
se souvenir

PAST INFINITIVE
s'être souvenu

PAST
je me serais souvenu
tu te serais souvenu
il se serait souvenu
nous nous serions souvenus
vous vous seriez souvenu(s)
ils se seraient souvenus

IMPERFECT
je me souvinsse
tu te souvinsses
il se souvînt
nous nous souvinssions
vous vous souvinssiez
ils se souvinssent

PRESENT PARTICIPLE
se souvenant

PAST PARTICIPLE
souvenu

PAST
je me sois souvenu
tu te sois souvenu
il se soit souvenu
nous nous soyons souvenus
vous vous soyez souvenu(s)
ils se soient souvenus

IMPERATIVE
souviens-toi
souvenons-nous
souvenez-vous

SUFFIRE to be sufficient

INDICATIVE

PRESENT
je suffis
tu suffis
il suffit
nous suffisons
vous suffisez
ils suffisent

FUTURE
je suffirai
tu suffiras
il suffira
nous suffirons
vous suffirez
ils suffiront

IMPERFECT
je suffisais
tu suffisais
il suffisait
nous suffisions
vous suffisiez
ils suffisaient

PASSE SIMPLE
je suffis
tu suffis
il suffit
nous suffîmes
vous suffîtes
ils suffirent

PASSE COMPOSE
j'ai suffi
tu as suffi
il a suffi
nous avons suffi
vous avez suffi
ils ont suffi

PLUPERFECT
j'avais suffi
tu avais suffi
il avait suffi
nous avions suffi
vous aviez suffi
ils avaient suffi

PAST ANTERIOR
j'eus suffi etc
see page 22

FUTURE PERFECT
j'aurai suffi etc
see page 22

CONDITIONAL

PRESENT
je suffirais
tu suffirais
il suffirait
nous suffirions
vous suffiriez
ils suffiraient

SUBJUNCTIVE

PRESENT
je suffise
tu suffises
il suffise
nous suffisions
vous suffisiez
ils suffisent

PRESENT
INFINITIVE
suffire

PAST
INFINITIVE
avoir suffi

PAST
j'aurais suffi
tu aurais suffi
il aurait suffi
nous aurions suffi
vous auriez suffi
ils auraient suffi

IMPERFECT
je suffisse
tu suffisses
il suffît
nous suffissions
vous suffissiez
ils suffissent

PRESENT
PARTICIPLE
suffisant

PAST
PARTICIPLE
suffi

PAST
j'aie suffi
tu aies suffi
il ait suffi
nous ayons suffi
vous ayez suffi
ils aient suffi

IMPERATIVE

suffis
suffisons
suffisez

Note: the past
participle of **circoncire**
is **circoncis**; for **confire**
it is **confit**

INDICATIVE

PRESENT	**FUTURE**	**IMPERFECT**
je suggère	je suggérerai	je suggérais
tu suggères	tu suggéreras	tu suggérais
il suggère	il suggérera	il suggérait
nous suggérons	nous suggérerons	nous suggérions
vous suggérez	vous suggérerez	vous suggériez
ils suggèrent	ils suggéreront	ils suggéraient

PASSE SIMPLE	**PASSE COMPOSE**	**PLUPERFECT**
je suggérai	j'ai suggéré	j'avais suggéré
tu suggéras	tu as suggéré	tu avais suggéré
il suggéra	il a suggéré	il avait suggéré
nous suggérâmes	nous avons suggéré	nous avions suggéré
vous suggérâtes	vous avez suggéré	vous aviez suggéré
ils suggérèrent	ils ont suggéré	ils avaient suggéré

PAST ANTERIOR	**FUTURE PERFECT**
j'eus suggéré etc	j'aurai suggéré etc
see page 22	see page 22

CONDITIONAL

PRESENT	**SUBJUNCTIVE** **PRESENT**	**PRESENT** **INFINITIVE**
je suggérerais	je suggère	suggérer
tu suggérerais	tu suggères	
il suggérerait	il suggère	**PAST** **INFINITIVE**
nous suggérerions	nous suggérions	avoir suggéré
vous suggéreriez	vous suggériez	
ils suggéreraient	ils suggèrent	

PAST	**IMPERFECT**	**PRESENT** **PARTICIPLE**
j'aurais suggéré	je suggérasse	suggérant
tu aurais suggéré	tu suggérasses	
il aurait suggéré	il suggérât	**PAST** **PARTICIPLE**
nous aurions suggéré	nous suggérassions	suggéré
vous auriez suggéré	vous suggérassiez	
ils auraient suggéré	ils suggérassent	

PAST

j'aie suggéré
tu aies suggéré
il ait suggéré
nous ayons suggéré
vous ayez suggéré
ils aient suggéré

IMPERATIVE

suggère
suggérons
suggérez

INDICATIVE

PRESENT	FUTURE	IMPERFECT
je suis	je suivrai	je suivais
tu suis	tu suivras	tu suivais
il suit	il suivra	il suivait
nous suivons	nous suivrons	nous suivions
vous suivez	vous suivrez	vous suiviez
ils suivent	ils suivront	ils suivaient

PASSE SIMPLE	PASSE COMPOSE	PLUPERFECT
je suivis	j'ai suivi	j'avais suivi
tu suivis	tu as suivi	tu avais suivi
il suivit	il a suivi	il avait suivi
nous suivîmes	nous avons suivi	nous avions suivi
vous suivîtes	vous avez suivi	vous aviez suivi
ils suivirent	ils ont suivi	ils avaient suivi

PAST ANTERIOR	FUTURE PERFECT
j'eus suivi etc	j'aurai suivi etc
see page 22	see page 22

CONDITIONAL

SUBJUNCTIVE

PRESENT	PRESENT	PRESENT INFINITIVE
je suivrais	je suive	suivre
tu suivrais	tu suives	
il suivrait	il suive	PAST INFINITIVE
nous suivrions	nous suivions	avoir suivi
vous suivriez	vous suiviez	
ils suivraient	ils suivent	

PAST	IMPERFECT	PRESENT PARTICIPLE
j'aurais suivi	je suivisse	suivant
tu aurais suivi	tu suivisses	
il aurait suivi	il suivît	PAST PARTICIPLE
nous aurions suivi	nous suivissions	suivi
vous auriez suivi	vous suivissiez	
ils auraient suivi	ils suivissent	

	PAST	
	j'aie suivi	
	tu aies suivi	
IMPERATIVE	il ait suivi	
suis	nous ayons suivi	
suivons	vous ayez suivi	
suivez	ils aient suivi	

INDICATIVE

PRESENT	FUTURE	IMPERFECT
je sursois	je surseoirai	je sursoyais
tu sursois	tu surseoiras	tu sursoyais
il sursoit	il surseoira	il sursoyait
nous sursoyons	nous surseoirons	nous sursoyions
vous sursoyez	vous surseoirez	vous sursoyiez
ils sursoient	ils surseoiront	ils sursoyaient

PASSE SIMPLE	PASSE COMPOSE	PLUPERFECT
je sursis	j'ai sursis	j'avais sursis
tu sursis	tu as sursis	tu avais sursis
il sursit	il a sursis	il avait sursis
nous sursîmes	nous avons sursis	nous avions sursis
vous sursîtes	vous avez sursis	vous aviez sursis
ils sursirent	ils ont sursis	ils avaient sursis

PAST ANTERIOR	FUTURE PERFECT
j'eus sursis etc	j'aurai sursis etc
see page 22	see page 22

CONDITIONAL / SUBJUNCTIVE

CONDITIONAL PRESENT	SUBJUNCTIVE PRESENT	PRESENT INFINITIVE
je surseoirais	je sursoie	surseoir
tu surseoirais	tu sursoies	
il surseoirait	il sursoie	PAST INFINITIVE
nous surseoirions	nous sursoyions	avoir sursis
vous surseoiriez	vous sursoyiez	
ils surseoiraient	ils sursoient	

PAST	IMPERFECT	PRESENT PARTICIPLE
j'aurais sursis	je sursisse	sursoyant
tu aurais sursis	tu sursisses	
il aurait sursis	il sursît	PAST PARTICIPLE
nous aurions sursis	nous sursissions	sursis
vous auriez sursis	vous sursissiez	
ils auraient sursis	ils sursissent	

	PAST
	j'aie sursis
	tu aies sursis
IMPERATIVE	il ait sursis
sursois	nous ayons sursis
sursoyons	vous ayez sursis
sursoyez	ils aient sursis

SE TAIRE to keep quiet

INDICATIVE

PRESENT
je me tais
tu te tais
il se tait
nous nous taisons
vous vous taisez
ils se taisent

FUTURE
je me tairai
tu te tairas
il se taira
nous nous tairons
vous vous tairez
ils se tairont

IMPERFECT
je me taisais
tu te taisais
il se taisait
nous nous taisions
vous vous taisiez
ils se taisaient

PASSE SIMPLE
je me tus
tu te tus
il se tut
nous nous tûmes
vous vous tûtes
ils se turent

PASSE COMPOSE
je me suis tu
tu t'es tu
il s'est tu
nous nous sommes tus
vous vous êtes tu(s)
ils se sont tus

PLUPERFECT
je m'étais tu
tu t'étais tu
il s'était tu
nous nous étions tus
vous vous étiez tu(s)
ils s'étaient tus

PAST ANTERIOR
je me fus tu etc
see page 85

FUTURE PERFECT
je me serai tu etc
see page 85

CONDITIONAL

PRESENT
je me tairais
tu te tairais
il se tairait
nous nous tairions
vous vous tairiez
ils se tairaient

PAST
je me serais tu
tu te serais tu
il se serait tu
nous nous serions tus
vous vous seriez tu(s)
ils se seraient tus

SUBJUNCTIVE

PRESENT
je me taise
tu te taises
il se taise
nous nous taisions
vous vous taisiez
ils se taisent

IMPERFECT
je me tusse
tu te tusses
il se tût
nous nous tussions
vous vous tussiez
ils se tussent

PAST
je me sois tu
tu te sois tu
il se soit tu
nous nous soyons tus
vous vous soyez tu(s)
ils se soient tus

PRESENT INFINITIVE
se taire

PAST INFINITIVE
s'être tu

PRESENT PARTICIPLE
se taisant

PAST PARTICIPLE
tu

IMPERATIVE
tais-toi
taisons-nous
taisez-vous

INDICATIVE

PRESENT	FUTURE	IMPERFECT
je tiens	je tiendrai	je tenais
tu tiens	tu tiendras	tu tenais
il tient	il tiendra	il tenait
nous tenons	nous tiendrons	nous tenions
vous tenez	vous tiendrez	vous teniez
ils tiennent	ils tiendront	ils tenaient

PASSE SIMPLE	PASSE COMPOSE	PLUPERFECT
je tins	j'ai tenu	j'avais tenu
tu tins	tu as tenu	tu avais tenu
il tint	il a tenu	il avait tenu
nous tînmes	nous avons tenu	nous avions tenu
vous tîntes	vous avez tenu	vous aviez tenu
ils tinrent	ils ont tenu	ils avaient tenu

PAST ANTERIOR	FUTURE PERFECT
j'eus tenu etc	j'aurai tenu etc
see page 22	*see page 22*

CONDITIONAL

PRESENT	SUBJUNCTIVE PRESENT	PRESENT INFINITIVE
je tiendrais	je tienne	tenir
tu tiendrais	tu tiennes	
il tiendrait	il tienne	PAST INFINITIVE
nous tiendrions	nous tenions	avoir tenu
vous tiendriez	vous teniez	
ils tiendraient	ils tiennent	

PAST	IMPERFECT	PRESENT PARTICIPLE
j'aurais tenu	je tinsse	tenant
tu aurais tenu	tu tinsses	
il aurait tenu	il tînt	PAST PARTICIPLE
nous aurions tenu	nous tinssions	tenu
vous auriez tenu	vous tinssiez	
ils auraient tenu	ils tinssent	

	PAST	
	j'aie tenu	
	tu aies tenu	
IMPERATIVE	il ait tenu	
tiens	nous ayons tenu	
tenons	vous ayez tenu	
tenez	ils aient tenu	

NOTES

1 MEANING

transitive: to hold; *intransitive:* to hold; *impersonal:* it depends on; *reflexive:* to hold

2 CONSTRUCTIONS WITH PREPOSITIONS

tenir quelque chose de quelqu'un	to get something from someone
tenir à + *noun*	to be attached to
tenir à + *infinitive*	to depend on, to be keen to
tenir à ce que + *subjunctive*	to depend on, to be keen to
tenir de + *noun*	to take after
tenir quelque chose/quelqu'un pour	to regard someone/something as
se tenir pour + *adjective/noun*	to consider oneself
s'en tenir à + *noun*	to limit oneself to
être tenu de + *infinitive*	to be obliged to

3 USAGE

transitive and intransitive (auxiliary **avoir***):*

il avait tenu sa promesse	he had kept his promise
leur accord n'a tenu qu'à un fil	their agreement hung by a thread

reflexive (auxiliary **être***):*

il s'est tenu tranquille	he kept still

4 PHRASES AND IDIOMS

tiens, tiens	well, well
qu'à cela ne tienne	never mind
tenir bon/ferme	to hold firm
tenir sa droite	to keep to the right
je tiens à vous remercier	I insist on thanking you
je n'y tiens pas	I'm not keen on it
il tient à ce que vous soyez présent	he insists on you being present
il ne tient qu'à vous de le dire	it's up to you to say so
je le tiens enfin	I've got him at last
je ne tiens plus debout	I'm ready to drop
elle se tenait à la porte	she was standing by the door
se tenir par la main	to hold each other by the hand
tenons-nous-en là	let's leave it there
la séance se tiendra lundi	the meeting will be held on Monday

INDICATIVE

PRESENT
je tombe
tu tombes
il tombe
nous tombons
vous tombez
ils tombent

FUTURE
je tomberai
tu tomberas
il tombera
nous tomberons
vous tomberez
ils tomberont

IMPERFECT
je tombais
tu tombais
il tombait
nous tombions
vous tombiez
ils tombaient

PASSE SIMPLE
je tombai
tu tombas
il tomba
nous tombâmes
vous tombâtes
ils tombèrent

PASSE COMPOSE
je suis tombé
tu es tombé
il est tombé
nous sommes tombés
vous êtes tombé(s)
ils sont tombés

PLUPERFECT
j'étais tombé
tu étais tombé
il était tombé
nous étions tombés
vous étiez tombé(s)
ils étaient tombés

PAST ANTERIOR
je fus tombé etc
see page 85

FUTURE PERFECT
je serai tombé etc
see page 85

CONDITIONAL

PRESENT
je tomberais
tu tomberais
il tomberait
nous tomberions
vous tomberiez
ils tomberaient

SUBJUNCTIVE

PRESENT
je tombe
tu tombes
il tombe
nous tombions
vous tombiez
ils tombent

PRESENT INFINITIVE
tomber

PAST INFINITIVE
être tombé

PAST
je serais tombé
tu serais tombé
il serait tombé
nous serions tombés
vous seriez tombé(s)
ils seraient tombés

IMPERFECT
je tombasse
tu tombasses
il tombât
nous tombassions
vous tombassiez
ils tombassent

PRESENT PARTICIPLE
tombant

PAST PARTICIPLE
tombé

PAST
je sois tombé
tu sois tombé
il soit tombé
nous soyons tombés
vous soyez tombé(s)
ils soient tombés

IMPERATIVE

tombe
tombons
tombez

NOTES

1   MEANING

intransitive: to fall; *transitive:* to (make) fall

2   CONSTRUCTIONS WITH PREPOSITIONS

tomber sur + *noun*	to come across + *noun*
tomber sous + *noun*	to fall under + *noun*

3   USAGE

intransitive (auxiliary **être**):

il est tombé en courant	he fell while running

transitive (auxiliary **avoir** (rare)):

il a tombé la veste	he took off his jacket

4   PHRASES AND IDIOMS

faire tomber le gouvernement	to bring down the government
laisser tomber son travail	to drop one's work
tomber de haut	to be badly let down, to be disappointed
tomber bien bas	to sink very low
tomber de fatigue	to drop with exhaustion
la lettre est tombée à point/à pic	the letter arrived at the right moment
ça tombe bien/mal	that's lucky/unlucky
ses calculs sont tombés juste	his calculations came out right
ça tombe sous le sens	that stands to reason
tomber d'accord	to reach an agreement
tu vas tomber dans l'eau	you'll fall into the water
le projet va tomber à l'eau	the plan will fall through
le roman est tombé dans l'oubli	the novel was forgotten
tomber à plat	to fall flat
tomber malade	to fall ill
tomber raide mort	to drop down dead
tomber par terre	to fall to the ground
tomber amoureux de	to fall in love with
tomber sous le charme de	to fall under the spell of
tomber sur un bon film	to chance on a good film
le 14 juillet tombe un mardi	July 14th falls on a Tuesday
il tombe de la neige	it is snowing

INDICATIVE

PRESENT	FUTURE	IMPERFECT
je trace	je tracerai	je traçais
tu traces	tu traceras	tu traçais
il trace	il tracera	il traçait
nous traçons	nous tracerons	nous tracions
vous tracez	vous tracerez	vous traciez
ils tracent	ils traceront	ils traçaient

PASSE SIMPLE	PASSE COMPOSE	PLUPERFECT
je traçai	j'ai tracé	j'avais tracé
tu traças	tu as tracé	tu avais tracé
il traça	il a tracé	il avait tracé
nous traçâmes	nous avons tracé	nous avions tracé
vous traçâtes	vous avez tracé	vous aviez tracé
ils tracèrent	ils ont tracé	ils avaient tracé

PAST ANTERIOR	FUTURE PERFECT
j'eus tracé etc	j'aurai tracé etc
see page 22	see page 22

CONDITIONAL

PRESENT	SUBJUNCTIVE PRESENT	PRESENT INFINITIVE
je tracerais	je trace	tracer
tu tracerais	tu traces	
il tracerait	il trace	**PAST INFINITIVE**
nous tracerions	nous tracions	avoir tracé
vous traceriez	vous traciez	
ils traceraient	ils tracent	

PAST	IMPERFECT	PRESENT PARTICIPLE
j'aurais tracé	je traçasse	traçant
tu aurais tracé	tu traçasses	
il aurait tracé	il traçât	**PAST PARTICIPLE**
nous aurions tracé	nous traçassions	tracé
vous auriez tracé	vous traçassiez	
ils auraient tracé	ils traçassent	

PAST

j'aie tracé
tu aies tracé

IMPERATIVE

il ait tracé

trace	nous ayons tracé
traçons	vous ayez tracé
tracez	ils aient tracé

INDICATIVE

PRESENT	FUTURE	IMPERFECT
je traduis	je traduirai	je traduisais
tu traduis	tu traduiras	tu traduisais
il traduit	il traduira	il traduisait
nous traduisons	nous traduirons	nous traduisions
vous traduisez	vous traduirez	vous traduisiez
ils traduisent	ils traduiront	ils traduisaient

PASSE SIMPLE	PASSE COMPOSE	PLUPERFECT
je traduisis	j'ai traduit	j'avais traduit
tu traduisis	tu as traduit	tu avais traduit
il traduisit	il a traduit	il avait traduit
nous traduisîmes	nous avons traduit	nous avions traduit
vous traduisîtes	vous avez traduit	vous aviez traduit
ils traduisirent	ils ont traduit	ils avaient traduit

PAST ANTERIOR	FUTURE PERFECT
j'eus traduit etc	j'aurai traduit etc
see page 22	*see page 22*

CONDITIONAL

SUBJUNCTIVE

PRESENT	PRESENT	PRESENT INFINITIVE
je traduirais	je traduise	traduire
tu traduirais	tu traduises	
il traduirait	il traduise	PAST INFINITIVE
nous traduirions	nous traduisions	avoir traduit
vous traduiriez	vous traduisiez	
ils traduiraient	ils traduisent	

PAST	IMPERFECT	PRESENT PARTICIPLE
j'aurais traduit	je traduisisse	traduisant
tu aurais traduit	tu traduisisses	
il aurait traduit	il traduisît	PAST PARTICIPLE
nous aurions traduit	nous traduisissions	traduit
vous auriez traduit	vous traduisissiez	
ils auraient traduit	ils traduisissent	

	PAST
	j'aie traduit
	tu aies traduit
IMPERATIVE	il ait traduit
traduis	nous ayons traduit
traduisons	vous ayez traduit
traduisez	ils aient traduit

INDICATIVE

PRESENT	FUTURE	IMPERFECT
je traite	je traiterai	je traitais
tu traites	tu traiteras	tu traitais
il traite	il traitera	il traitait
nous traitons	nous traiterons	nous traitions
vous traitez	vous traiterez	vous traitiez
ils traitent	ils traiteront	ils traitaient

PASSE SIMPLE	PASSE COMPOSE	PLUPERFECT
je traitai	j'ai traité	j'avais traité
tu traitas	tu as traité	tu avais traité
il traita	il a traité	il avait traité
nous traitâmes	nous avons traité	nous avions traité
vous traitâtes	vous avez traité	vous aviez traité
ils traitèrent	ils ont traité	ils avaient traité

PAST ANTERIOR	FUTURE PERFECT
j'eus traité etc	j'aurai traité etc
see page 22	see page 22

CONDITIONAL

PRESENT	SUBJUNCTIVE PRESENT	PRESENT INFINITIVE
je traiterais	je traite	traiter
tu traiterais	tu traites	
il traiterait	il traite	**PAST INFINITIVE**
nous traiterions	nous traitions	avoir traité
vous traiteriez	vous traitiez	
ils traiteraient	ils traitent	

PAST	IMPERFECT	PRESENT PARTICIPLE
j'aurais traité	je traitasse	traitant
tu aurais traité	tu traitasses	
il aurait traité	il traitât	**PAST PARTICIPLE**
nous aurions traité	nous traitassions	traité
vous auriez traité	vous traitassiez	
ils auraient traité	ils traitassent	

	PAST	
	j'aie traité	
	tu aies traité	
IMPERATIVE	il ait traité	
traite	nous ayons traité	
traitons	vous ayez traité	
traitez	ils aient traité	

INDICATIVE

PRESENT	FUTURE	IMPERFECT
je travaille	je travaillerai	je travaillais
tu travailles	tu travailleras	tu travaillais
il travaille	il travaillera	il travaillait
nous travaillons	nous travaillerons	nous travaillions
vous travaillez	vous travaillerez	vous travailliez
ils travaillent	ils travailleront	ils travaillaient

PASSE SIMPLE	PASSE COMPOSE	PLUPERFECT
je travaillai	j'ai travaillé	j'avais travaillé
tu travaillas	tu as travaillé	tu avais travaillé
il travailla	il a travaillé	il avait travaillé
nous travaillâmes	nous avons travaillé	nous avions travaillé
vous travaillâtes	vous avez travaillé	vous aviez travaillé
ils travaillèrent	ils ont travaillé	ils avaient travaillé

PAST ANTERIOR	FUTURE PERFECT
j'eus travaillé etc	j'aurai travaillé etc
see page 22	*see page 22*

CONDITIONAL

PRESENT	
je travaillerais	
tu travaillerais	
il travaillerait	
nous travaillerions	
vous travailleriez	
ils travailleraient	

PAST	
j'aurais travaillé	
tu aurais travaillé	
il aurait travaillé	
nous aurions travaillé	
vous auriez travaillé	
ils auraient travaillé	

SUBJUNCTIVE

PRESENT	
je travaille	
tu travailles	
il travaille	
nous travaillions	
vous travailliez	
ils travaillent	

IMPERFECT	
je travaillasse	
tu travaillasses	
il travaillât	
nous travaillassions	
vous travaillassiez	
ils travaillassent	

PAST	
j'aie travaillé	
tu aies travaillé	
il ait travaillé	
nous ayons travaillé	
vous ayez travaillé	
ils aient travaillé	

IMPERATIVE

travaille
travaillons
travaillez

PRESENT INFINITIVE

travailler

PAST INFINITIVE

avoir travaillé

PRESENT PARTICIPLE

travaillant

PAST PARTICIPLE

travaillé

INDICATIVE
PRESENT

je trouve		
tu trouves		
il trouve		
nous trouvons		
vous trouvez		
ils trouvent		

FUTURE
je trouverai
tu trouveras
il trouvera
nous trouverons
vous trouverez
ils trouveront

IMPERFECT
je trouvais
tu trouvais
il trouvait
nous trouvions
vous trouviez
ils trouvaient

PASSE SIMPLE
je trouvai
tu trouvas
il trouva
nous trouvâmes
vous trouvâtes
ils trouvèrent

PASSE COMPOSE
j'ai trouvé
tu as trouvé
il a trouvé
nous avons trouvé
vous avez trouvé
ils ont trouvé

PLUPERFECT
j'avais trouvé
tu avais trouvé
il avait trouvé
nous avions trouvé
vous aviez trouvé
ils avaient trouvé

PAST ANTERIOR
j'eus trouvé etc
see page 22

FUTURE PERFECT
j'aurai trouvé etc
see page 22

CONDITIONAL
PRESENT
je trouverais
tu trouverais
il trouverait
nous trouverions
vous trouveriez
ils trouveraient

SUBJUNCTIVE
PRESENT
je trouve
tu trouves
il trouve
nous trouvions
vous trouviez
ils trouvent

PRESENT INFINITIVE
trouver

PAST INFINITIVE
avoir trouvé

PAST
j'aurais trouvé
tu aurais trouvé
il aurait trouvé
nous aurions trouvé
vous auriez trouvé
ils auraient trouvé

IMPERFECT
je trouvasse
tu trouvasses
il trouvât
nous trouvassions
vous trouvassiez
ils trouvassent

PRESENT PARTICIPLE
trouvant

PAST PARTICIPLE
trouvé

PAST
j'aie trouvé
tu aies trouvé
il ait trouvé
nous ayons trouvé
vous ayez trouvé
ils aient trouvé

IMPERATIVE
trouve
trouvons
trouvez

VAINCRE to defeat

INDICATIVE

PRESENT
je vaincs
tu vaincs
il vainc
nous vainquons
vous vainquez
ils vainquent

FUTURE
je vaincrai
tu vaincras
il vaincra
nous vaincrons
vous vaincrez
ils vaincront

IMPERFECT
je vainquais
tu vainquais
il vainquait
nous vainquions
vous vainquiez
ils vainquaient

PASSE SIMPLE
je vainquis
tu vainquis
il vainquit
nous vainquîmes
vous vainquîtes
ils vainquirent

PASSE COMPOSE
j'ai vaincu
tu as vaincu
il a vaincu
nous avons vaincu
vous avez vaincu
ils ont vaincu

PLUPERFECT
j'avais vaincu
tu avais vaincu
il avait vaincu
nous avions vaincu
vous aviez vaincu
ils avaient vaincu

PAST ANTERIOR
j'eus vaincu etc
see page 22

FUTURE PERFECT
j'aurai vaincu etc
see page 22

CONDITIONAL

PRESENT
je vaincrais
tu vaincrais
il vaincrait
nous vaincrions
vous vaincriez
ils vaincraient

PAST
j'aurais vaincu
tu aurais vaincu
il aurait vaincu
nous aurions vaincu
vous auriez vaincu
ils auraient vaincu

SUBJUNCTIVE

PRESENT
je vainque
tu vainques
il vainque
nous vainquions
vous vainquiez
ils vainquent

IMPERFECT
je vainquisse
tu vainquisses
il vainquît
nous vainquissions
vous vainquissiez
ils vainquissent

PAST
j'aie vaincu
tu aies vaincu
il ait vaincu
nous ayons vaincu
vous ayez vaincu
ils aient vaincu

PRESENT INFINITIVE
vaincre

PAST INFINITIVE
avoir vaincu

PRESENT PARTICIPLE
vainquant

PAST PARTICIPLE
vaincu

IMPERATIVE
vaincs
vainquons
vainquez

INDICATIVE

PRESENT	FUTURE	IMPERFECT
je vaux	je vaudrai	je valais
tu vaux	tu vaudras	tu valais
il vaut	il vaudra	il valait
nous valons	nous vaudrons	nous valions
vous valez	vous vaudrez	vous valiez
ils valent	ils vaudront	ils valaient

PASSE SIMPLE	PASSE COMPOSE	PLUPERFECT
je valus	j'ai valu	j'avais valu
tu valus	tu as valu	tu avais valu
il valut	il a valu	il avait valu
nous valûmes	nous avons valu	nous avions valu
vous valûtes	vous avez valu	vous aviez valu
ils valurent	ils ont valu	ils avaient valu

PAST ANTERIOR	FUTURE PERFECT
j'eus valu etc	j'aurai valu etc
see page 22	see page 22

CONDITIONAL

PRESENT	SUBJUNCTIVE PRESENT	PRESENT INFINITIVE
je vaudrais	je vaille	valoir
tu vaudrais	tu vailles	
il vaudrait	il vaille	PAST INFINITIVE
nous vaudrions	nous valions	avoir valu
vous vaudriez	vous valiez	
ils vaudraient	ils vaillent	

PAST	IMPERFECT	PRESENT PARTICIPLE
j'aurais valu	je valusse	valant
tu aurais valu	tu valusses	
il aurait valu	il valût	PAST PARTICIPLE
nous aurions valu	nous valussions	valu
vous auriez valu	vous valussiez	
ils auraient valu	ils valussent	

	PAST	
	j'aie valu	
	tu aies valu	
IMPERATIVE	il ait valu	
vaux	nous ayons valu	
valons	vous ayez valu	
valez	ils aient valu	

VENDRE to sell

INDICATIVE
PRESENT
je vends
tu vends
il vend
nous vendons
vous vendez
ils vendent

FUTURE
je vendrai
tu vendras
il vendra
nous vendrons
vous vendrez
ils vendront

IMPERFECT
je vendais
tu vendais
il vendait
nous vendions
vous vendiez
ils vendaient

PASSE SIMPLE
je vendis
tu vendis
il vendit
nous vendîmes
vous vendîtes
ils vendirent

PASSE COMPOSE
j'ai vendu
tu as vendu
il a vendu
nous avons vendu
vous avez vendu
ils ont vendu

PLUPERFECT
j'avais vendu
tu avais vendu
il avait vendu
nous avions vendu
vous aviez vendu
ils avaient vendu

PAST ANTERIOR
j'eus vendu etc
see page 22

FUTURE PERFECT
j'aurai vendu etc
see page 22

CONDITIONAL
PRESENT
je vendrais
tu vendrais
il vendrait
nous vendrions
vous vendriez
ils vendraient

SUBJUNCTIVE
PRESENT
je vende
tu vendes
il vende
nous vendions
vous vendiez
ils vendent

PRESENT INFINITIVE
vendre

PAST INFINITIVE
avoir vendu

PAST
j'aurais vendu
tu aurais vendu
il aurait vendu
nous aurions vendu
vous auriez vendu
ils auraient vendu

IMPERFECT
je vendisse
tu vendisses
il vendît
nous vendissions
vous vendissiez
ils vendissent

PRESENT PARTICIPLE
vendant

PAST PARTICIPLE
vendu

PAST
j'aie vendu
tu aies vendu
il ait vendu
nous ayons vendu
vous ayez vendu
ils aient vendu

IMPERATIVE
vends
vendons
vendez

INDICATIVE
PRESENT

PRESENT	**FUTURE**	**IMPERFECT**
je viens	je viendrai	je venais
tu viens	tu viendras	tu venais
il vient	il viendra	il venait
nous venons	nous viendrons	nous venions
vous venez	vous viendrez	vous veniez
ils viennent	ils viendront	ils venaient

PASSE SIMPLE	**PASSE COMPOSE**	**PLUPERFECT**
je vins	je suis venu	je serais venu
tu vins	tu es venu	tu serais venu
il vint	il est venu	il serait venu
nous vînmes	nous sommes venus	nous serions venus
vous vîntes	vous êtes venu(s)	vous seriez venu(s)
ils vinrent	ils sont venus	ils seraient venus

PAST ANTERIOR	**FUTURE PERFECT**
je fus venu etc	je serai venu etc
see page 85	*see page 85*

CONDITIONAL
PRESENT	**SUBJUNCTIVE**	**PRESENT**
	PRESENT	**INFINITIVE**
je viendrais	je vienne	venir
tu viendrais	tu viennes	
il viendrait	il vienne	**PAST**
nous viendrions	nous venions	**INFINITIVE**
vous viendriez	vous veniez	être venu
ils viendraient	ils viennent	

PAST	**IMPERFECT**	**PRESENT**
je serais venu	je vinsse	**PARTICIPLE**
tu serais venu	tu vinsses	venant
il serait venu	il vînt	
nous serions venus	nous vinssions	**PAST**
vous seriez venu(s)	vous vinssiez	**PARTICIPLE**
ils seraient venus	ils vinssent	venu

	PAST
	je sois venu
	tu sois venu
IMPERATIVE	il soit venu
viens	nous soyons venus
venons	vous soyez venu(s)
venez	ils soient venus

NOTES

I MEANING

intransitive: to come; *impersonal:* to happen

2 CONSTRUCTIONS WITH PREPOSITIONS

venir à + *infinitive*	to happen to
venir de + *infinitive*	to have just (done)

3 USAGE

intransitive (auxiliary **être**):

elle est venue nous voir	she came and saw us

Note that **prévenir** is conjugated with **avoir**.

In the construction **venir de** + *infinitive*, **venir** is only used in the present and the imperfect tenses. It means *to have just (done)*:

il vient de partir	he has just left

4 PHRASES AND IDIOMS

venir de Paris	to come from Paris
venir à pied/en voiture	to come on foot/by car
venir au bon moment	to come at the right time
venir à bout de	to get to the end of
en venir à l'essentiel	to get to the point
où voulez-vous en venir ?	what are you getting at?
en venir aux mains	to come to blows
il en est venu à tout vendre	he has been reduced to selling up
les semaines à venir	the coming weeks
le moment venu	when the time comes
(il) vient le moment où ...	there comes the time when ...
s'il vient à geler	if it happens to freeze
s'il venait à divorcer	if he were to divorce
l'idée m'est venue à l'esprit	the idea struck me
le bruit m'est venu que ...	the rumour reached me that ...
je vous vois venir	I can see where you are leading
faire venir le médicin	to send for the doctor
l'appétit vient en mangeant	the more one has, the more one wants
tout vient à point à qui sait attendre	everything comes to him who waits

INDICATIVE

PRESENT	FUTURE	IMPERFECT
je vérifie	je vérifierai	je vérifiais
tu vérifies	tu vérifieras	tu vérifiais
il vérifie	il vérifiera	il vérifiait
nous vérifions	nous vérifierons	nous vérifiions
vous vérifiez	vous vérifierez	vous vérifiiez
ils vérifient	ils vérifieront	ils vérifiaient

PASSE SIMPLE	PASSE COMPOSE	PLUPERFECT
je vérifiai	j'ai vérifié	j'avais vérifié
tu vérifias	tu as vérifié	tu avais vérifié
il vérifia	il a vérifié	il avait vérifié
nous vérifiâmes	nous avons vérifié	nous avions vérifié
vous vérifiâtes	vous avez vérifié	vous aviez vérifié
ils vérifièrent	ils ont vérifié	ils avaient vérifié

PAST ANTERIOR	FUTURE PERFECT
j'eus vérifié etc	j'aurai vérifié etc
see page 22	*see page 22*

CONDITIONAL

PRESENT	SUBJUNCTIVE PRESENT	PRESENT INFINITIVE
je vérifierais	je vérifie	vérifier
tu vérifierais	tu vérifies	
il vérifierait	il vérifie	PAST INFINITIVE
nous vérifierions	nous vérifiions	avoir vérifié
vous vérifieriez	vous vérifiiez	
ils vérifieraient	ils vérifient	

PAST	IMPERFECT	PRESENT PARTICIPLE
j'aurais vérifié	je vérifiasse	vérifiant
tu aurais vérifié	tu vérifiasses	
il aurait vérifié	il vérifiât	PAST PARTICIPLE
nous aurions vérifié	nous vérifiassions	vérifié
vous auriez vérifié	vous vérifiassiez	
ils auraient vérifié	ils vérifiassent	

PAST

j'aie vérifié
tu aies vérifié
il ait vérifié
nous ayons vérifié
vous ayez vérifié
ils aient vérifié

IMPERATIVE

vérifie
vérifions
vérifiez

INDICATIVE

PRESENT	**FUTURE**	**IMPERFECT**
je vêts	je vêtirai	je vêtais
tu vêts	tu vêtiras	tu vêtais
il vêt	il vêtira	il vêtait
nous vêtons	nous vêtirons	nous vêtions
vous vêtez	vous vêtirez	vous vêtiez
ils vêtent	ils vêtiront	ils vêtaient

PASSE SIMPLE	**PASSE COMPOSE**	**PLUPERFECT**
je vêtis	j'ai vêtu	j'avais vêtu
tu vêtis	tu as vêtu	tu avais vêtu
il vêtit	il a vêtu	il avait vêtu
nous vêtîmes	nous avons vêtu	nous avions vêtu
vous vêtîtes	vous avez vêtu	vous aviez vêtu
ils vêtirent	ils ont vêtu	ils avaient vêtu

PAST ANTERIOR	**FUTURE PERFECT**
j'eus vêtu etc	j'aurai vêtu etc
see page 22	*see page 22*

CONDITIONAL / *SUBJUNCTIVE*

PRESENT	**PRESENT**	*PRESENT INFINITIVE*
je vêtirais	je vête	vêtir
tu vêtirais	tu vêtes	
il vêtirait	il vête	*PAST INFINITIVE*
nous vêtirions	nous vêtions	avoir vêtu
vous vêtiriez	vous vêtiez	
ils vêtiraient	ils vêtent	

PAST	**IMPERFECT**	*PRESENT PARTICIPLE*
j'aurais vêtu	je vêtisse	vêtant
tu aurais vêtu	tu vêtisses	
il aurait vêtu	il vêtît	*PAST PARTICIPLE*
nous aurions vêtu	nous vêtissions	vêtu
vous auriez vêtu	vous vêtissiez	
ils auraient vêtu	ils vêtissent	

PAST

j'aie vêtu
tu aies vêtu
il ait vêtu
nous ayons vêtu
vous ayez vêtu
ils aient vêtu

IMPERATIVE

vêts
vêtons
vêtez

VIEILLIR to grow old

INDICATIVE

PRESENT	FUTURE	IMPERFECT
je vieillis	je vieillirai	je vieillissais
tu vieillis	tu vieilliras	tu vieillissais
il vieillit	il vieillira	il vieillissait
nous vieillissons	nous vieillirons	nous vieillissions
vous vieillissez	vous vieillirez	vous vieillissiez
ils vieillissent	ils vieilliront	ils vieillissaient

PASSE SIMPLE	PASSE COMPOSE	PLUPERFECT
je vieillis	j'ai vieilli	j'avais vieilli
tu vieillis	tu as vieilli	tu avais vieilli
il vieillit	il a vieilli	il avait vieilli
nous vieillîmes	nous avons vieilli	nous avions vieilli
vous vieillîtes	vous avez vieilli	vous aviez vieilli
ils vieillirent	ils ont vieilli	ils avaient vieilli

PAST ANTERIOR	FUTURE PERFECT
j'eus vieilli etc	j'aurai vieilli etc
see page 22	see page 22

CONDITIONAL / SUBJUNCTIVE

CONDITIONAL PRESENT	SUBJUNCTIVE PRESENT	PRESENT INFINITIVE
je vieillirais	je vieillisse	vieillir
tu vieillirais	tu vieillisses	
il vieillirait	il vieillisse	PAST INFINITIVE
nous vieillirions	nous vieillissions	avoir vieilli
vous vieilliriez	vous vieillissiez	
ils vieilliraient	ils vieillissent	

PAST	IMPERFECT	PRESENT PARTICIPLE
j'aurais vieilli	je vieillisse	vieillissant
tu aurais vieilli	tu vieillisses	
il aurait vieilli	il vieillît	PAST PARTICIPLE
nous aurions vieilli	nous vieillissions	vieilli
vous auriez vieilli	vous vieillissiez	
ils auraient vieilli	ils vieillissent	

PAST

j'aie vieilli
tu aies vieilli
il ait vieilli
nous ayons vieilli
vous ayez vieilli
ils aient vieilli

IMPERATIVE

vieillis
vieillissons
vieillissez

VIVRE to live

INDICATIVE

PRESENT

je vis
tu vis
il vit
nous vivons
vous vivez
ils vivent

FUTURE

je vivrai
tu vivras
il vivra
nous vivrons
vous vivrez
ils vivront

IMPERFECT

je vivais
tu vivais
il vivait
nous vivions
vous viviez
ils vivaient

PASSE SIMPLE

je vécus
tu vécus
il vécut
nous vécûmes
vous vécûtes
ils vécurent

PASSE COMPOSE

j'ai vécu
tu as vécu
il a vécu
nous avons vécu
vous avez vécu
ils ont vécu

PLUPERFECT

j'avais vécu
tu avais vécu
il avait vécu
nous avions vécu
vous aviez vécu
ils avaient vécu

PAST ANTERIOR

j'eus vécu etc
see page 22

FUTURE PERFECT

j'aurai vécu etc
see page 22

CONDITIONAL

PRESENT

je vivrais
tu vivrais
il vivrait
nous vivrions
vous vivriez
ils vivraient

SUBJUNCTIVE

PRESENT

je vive
tu vives
il vive
nous vivions
vous viviez
ils vivent

PRESENT INFINITIVE

vivre

PAST INFINITIVE

avoir vécu

PAST

j'aurais vécu
tu aurais vécu
il aurait vécu
nous aurions vécu
vous auriez vécu
ils auraient vécu

IMPERFECT

je vécusse
tu vécusses
il vécût
nous vécussions
vous vécussiez
ils vécussent

PRESENT PARTICIPLE

vivant

PAST PARTICIPLE

vécu

PAST

j'aie vécu
tu aies vécu
il ait vécu
nous ayons vécu
vous ayez vécu
ils aient vécu

IMPERATIVE

vis
vivons
vivez

INDICATIVE

PRESENT	**FUTURE**	**IMPERFECT**
je vois	je verrai	je voyais
tu vois	tu verras	tu voyais
il voit	il verra	il voyait
nous voyons	nous verrons	nous voyions
vous voyez	vous verrez	vous voyiez
ils voient	ils verront	ils voyaient

PASSE SIMPLE	**PASSE COMPOSE**	**PLUPERFECT**
je vis	j'ai vu	j'avais vu
tu vis	tu as vu	tu avais vu
il vit	il a vu	il avait vu
nous vîmes	nous avons vu	nous avions vu
vous vîtes	vous avez vu	vous aviez vu
ils virent	ils ont vu	ils avaient vu

PAST ANTERIOR	**FUTURE PERFECT**
j'eus vu etc	j'aurai vu etc
see page 22	see page 22

CONDITIONAL

PRESENT	**SUBJUNCTIVE** **PRESENT**	**PRESENT** **INFINITIVE**
je verrais	je voie	voir
tu verrais	tu voies	
il verrait	il voie	**PAST** **INFINITIVE**
nous verrions	nous voyions	avoir vu
vous verriez	vous voyiez	
ils verraient	ils voient	

PAST	**IMPERFECT**	**PRESENT** **PARTICIPLE**
j'aurais vu	je visse	voyant
tu aurais vu	tu visses	
il aurait vu	il vît	**PAST** **PARTICIPLE**
nous aurions vu	nous vissions	vu
vous auriez vu	vous vissiez	
ils auraient vu	ils vissent	

	PAST
	j'aie vu
	tu aies vu
IMPERATIVE	il ait vu
vois	nous ayons vu
voyons	vous ayez vu
voyez	ils aient vu

NOTES

I MEANING

transitive: to see; to understand; *intransitive:* to see *reflexive:* to see oneself, to show

2 CONSTRUCTIONS WITH PREPOSITIONS

voir à + *infinitive*   to see to it that

3 USAGE

transitive and intransitive (auxiliary **avoir**):

When followed by an infinitive, like other verbs of perception (see introduction p. xxxii), **voir** usually does not take a preposition. Note, however, the agreement of the past participle in an infinitive construction.

there is agreement if the infinitive has an active meaning:

la jeune fille, que j'ai vue gagner   the girl I saw winning

there is no agreement if the infinitive has a passive meaning:

la maison que j'ai vu démolir   the house I saw being demolished

4 PHRASES AND IDIOMS

passer voir quelqu'un	to look someone up
attends voir	wait a minute
c'est à voir	that remains to be seen
cela se voit	that's obvious
rien que pour voir	just to see
cela n'a rien à voir avec ...	that has nothing to do with ...
faire voir quelque chose	to show
j'en ai vu d'autres	I've seen worse
on aura tout vu !	that beats everything!
je ne peux pas la voir	I can't stand her
va te faire voir	get lost
qu'il aille se faire voir	he can go to hell
cela se voit souvent	that often happens
il se voit forcé de ...	he finds himself forced to ...
voir c'est croire	seeing is believing

VOULOIR to want

INDICATIVE

PRESENT
je veux
tu veux
il veut
nous voulons
vous voulez
ils veulent

FUTURE
je voudrai
tu voudras
il voudra
nous voudrons
vous voudrez
ils voudront

IMPERFECT
je voulais
tu voulais
il voulait
nous voulions
vous vouliez
ils voulaient

PASSE SIMPLE
je voulus
tu voulus
il voulut
nous voulûmes
vous voulûtes
ils voulurent

PASSE COMPOSE
j'ai voulu
tu as voulu
il a voulu
nous avons voulu
vous avez voulu
ils ont voulu

PLUPERFECT
j'avais voulu
tu avais voulu
il avait voulu
nous avions voulu
vous aviez voulu
ils avaient voulu

PAST ANTERIOR
j'eus voulu etc
see page 22

FUTURE PERFECT
j'aurai voulu etc
see page 22

CONDITIONAL

PRESENT
je voudrais
tu voudrais
il voudrait
nous voudrions
vous voudriez
ils voudraient

SUBJUNCTIVE

PRESENT
je veuille
tu veuilles
il veuille
nous voulions
vous vouliez
ils veuillent

PRESENT INFINITIVE
vouloir

PAST INFINITIVE
avoir voulu

PAST
j'aurais voulu
tu aurais voulu
il aurait voulu
nous aurions voulu
vous auriez voulu
ils auraient voulu

IMPERFECT
je voulusse
tu voulusses
il voulût
nous voulussions
vous voulussiez
ils voulussent

PRESENT PARTICIPLE
voulant

PAST PARTICIPLE
voulu

IMPERATIVE
veuille

veuillez

PAST
j'aie voulu
tu aies voulu
il ait voulu
nous ayons voulu
vous ayez voulu
ils aient voulu

NOTES

1 MEANING

transitive: to want, intend; require *(conditions)*

2 CONSTRUCTIONS WITH PREPOSITIONS

en vouloir à quelqu'un de faire   to have a grudge against someone
  quelque chose   for doing something

3 USAGE

vouloir is followed by the infinitive if the subject of both verbs is the same:

je voulais le faire   I wanted to do it, I intended to do it

vouloir que + *subjunctive* must be used if the subjects of both verbs differ (see introduction p. xxii):

il veut que je parte   he wants me to leave

To translate expressions such as *would like to have done, would have liked to do, would have liked to have done,* the *past conditional* + *present infinitive* are used:

il aurait voulu venir   he would have liked to come

Note that a different imperative form is used in the phrase:

ne m'en veux/voulez pas
don't bear a grudge against me

4 PHRASES AND IDIOMS

vouloir dire	to mean
sans le vouloir	without wishing to
je veux bien y aller avec toi	I'd like to go with you
je m'en veux d'avoir accepté	I reproach myself for accepting
je voulais faire cela demain	I intended to do that tomorrow
je voudrais le faire	I would like to do it
j'aurais voulu le faire	I would have liked to do it
tu l'as voulu	you asked for it
comme tu voudras	please yourself
veux-tu te taire !	will you be quiet!
que voulez-vous que j'y fasse ?	what do you expect me to do about it?
veuillez agréer mes	yours sincerely
salutations distinguées	
veuillez vous asseoir	please sit down *(polite)*

VOYAGER to travel

INDICATIVE

PRESENT	**FUTURE**	**IMPERFECT**
je voyage	je voyagerai	je voyageais
tu voyages	tu voyageras	tu voyageais
il voyage	il voyagera	il voyageait
nous voyageons	nous voyagerons	nous voyagions
vous voyagez	vous voyagerez	vous voyagiez
ils voyagent	ils voyageront	ils voyageaient

PASSE SIMPLE	**PASSE COMPOSE**	**PLUPERFECT**
je voyageai	j'ai voyagé	j'avais voyagé
tu voyageas	tu as voyagé	tu avais voyagé
il voyagea	il a voyagé	il avait voyagé
nous voyageâmes	nous avons voyagé	nous avions voyagé
vous voyageâtes	vous avez voyagé	vous aviez voyagé
ils voyagèrent	ils ont voyagé	ils avaient voyagé

PAST ANTERIOR	**FUTURE PERFECT**
j'eus voyagé etc	j'aurai voyagé etc
see page 22	*see page 22*

CONDITIONAL / *SUBJUNCTIVE*

PRESENT	**PRESENT**	*PRESENT INFINITIVE*
je voyagerais	je voyage	voyager
tu voyagerais	tu voyages	
il voyagerait	il voyage	*PAST INFINITIVE*
nous voyagerions	nous voyagions	avoir voyagé
vous voyageriez	vous voyagiez	
ils voyageraient	ils voyagent	

PAST	**IMPERFECT**	*PRESENT PARTICIPLE*
j'aurais voyagé	je voyageasse	voyageant
tu aurais voyagé	tu voyageasses	
il aurait voyagé	il voyageât	*PAST PARTICIPLE*
nous aurions voyagé	nous voyageassions	voyagé
vous auriez voyagé	vous voyageassiez	
ils auraient voyagé	ils voyageassent	

	PAST	
	j'aie voyagé	
	tu aies voyagé	
IMPERATIVE	il ait voyagé	
voyage	nous ayons voyagé	
voyageons	vous ayez voyagé	
voyagez	ils aient voyagé	

INDEX

1   The verbs that do not appear in full in the tables are
    numbered to refer the reader to the corresponding
    conjugation table.

2   The verbs highlighted in bold and italic are conjugated in full
    in the verb tables.

3   * indicates that the verb table is accompanied by notes on
    grammar and usage for the verb.

4   ** indicates that there is a footnote relating to the verb.

augmenter 1
aurai, aurais etc see avoir
ausculter 1
autoriser 1
avachir (s') 87
avaler 1
avancer 21
avantager 105
aventurer (s') 94
avérer (s') 42
avertir 31
aveugler 1
avilir 31
aviser 1
aviver 1
avoir 22 *
avorter 1
avouer 104
ayons etc see avoir

B

bâcler 30
bafouer 104
bafouiller 90
bagarrer (se) 111
baigner 93
bâiller 189
bâillonner 68
baiser 30
baisser 146
balader (se) 111
balancer 106
balayer 132
balbutier 38
baliser 30
ballotter 30
bannir 31
baptiser 30
baratiner 30
barbouiller 90
barioler 30
barrer 30
barricader 30

basculer 30
baser 30
batailler 189
batifoler 30
bâtir 31
battre 23
bavarder 30
baver 30
béer 49 **
bégayer 132
bêler 30
bénéficier 12
bénir 31
bercer 139
berner 30
beugler 30
beurrer 30
biaiser 30
bichonner 68
biffer 30
blaguer 6
blâmer 30
blanchir 31
blaser 30
blasphémer 83
blêmir 31
blesser 146
bloquer 98
blottir (se) 87
boire 24
boiter 30
bombarder 30
bondir 31
bonifier 38
border 30
borner 30
boucher 30
boucler 30
bouder 30
bouffer 30
bouffir 31
bouger 25
bouillir 26
bouleverser 30

bourdonner 68
bourrer 30
boursoufler 30
bousculer 30
boutonner 68
braconner 68
brailler 189
braire 67
brancher 30
brandir 31
branler 30
braquer 98
brasser 146
braver 30
bredouiller 90
breveter 102
bricoler 30
brider 30
briguer 6
briller 27
brimer 30
briser 30
broder 30
broncher 30
bronzer 30
brosser 146
brouiller 90
brouter 30
broyer 74
brûler 30
brunir 31
brusquer 98
brutaliser 30
bu, bus, but *etc see* boire
buter 30
butiner 30
buvais *etc see* boire

C

cabrer 30
cacher 30
cadrer 30
cajoler 30

calculer 30
caler 30
calmer 30
calomnier 38
calquer 98
cambrioler 30
camoufler 30
camper 30
cantonner (se) 111
capituler 30
capter 30
captiver 30
capturer 30
caresser 146
caricaturer 30
caser 30
casser 146
cataloguer 6
catapulter 30
causer 30
cautionner 68
céder 28
ceindre 18
célébrer 29
celer 134
censurer 30
centraliser 30
centrer 30
cercler 30
cerner 30
certifier 38
cesser 146
chagriner 30
chahuter 30
chamailler 189
chanceler 11
changer 109
chanter 30
chantonner 68
charger 105
charmer 30
charrier 38
chasser 146
châtier 38

expédier 86
expérimenter 1
expirer 1
expliquer 98
exploiter 1
explorer 1
exploser 1
exporter 1
exposer 1
exprimer 1
expulser 1
extasier (s') 111
exténuer 6
exterminer 1
extirper 1
extraire 67
exulter 1

F

fabriquer 98
fâcher 30
faciliter 30
façonner 68
facturer 30
faiblir 89
faille *see* falloir
faillir *see page xlv*
*faire 88 **
falloir *see page xlvi*
falsifier 38
familiariser 30
faner (se) 111
farcir 31
fasciner 30
fasse *etc see* faire
fatiguer 6
faucher 30
faudra *see* falloir
faufiler 30
fausser 146
faut *see* falloir
favoriser 30
feindre 18

feinter 30
fêler 30
féliciter 30
fendre 58
ferai, ferais *etc see* faire
fermenter 30
fermer 30
fertiliser 30
festoyer 74
fêter 30
feuilleter 102
fiancer (se) 139
ficeler 11
ficher 30
fier (se) 111
figer 105
figurer 30
filer 30
filmer 30
filtrer 30
financer 106
*finir 89 **
fis, fisse *etc see* faire
fixer 30
flairer 30
flamber 30
flâner 30
flanquer 98
flatter 30
fléchir 159
flétrir 31
fleurir 31
flirter 30
flotter 30
foisonner 68
fomenter 30
foncer 8
fonctionner 68
fonder 30
fondre 39
font *see* faire
forcer 139
forer 30
forger 105

K

kidnapper 30
klaxonner 68

L

labourer 30
lacer 139
lacérer 42
lâcher 30
laisser 146
lamenter (se) 111
lancer 106
langer 109
languir 31
larguer 6
larmoyer 74
lasser 146
laver 30
lécher 28
légaliser 30
légiférer 42
léguer 28
léser 28
lésiner 30
lever 107
libérer 42
licencier 12
lier 38
ligoter 30
limer 30
limiter 30
liquéfier 38
liquider 30
lire 108
livrer 30
localiser 30
loger 105
longer 143
lorgner 93
lotir 31
loucher 30
louer 104

louper 30
louvoyer 74
lu *etc* see lire
lubrifier 38
luire 123
lutter 30

M

mâcher 30
machiner 30
magnifier 38
maigrir 31
maintenir 184
maîtriser 30
majorer 30
malmener 112
maltraiter 188
manger 109
manier 38
manifester 30
manigancer 106
manipuler 30
manoeuvrer 30
manquer 98
manufacturer 30
manutentionner 68
maquiller 27
marcher 30
marier 38
marmonner 68
marquer 98
marrer (se) 111
marteler 134
masquer 98
massacrer 30
masser 146
mastiquer 98
matérialiser 30
maudire 110
maugréer 49
mécaniser 30
méconnaître 40
mécontenter 30

médire 99
méditer 30
méfier (se) 111
mélanger 109
mêler 30
mémoriser 30
menacer 139
ménager 105
mendier 38
mener 112
mentionner 68
mentir 113
méprendre 150
mépriser 30
mériter 30
messeoir *see page xlv*
mesurer 30
métamorphoser 30
*mettre 114 ***
meubler 30
meugler 30
meurtrir 31
meus *etc see* mouvoir
meuve *etc see* mouvoir
miauler 30
mijoter 30
militer 30
mimer 30
miner 30
minimiser 30
minuter 30
mis *etc see* mettre
miser 30
mobiliser 30
modeler 134
modérer 42
moderniser 30
modifier 38
moisir 31
moissonner 68
mollir 31
monnayer 132
monopoliser 30
monter 115

montrer 116
moquer (se) 98
morceler 11
mordiller 27
mordre 117
mortifier 38
motiver 30
moucher 30
moudre 118
mouiller 90
mouler 30
mourir 119
mouvoir 120
mû *see* mouvoir
muer 6
mugir 5
multiplier 142
munir 31
mûrir 31
murmurer 30
mus *etc see* mouvoir
museler 11
musse *etc see* mouvoir
muter 30
mutiler 30
mystifier 38

N

nager 105
naître 121
nantir 31
napper 30
naquis *etc see* naître
narguer 6
narrer 30
nationaliser 30
naviguer 6
navrer 30
né *see* naître
nécessiter 30
négliger 105
négocier 12
neiger *see page xlvi*

nettoyer *122*
neutraliser 30
nicher 30
nier 38
niveler 11
noircir 31
nommer 30
normaliser 30
noter 30
nouer 104
nourrir 31
noyer 74
nuire *123*
numéroter 30

O

obéir *124*
objecter 1
obliger 105
oblitérer 42
obscurcir 31
obséder 144
observer 1
obstiner (s') 94
obstruer 6
obtempérer 42
obtenir *125*
obvier 86
occasionner 68
occuper 1
octroyer 74
offenser 1
offrir *126*
oindre *see page xlv*
omettre 114
onduler 1
ont *see avoir*
opérer 42
opposer 1
opprimer 1
opter 1
ordonner 68
organiser 1

orienter 1
orner 1
orthographier 86
osciller 27
oser 1
ôter 1
oublier *127*
ouïr *see page xlv*
outrager 105
ouvrir *128*
oxyder 1

P

pacifier 38
paître *see page xlv*
pâlir 31
palper 30
palpiter 30
paniquer 98
panser 30
parachever 71
parachuter 30
paraître *129*
paralyser 30
parcourir 46
pardonner 68
parer 30
parfaire 88 **
parfumer 30
parier 38
parjurer (se) 111
parler 30
parquer 98
parsemer 173
partager 105
participer 30
partir *130*
parvenir 194
passer *131* *
passionner 68
patauger 105
patienter 30
patiner 30

Z